# História das Mulheres do Norte e Nordeste Brasileiro

CONSELHO EDITORIAL

Ana Paula Torres Megiani
Eunice Ostrensky
Haroldo Ceravolo Sereza
Joana Monteleone
Maria Luiza Ferreira de Oliveira
Ruy Braga

# História das Mulheres do Norte e Nordeste Brasileiro

Antônio Emilio Morga (org.)

Copyright © 2015 Antônio Emilio Morga

*Grafia atualizada segundo o Acordo Ortográfico da Língua Portuguesa de 1990, que entrou em vigor no Brasil em 2009.*

Edição: Haroldo Ceravolo Sereza
Editora assistente: Camila Hama
Projeto gráfico e diagramação: Camila Hama
Capa: Camila Hama / Tissiano da Silveira
Assistente acadêmica: Bruna Marques
Revisão: Patrícia Jatobá

*Imagem da capa: East Indian Market Stall, atribuído à Albert Eckhout, 1640 - 1666 (Rijksmuseum).*

CIP-BRASIL. CATALOGAÇÃO-NA-FONTE
SINDICATO NACIONAL DOS EDITORES DE LIVROS, RJ

H58

HISTÓRIA DAS MULHERES DO NORTE E NORDESTE BRASILEIRO /
organização Antônio Emilio Morga. – 1. ed.
São Paulo : Alameda, 2015.
318 p. : il. ; 23 cm.

Inclui bibliografia
ISBN 978-85-7939-359-4

1. Mulheres - Brasil, Nordeste - Condições sociais. 2. Mulheres -
Brasil, Norte - Condições sociais. I. Morga, Antônio Emílio.

| 15-27004 | CDD: 305.420981 |
| | CDU: 316.346.2-055.2 |

ALAMEDA CASA EDITORIAL
Rua Conselheiro Ramalho, 694 – Bela Vista
CEP 01325-000 – São Paulo, SP
Tel. (11) 3012-2400
www.alamedaeditorial.com.br

# GOVERNO DO ESTADO DO
# AMAZONAS

José Melo de Oliveira
Governador do Estado do Amazonas

## SECRETARIA DE ESTADO DE PLANEJAMENTO, DESENVOLVIMENTO, CIÊNCIA, TECNOLOGIA E INOVAÇÃO

Thomaz Afonso Queiroz Nogueira
Secretário de Estado de Planejamento, Desenvolvimento,
Ciência, Tecnologia e Inovação – SEPLANCTI

René Levy Aguiar
Diretor – Presidente da Fundação de Amparo à Pesquisa do Estado do Amazonas

Esta obra foi financiada pelo Governo do Estado do Amazonas com recursos da
Fundação de Amparo à Pesquisa do Estado do Amazonas – FAPEAM

# Sumário

**Apresentação** 9

**Prefácio** 11

**Mulheres que aparam: parteiras no Amazonas** 17
*Cristiane Manique Barreto*
*Luciana Guimarães Santos*

**Retratos históricos e sociais das mulheres** 41
**homossexuais na Amazônia: entre o conflito e o reconhecimento**
*Lidiany de Lima Cavalcante*

**Mulheres casadas, viúvas e amasiadas nos seringais do Amazonas** 57
*Mônica Maria Lopes Lage*

**O cotidiano das mulheres nos seringais do Amazonas:** 79
**entre amores, paixões, traições e luxúria**
*Antônio Emilio Morga*

**Mulheres nos seringais do Acre: da lida à participação política** 103
*Tissiano da Silveira*

As mulheres, a cabanagem e a formação do Estado Imperial no Pará 123
*Eliana Ramos Ferreira*

Flores do sertão: mulheres das Capitanias do Norte e suas estratégias 143
para assegurar seu quinhão de terras (1650-1830)
*Carmen Alveal*
*Marcos Arthur Fonseca*

O dote é a educação: a instrução feminina como dote 165
simbólico em São Luís republicana
*Elizabeth Sousa Abrantes*

Uma mulher professora na educação do Maranhão 187
*Diomar das Graças Motta*

"Sem um fio de cabelo fora do lugar" e com terços nas mãos: as 201
"meninas das freiras" e a reconfiguração de papéis sociais femininos
no Nordeste brasileiro ao longo do século XX
*Samara Mendes Araújo Silva*

A escrita autobiográfica feminina no Piauí: 233
uma fonte importante para a história das mulheres e da educação
*Antônio de Pádua Carvalho Lopes*

Entre constrangimentos e escolhas: maternidade e práticas contracepti- 253
vas na primeira metade do século XX em Teresina (PI)
*Elizangela Barbosa Cardoso*

Liberdade e escravidão às avessas: as trajetórias de Tereza Afonso e 277
Isabel dos Reis no Pernambuco setecentista
*Gian Carlo de Melo Silva*
*Suely Creusa Cordeiro de Almeida*

O cotidiano das mulheres yanomami 295
*Aquiles Santos Pinheiro*

Sobre os autores 315

# Apresentação

Organizar uma coletânea não é uma tarefa das mais fáceis. Envolve sutilezas, ardis, dores, odores, solidões, contradições, ambiguidades, confrontos, encontros e desencontros. Foi nesta perspectiva, das confusões teóricas metodológicas, que brotou a doce aventura – História das Mulheres do Norte e Nordeste brasileiro.

Assim, nessas imensas e solitárias regiões do norte e nordeste do Brasil, pesquisadores de diversas instituições de ensino superior sucumbem ao chamamento da mágica aventura de construir o encantado desejo de contar e recontar como viviam e quem eram essas mulheres que se fizeram presentes diante da vida e das pluralidades dos seus sonhos.

São mulheres professoras, lésbicas, parteiras, índias, casamenteiras, sertanejas e dos seringais que construíram suas vidas numa época marcada pelo domínio masculino. E que apesar das proibições diante das suas existências foram capazes de se construírem como sujeitos históricos. E ao se construírem como sujeitos fizeram de suas vidas a sua própria história na tipologia e na cartografia do seu viver cotidiano. Ora com lágrimas e dor; ora entre sorrisos e amores.

Este fazer coletivo de matizes teórico metodológico diversificado traz a superfícies desavisadas o cotidiano dessas mulheres apresentadas ao leitor nessa coletânea recheada de encontros e desencontros e rupturas. Não é proposta e nem o propósito da coletânea falar de todas as mulheres dessas regiões, e sim falar de uma parte delas e da sua labuta no dia a dia em diversas situações da sua visibilidade no cotidiano das suas próprias contradições e desencontros.

São falas de historiadores, antropólogos, assistentes sociais e historiadores da educação. Relações conflituosas na sua composição porém necessárias para exalar o contraditório do fazer acadêmico na pluralidade de fontes documentais que em leituras subjacentes revelam o viver feminino em regiões distantes entre si que revelam como essas mulheres no seu cotidiano propuseram para sua existência um viver de inquietudes, incompreensões e realizações da sua condição de mulher.

São mulheres que ao falarem de si também falaram de outras mulheres esquecidas nas prateleiras do tempo e adormecidas em muitas oportunidades pela historiografia.

Talvez o estudo sobre as mulheres tenha ainda muitas reentrâncias a serem reveladas. Lugares a serem visitados. Trilhas a serem descobertas. E viveres femininos a serem trazidas à luz matinal. Sem dúvidas que ainda os segredos sobre as mulheres continuam lá nos seus própios segredos. E como são segredos, permanece nos seus próprios segredos.

Os autores aqui presentes ousaram apenas recontar através do manuseio das fontes documentais um pouco da vida dessas mulheres que na tessitura do seu viver traçaram as cartografias e as tipologias desse viver feminino na complexa teia social e cultural do Brasil nas regiões norte e nordeste.

Após um longo caminho de encontros e desencontros entregamos a obra ao público para que este deguste ao sabor do vinho e dos sorrisos os caminhos, trilhas, becos e lugares das mulheres do norte e nordeste do Brasil. São dizeres masculinos e femininos sobre e sob essas mulheres que em comum tem o fato de não se curvarem diante das normas estabelecidas. Desafiaram seu tempo e o que se dizia sobre onde era o lugar dessas mulheres.

Poder-se-ia dizer que se trata de uma obra necessária diante da abundante pesquisa sobre o assunto nas regiões envolvidas. Pesquisas que agora chega ao público em forma de livro e páginas repletas de cenas a suscitar o imaginário daqueles que se aventurarem na leitura da coletânea construída por: Carmen, Tissiano, Cristiane, Lidiany, Gian, Mônica, Aquiles, Eliane, Samara, Diomar, Morga, Elizabeth, Marcos, Luciana, Suely, Antônio Pádua e Elizangela.

O que dizer sobre vocês!?

Deixa os textos falarem...

Boa leitura!

*Antônio Emilio Morga*

# Prefácio

Na construção da Ciência no universo letrado, os paradigmas clássicos e modernos procuraram definir procedimentos teóricos e metodológicos que viabilizassem eliminar o incerto, o impreciso, o complexo, o indeterminado. Nas ciências contemporâneas estes atributos da realidade são olhados como objetos de pesquisas e se voltam, dentro da temática do existir humano, para as questões culturais e ético-antropológicas na busca de explicações.

Nessa perspectiva, as mulheres, discriminadas culturalmente ao longo dos séculos, sobrevivendo na sombra do mundo doméstico e contando histórias, enquanto teciam o fio do tapete da existência, foram pioneiras na arte de perpetuar a vida por meio da oralidade.

Em que momento aconteceu o trânsito da oralidade para o escrito?

No ato de escrever e recuperar a História das Mulheres, seu caráter multifacetado implica em diversificar as fontes a serem utilizadas, como manuscritos, livros e compêndios, exercícios escolares, cartilhas, diários íntimos, cartas familiares ou de amor, fragmentos da literatura erudita e popular, canções, poesias, jornais e revistas, panfletos feministas, almanaques, legislação específica, catecismos de doutrina cristã, manuais de civilidade e boas maneiras, assim como as imagens representadas pelas fontes iconográficas para a reconstrução histórica. Entrelaçar as representações acerca das mulheres e homens em meio a um variado e fecundo conjunto de documentos públicos ou privados possibilita uma aproximação com o universo social e educativo com suas rupturas e continuidades.

Com esse procedimento é possível a edificação das interfaces permitidas pelas fontes, visando uma aproximação com as matrizes analíticas que impliquem em uma reconstrução o mais fiel possível, dado o distanciamento que a História impõe aos pesquisadores.

Nesse diálogo com as fontes históricas, diálogo muitas vezes frustrado por perdas e desencontros, se define a incursão por uma dinâmica de pesquisa que procura recuperar a realidade e recompor uma intersecção da atmosfera mental do período. Essa atitude de imbricar as práticas e interfaces com as representações faz parte da função precípua da investigação, buscando reorientar o olhar historiográfico, iluminado por fontes confiáveis.

A linguagem do texto escrito, como mediação simbólica com o mundo é veículo capaz de instaurar o sentido e compreender deixa de aparecer como um simples modo de conhecer, para tornar-se uma maneira de ser e de relacionar-se com os seres e com o ser. Toda interpretação se propõe a vencer um afastamento, uma distância entre a época cultural à qual pertence o texto e o próprio intérprete.

Essa interpretação não é uma tarefa simples, pois existe um vasto espaço entre as formulações teóricas e sua aplicabilidade ao campo historiográfico. Seu maior mérito reside no potencial de utilização, ou seja, a possibilidade, do ponto de vista da História, de estabelecer categorias explicativas derivadas das próprias fontes e o máximo de conhecimentos que delas pode-se auferir.

Historicamente, situar o personagem, impõe-se como uma necessidade, assim como o desvendamento da sua inserção cultural, econômica e social, recorrendo ao imaginário da época, traduzido pelas fontes, nas quais a visão de mundo dos atores sociais se entrecruza com a realidade e a modifica, esculpindo-lhe seus próprios contornos. Isso possibilita uma decodificação da cultura, dos hábitos e dos costumes, que componha o trânsito epistemológico da macroestrutura para as realizações do dia a dia.

A presença feminina, mesmo com os notáveis avanços da última década, ainda situa-se nas fímbrias do sistema e transcorre nos intramuros da domesticidade. Ao contrário dos feitos masculinos, quantificados por meio de farta documentação histórica, quanto às mulheres há registros que, aos poucos, vêm sendo recuperados, testemunhos de tempos guardados ao longo dos anos, na intimidade dos lares, na preservação daquilo que se viveu, até então abrigados de olhos indiscretos.

A histórica ausência feminina da instrução e das esferas de poder impediu, ao longo do tempo, testemunhos mais vastos.

*Prefácio*

Na escrita da História das Mulheres se reconhece a vida cotidiana privada, as mentalidades, os sentimentos humanos, as formulações derivadas do subjetivismo e que se mantêm nas margens da pesquisa nas ciências sociais. Fontes relegadas ao esquecimento emergem nas análises e se considera que o espaço privado não é somente feminino, pois sua inserção no espaço público é vista como decorrente de um sistema promotor da desigualdade, o que não deixa de adentrar no campo político.

A histórica subordinação do sexo feminino ao masculino é mais um mecanismo de controle social sobre os dois sexos, nos quais a ideologia religiosa ocupa papel importante. O poder visa, sobretudo, a normatização e regramento de hábitos e costumes, higienização e moralização de comportamentos, induzindo ao pleno acatamento dos preceitos legais, sociais e religiosos, levando inevitavelmente ao ideal positivista da Ordem e do Progresso. Esse ideal mantém os privilégios do grupo minoritário, seja quanto à classe social, seja quanto ao sexo. No passado, essa ideologia se evidenciou no liberalismo e a escola, a mídia e a Igreja representam um dos grandes instrumentos de sua manutenção, como já denunciou Althusser.

A História pode apresentar lacunas, mas também fornecer indícios para novas buscas. É como se processa a construção do conhecimento. E o passado, assim como o futuro, é uma construção da vida social que pode alicerçar ou desmascarar ideologias. Tal constatação deriva do fato de que o presente só tem significância em relação ao passado e aquele em relação com os eventos futuros.

Na historiografia sobre mulheres há poucos registros, documentos se perderam, fotos, cartas, diários e textos de época são difíceis de serem encontrados. No entanto, nessa busca, os pesquisadores fazem o necessário trabalho de esmiuçar arquivos e bibliotecas, no procedimento de revelar fontes pouco exploradas ou mesmo desconhecidas. Há que se valer de sinais, de vestígios, até mesmo de fontes pouco ortodoxas, o que faz parte do prazer de se fazer História. E procura-se mais do que interpretar, reinterpretar, inferir, concluir parcialmente, reorientando o olhar historiográfico para novos indícios e até mesmo utilizando-se de novos paradigmas.

No universo das relações humanas, local onde interagem homens e mulheres como sujeitos históricos, é possível interpretar essa estrutura indo além dos aportes das teorias clássicas que explicam a ordenação da sociedade do ponto de vista das relações de classe, mas silenciam quanto ao gênero.

A espécie humana, una quanto às funções naturais, é diversificada quanto às representações culturais e simbólicas, que alocam aos dois sexos papéis sexuais desiguais, em função das diferenças de base biológica. Quando as mulheres e o seu protagonismo nas relações de gênero são enfocados, é possível observar paradigmas de submissão cristalizados ao longo de séculos, assim como modelos de resistência que ultrapassam os muros da domesticidade e revelam ao espaço público as insatisfações geradas numa estrutura social solidificada em tradições.

No meio acadêmico, os estudos de gênero foram introduzidos a partir da constatação de que o feminismo e seu confronto com os mecanismos de dominação e subordinação levavam à emergência de novas categorias analíticas que não se encaixavam nos paradigmas clássicos, os quais, de acordo com algumas teóricas feministas, não conseguiam elaborar modelos explicativos mais flexíveis para analisar a situação específica das mulheres.

Num sentido amplo, o gênero é entendido como uma construção social, histórica e cultural, elaborada sobre as diferenças sexuais e às relações construídas entre os dois sexos. Estas estão imbricadas com as relações de poder que revelam os conflitos e as contradições que marcam uma sociedade onde a tônica é dada pela desigualdade.

As configurações de poder entre os gêneros, da mesma forma que os significados, as normatizações valorativas, as práticas e os símbolos, variam de acordo com as culturas, a religião, a economia, as classes sociais, as etnias, os momentos históricos. Nesse cenário, formam-se redes de significações que se edificam e se relacionam, atuando em todos os âmbitos da vida cotidiana.

As desigualdades efetivam mecanismos de produção e reprodução da discriminação que adquirem forma concreta em todas as instâncias da vida social pública e privada, na profissão, no trabalho, no casamento, na descendência, no padrão de vida, na sexualidade, nos meios de comunicação e nas ciências. A utilização do conceito teórico de gênero para analisar a tessitura social implica em não considerar as diferenças assentadas simplesmente no aspecto biológico.

Tal assertiva evidencia da parte da perspectiva teórica feminista, uma absoluta rejeição aos enfoques naturalistas, que envolvem a aceitação implícita da subordinação das mulheres aos homens, baseados nas estruturas biológicas de cada indivíduo da mesma espécie. Nessa perspectiva, discute-se a dificuldade de se interpretar a realidade das mulheres partindo da experiência dos homens, por se considerar que os paradigmas construídos do ponto de vista masculino resultam em modelos teóricos inexatos e imprecisos, senão falsos, pois as relações de gênero se definem em diferentes poderes, normas comportamentais, morais e religiosas, até mesmo nas emoções e sentimentos, estruturando a percepção de mundo e a forma como a sociedade se organiza do ponto de vista simbólico, levando ao conceito de alteridade, isto é, a relação com o outro.

Valendo-se do conceito de alteridade, a crítica feminista voltou-se para uma reinterpretação da teoria proposta por Marx, por considerar que a opressão da mulher na sociedade capitalista e a sua liberação são também resultantes, em última análise, das lutas contra o capitalismo. Isso se deve pela constatação de que a igualdade perante a lei e um acesso igual à educação e à profissionalização não liberam as mulheres das responsabilidades familiares, o que restringe sua participação na vida pública.

Os estudos de gênero oferecem possibilidades investigativas para recontar a História das Mulheres, o que incorpora os vários campos epistemológicos que são contemplados no presente livro. Um livro que fala de mulheres, suas vidas, suas lutas, suas realizações que foram e são encobertas nas brumas do tempo. Um livro escrito por mulheres e, notavelmente, por homens, sensibilizados com a temática. Isso é alvissareiro!

Os leitores e leitoras se defrontarão prazerosamente com uma teia inconsútil que envereda pela mágica capacidade feminina da resiliência – sobrepor-se a um meio social e cultural lesivo ao desenvolvimento de seus talentos.

Onde estão estas mulheres das páginas deste livro?

Os autores e autoras, numa deliciosa parceria ultrapassaram os limites da discriminação, dos preconceitos, da hierarquia social simbolicamente ordenada de cima para baixo e percorreram sendas pouco familiares e escassamente exploradas pela investigação científica.

Este livro aborda o universo das professoras; das parteiras; das indígenas; das negras e escravas; das sertanejas nos seringais; das poetisas, escritoras, analfabetas e letradas; mulheres homossexuais; mulheres educadas por freiras católicas; mulheres do povo e da elite, suas vidas, seus amores, sua educação, suas leituras, a profissão, o casamento, a maternidade.

Que rico universo e abrangência de estudos proporcionam as mulheres! E com um ponto em comum: uma História de opressão e luta. A sua histórica ausência da História, (que paradoxo!), causa impacto quando nos debruçamos na riqueza de detalhes de cada capítulo, na sua originalidade, na escolha acertada do tema. E nos perguntamos cheios de admiração: mas, tudo isso?

Boa leitura!

*Jane Soares de Almeida*
*Inverno de 2013*

# Mulheres que aparam

## Parteiras no Amazonas

Cristiane Manique Barreto
Luciana Guimarães Santos

A arte de partejar não é um conhecimento formal, mas aprendido de geração a geração. Narrar algumas experiências dos saberes da parturição em locais distantes, sobretudo rurais, ribeirinhos ou no meio da floresta no Amazonas, sem acesso à saúde médico-hospitalar é nosso norte nesse artigo. Para tanto, pesquisamos jornais do início do século xx, bem como cadernos de registro e realizamos algumas entrevistas. Na análise dessas fontes procuramos perceber as permanências e mudanças nessa arte e no acolhimento desse ofício por parte do Estado.

Partejar é o ofício das parteiras, no qual envolve saberes e fazeres, aprendidos na prática de assistir os partos acompanhando avós, mães, vizinhos entre outros. Muitas das parturientes adquiriram seu ofício realizando seus próprios partos. Helman esclarece que o "conhecimento das parteiras era adquirido por meio da própria experiência de gravidez e parto",[1] ou após ter aprendido com outras mulheres, o importante é que elas prestam esse serviço, tornando-as reconhecidas e respeitadas nas comunidades onde atuam. Esses saberes e fazeres foram se materializando através da informalidade e não havia hora e lugar exato, nem livro ensinando como realizar o nascimento de uma criança.

Vejamos o relato de algumas entrevistadas:[2]

Dona Antônia nos conta como aprendeu a partejar com sua avó:

---

1  HELMAN, Cecil G. *Cultura, Saúde e Doença*. Porto Alegre: Artmed, 2003, p. 43.

2  Manteremos por opção a fala das entrevistadas sem corrigi-las.

> Você sabe que as pessoas no interior não têm estudo, não têm orientação de médico, não tem nada, a gente faz pela necessidade e foi como aconteceu, eu aprendi muitas vezes com minha avó, ela me levava e acabei vendo muitas coisas.[3]

E depois como se fez parteira:

> Mas eu jamais pensei em ficar em uma situação de eu fazer sozinha, porque eu sempre ia com ela, fazia com ela, eu ficava na cabeceira [da cama] da moça e ela fazia o resto, então, quer dizer essa parte aí eu sabia, mas quando chegou o dia de eu mesma. Cair nas minhas mãos, eu fazer quase por necessidade, porquê a moça tinha essa criança ou ia morrer, né. Porque a criança tava atravessada, e ela vinha do interior pra Manaus, que dizer ela ainda tava muito longe para chegar aqui em Manaus, e foi quando eu entrei em ação, né! Eu vi que minha vó fazia o chá e graças a Deus através de Deus mesmo, né. O milagre aconteceu, e eu salvei aquela senhora e o filho dela também, é homem. Então que dizer, foi eu mesma que fiquei em ação, foi eu que fiquei ali. Ninguém! Só marido dela ficou comigo lá, o resto foi eu que fiz o negócio lá, então aí eu já fiquei assim, já quis ir ao outro parto, e já fui sabendo já das coisas, então foi isso que aconteceu, a parteira na coisa, como é na necessidade né.[4]

Na construção de sua narrativa dona Antônia vê-se como "parteira na coisa, como é na necessidade", ou seja, fez-se parteira na experiência vivida. Relata também que pariu quatro filhos sozinha, pois quando a parteira chegava em sua casa era apenas para cortar o umbigo.

Dona Luzia teve oito filhos em casa, também se fez parteira na necessidade ou nas palavras da entrevistada que pegou primeiro seu sobrinho e depois muitas crianças.

> Minha cunhada morava comigo [...] sentiu as dores a mamãe desceu aqui a rua para chamar a parteira que morava, onde hoje é o Prosamim [Programa Social e Ambiental dos Igarapés de Manaus].

---

3   Dona Antônia. Entrevista 1 [julho de 2012]. Entrevistadora: Luciana Guimarães Santos. Manaus, entrevista transcrita. Acervo pessoal das autoras.

4   *Ibidem.*

Aí ela disse: Luzia me acode, foi engraçado, aí eu fui para lá, não podia fazer nada, não podia abandonar, ela foi o primeiro que peguei, foi o meu sobrinho, quando a parteira chegou só foi cortar o umbigo, porque eu não tinha cortado não. Mas depois tomei a frente [...] peguei filho da minha filha, tenho neto que está com 38 anos [...] até que peguei um bocado de criança.[5]

Foucault, ao contextualizar a sexualidade no mundo ocidental, argumenta que "a arte da existência na cultura de si se encontra dominado pelo princípio segundo o qual é preciso ter cuidado consigo, é esse princípio do cuidado de si que fundamenta sua necessidade, comanda seu desenvolvimento e organiza sua prática".[6] Assim a arte da existência era tanto uma relação consigo quanto uma relação com outros. E é na imensidão dos rios amazônicos, na lonjura das localidades dos centros maiores, que mulheres e homens são obrigados a se construírem ou a se fazerem nas vicissitudes do cotidiano amazônico. Se na atualidade ainda observamos que para terem atendimento médico de urgência, ribeirinhos e indígenas necessitam de horas de voadeira,[7] dona Antônia nos conta que num passado recente[8] no interior "não tinha nada, lá era lago [...] médicos só em Itacoatiara".[9]

Na hora do parto as entrevistadas comentam que oram, ou seja, trabalham com devoção e fé naquilo que fazem. É o caso de Dona Luzia que rezava uma oração, que aprendeu. Ela explica que quando a mulher estava pra ter filho, rezava:

Minha Santa Margarida;
Não to prenha e nem parida;
Ma ajuda a tirar essa carne podre da minha barriga.

No caso é a placenta, né. Pra rezar na hora, não me lembro quem foi que me ensinou esse *dizerzinho*, hoje em dia não tem mais essas coisas, antigamente era mais valido e de confiança, hoje é só no mais fá-

---

5 D. Luzia. Entrevista II [julho 2012] Entrevistadora: Luciana Guimarães Santos. Manaus, entrevista transcrita. Acervo pessoal das autoras.

6 FOUCAULT, Michel. *História da Sexualidade: O cuidado de si*. Tradução de Maria Tereza da Costa Albuquerque, vol. 3. Rio de Janeiro: Graal, 1985. p. 16.

7 Voadeira é uma lancha mais rápida que um barco e uma rabeta (barco pequeno).

8 Podemos afirmar que na atualidade também, principalmente na Amazônia. Não cabe nesse momento problematizar os motivos.

9 Dona Antônia, entrevista já citada.

cil [...] quando a mulher tava pra ter nenê colocava logo escapulário, Nossa Senhora do Parto, [...] conforme sua devoção, tudo valia.[10]

Dona Luiza aparou muitas crianças dentre elas estão netos, sobrinhos e o último parto que fez foi do seu bisneto que tem 16 (dezesseis) anos. Dona Luzia era dona de casa, não tinha emprego, o serviço de parteira era um extra. Tornou-se parteira, mais por causa de sua comadre, que também o era. Foi por intermédio de sua comadre que tirou o certificado de parteira leiga. A parteira Luzia cobrava certo valor para fazer um parto, mas relata que também levou muito calote. Assim como ganhavam muita galinha, farinha e até eram chamadas para comer tracajá, conforme relato de Dona Antônia.

As parteiras, além de auxiliarem a parturiente, são solicitadas em suas localidades para prestarem assistência à saúde, devido ao conhecimento no manejo de ervas. Essa é um das especificidades dessas mulheres, que conseguem uma grande proximidade com as gestantes, as famílias e a comunidade.

Dona Antônia além de ter sido parteira foi benzedeira, *tudo aprendeu e fazia*. Ela ainda fala que não sabia donde vinha, mas fazia e as pessoas acreditavam.[11] E "coloquei muitas desmentiduras no lugar".[12]

Carmen Susana Tornquist, com relação aos partos, escreve que "o uso de benzeções e massagens tinham por objetivo aumentar as dores, que eram vistas como necessárias para a vinda do bebê".[13]

As massagens também são utilizadas, caso o bebê não esteja na posição correta para nascer de parto normal, como relatou acima Dona Antônia. O primeiro parto que realizou sem a ajuda da sua avó, foi no barco. A grávida estava vindo do interior para a cidade de Manaus porque a criança estava atravessada na barriga. Durante a viagem a parturiente começou a sentir as dores, ou tinha a criança ou ia

---

10 Dona Luzia, entrevista já citada.

11 Lèvi-Strauss analisa que a eficácia de certas práticas mágicas implica na crença da magia e esta se apresenta sob três aspectos complementares: a crença no feiticeiro, a crença do doente e as exigências da opinião coletiva. Cf: LÈVI-STRAUSS, Claude. "O feiticeiro e sua magia". In: LÈVI-STRAUSS, Claude. *Antropologia Estrutural*. Tradução de Beatriz Perrone-Moíses. Rio de Janeiro: Tempo Brasileiro, 1985, p. 193-213.

12 Dona Antônia, entrevista já citada.

13 TORNQUIST, Carmem Susana. "A mão e a luva: o processo de medicalização do parto e o corpo feminino em Florianópolis". In: MORGA, Antônio Emilio. (org.). *História das mulheres de Santa Catarina*. Florianópolis: Argos/Letras Contemporâneas, 2001, p. 50.

morrer, pois ainda faltava muito para chegar a Manaus. Foi quando Dona Antônia entrou em ação e fez o chá e a massagem.

Outra questão é o deslocamento que essas mulheres fazem para chegar à casa das parturientes, principalmente, no interior, segundo Dona Antônia: "no interior é casa aqui outra lá. Muitas vezes ia a pé, de cavalo, carroça, barco ou canoa para chegar à casa da gestante".[14] Dona Luzia relata que, "às vezes a gente tá dormindo, lá chega, ai tem que largar tudo e atender."[15]

Dona Luzia também nos alerta que sempre foi prevenida:

> Eu sempre fui prevenida tinha meu material, eu tinha, tinha tudo. E, mais, não encontrei barreira nessa história não, pra mim foi tudo legal. Até essa comadre que era parteira já, morreu. Ela foi parteira, nos formos parteiras e ela foi minha parteira [risos]. Usava tesoura para cortar o cordão umbilical, eu usava. Agora é um protocolo doido, mas naquele tempo a gente pegava o barbante colocava no álcool deixava dentro do álcool, quando precisava pegava com uma pince, tira, faz uso e graça a Deus nunca teve problema. E as pinces, era duas pinces uma para segurar o cordão umbilical e outra perto da placenta pra evitar uma hemorragia. Eu tinha tudo, tinha coisa para escutar mandei fazer, tinha minhas gases tudo, tudo, tudo.[16]

Dona Luzia ao comentar "que agora é um protocolo doido" está se referindo aos novos processos de higienização, instrumentos como tesouras e luvas que serão exigidos com mais rigor no parto. Se no século XIX o parto era feito por parteiras, da metade do século XX em diante, os partos passaram para o controle dos médicos no hospital, e devido a isso os cuidados, procedimentos e instrumentos serão cobrados com mais responsabilidades por essa instituição, o hospital.

A par de alguns relatos que ouvimos durante a pesquisa, um nos chamou a atenção pelo inusitado. Dona Luzia narra que uma parturiente apenas conseguiu parir após manter relações sexuais com o marido.

---

14  Dona Antônia, entrevista já citada.

15  Dona Luzia, entrevista já citada.

16  *Ibidem.*

> Tenho um caso bem interessante, eu fiz um parto, na Cachoeirinha [bairro de Manaus], não lembro o nome do marido dessa senhora, e nem o nome dela e nem o nome da criança, só sei que foi uma menina, nasceu no dia 13 de junho, também não lembro mais o ano, ela veio do interior ela já era mãe, ai [pausa], era uma vila, ai a irmã dela me conhecia e veio me chamar, ai fui pra lá. Passei à noite e nada da mulher e nada da mulher. Falar de hospital pra ela era virava uma onça, ela já estava acostumada a ter em casa, né. Ai deu 5 horas da manhã, fui pra lá 7 horas da noite, deu 5 horas da manhã nada! Ai disse para o marido dela, não tem mais solução não. Aqui o caso é levar ela na Cachoeirinha perto da Igreja Santa Rita, e levar para o Hospital de Santa Rita, ai ele ficou assim, ela tava no quarto, ai a irmã dela foi pra lá, quando ela voltou disse: Dona Luzia me desculpa minha irmã ta acostumada a ter filho, depois de manter relações, ai eu disse pra ela: Mana não seja por isso, por que não me falaram isso antes! Sabe que foi uma injeção, ai ele foi lá pro quarto, vimos ele passar, era uma vila, depois ele veio de lá todo desconfiado, ai ela chama a irmã dela, e pede pra mim entrar, a menina já estava nascendo, achei impressionante isso. Coisa de interior mesmo, mas é valido [risos], ela deve estar com mais de 20 anos, é assim.[17]

O suporte de memória de nossas entrevistadas geralmente é o inusitado, o lugar, a dificuldade que interligam com o dia do nascimento e o sexo biológico do recém-nascido.

As parteiras são mulheres respeitadas nos locais onde atuam. Estabelecem laços de solidariedade antes e após o parto. Parteiras são referências para a saúde da gestante, da criança e da família. Muitas se tornam comadre, madrinha de batismo, devido a esse laço de proximidade, conforme depoimento de Dona Luzia:

> Nasci em casa, dona Sebastiana parteira, morava aqui na Leonardo [rua no bairro da Praça 14, Manaus], eu me lembro bem daquela senhora, mamãe ia lá, porque *naquele tempo da ignorância,*[18] parteira eram nossa madrinha, segunda mãe, na simplicidade que

---

17  *Ibidem.*

18  Grifo nosso.

existia, até por sinal era muito bom, então a gente gostava muito da dona Sebastiana.[19]

O ato de parir é o mesmo em uma comunidade rural, periférica, central ou ribeirinha, mas os preceitos, as crenças e a forma de parir apresentam especificidades. Assim, o parto no tempo da *ignorância*, na medicalização ou indígena tem características particulares. No caso indígena, conforme sua cultura e costume, as mulheres fazem seu próprio parto. Vejamos o relato:

> A mãe tem nenê sozinho [esta se referindo à índia], os indígenas são assim ninguém gosta de segurar, só aquela que não sabe a gente segura. Antes de nasce nenê a gente é benzida, a barriga é benzida, a gente toma água, mingau, para não nasce mão e pé. Chá casca de biriba [fruta] e água manda benzer e toma antes da mãe ter nenê. Antigamente quando minha mãe, ela não estudava ainda, todo mundo mulher indígena teve no mato. Naquele tempo não tinha faca, tesoura, ela cortava com tiririca [uma espécie de árvore] bingo [lê-se umbigo], ai enterrava.[20]

Há casos de índias que não conseguem parir sozinha e são auxiliadas por outras mulheres.

> Eu vi só minha prima, ela não consegue ter sozinha, aí tudo mundo guardava ela, segurava ela, ela teve nenê [silêncio]. Eu vi assim né, eu pensei: Deus poder muito grande. Eu pensei que era assim, nasce nenê normal grande mesmo, assim grande né. Era assim [demonstra o tamanho com as mãos], ai ele cai [...]. Tive filhos no interior, parto em casa e no mato. Ai assim, quanto tem em casa, segura na rede sentada.[21]

Observamos que há um ritual antes e após o parto no qual o homem, no caso o pajé, pode participar, mas o ato de parir é individual e feminino, outras mulheres participam apenas quando se precisa de ajuda. Homem *"não pode*

---

19  *Ibidem.*

20  D. Isabel. Entrevista III [julho 2012] Entrevistadora: Luciana Guimarães Santos. Comunidade Beija Flor, Rio Preto da Eva – AM, entrevista transcrita. Acervo pessoal das autoras.

21  *Ibidem*

*olhar segredo, para gente*".[22] Ora, se como nos diz Bloch[23] é a dessemelhança que surpreende o historiador, aqui nos espanta além da dessemelhança a naturalização do parto em si. Em outras palavras, enquanto procuramos problematizar as especificidades das parteiras na região amazônica, percebemos que o parto nessa comunidade indígena é individual. Será que aqui podemos falar em parteiras? Porque nos parece que não existe a figura desta mulher e deste ofício especificamente. Pela narrativa depreendemos que o primeiro filho de Dona Isabel a mãe ensinou como parir, depois os outros sete filhos pariu sozinha. Assim, seu primeiro filho foi sua mãe quem pegou. Relata que a mãe pediu para ela se sentar de cócoras, mandou se segurar e depois fazer força, assim, a criança nasce e corta o cordão umbilical e enterra. Com seus outros filhos Dona Isabel permaneceu sozinha, na mesma posição da qual sua mãe a tinha ensinado, de cócoras e segurando numa estaca.

> O primeiro filho minha mãe cuidou com a amiga dela, ai ela pegou nenê, ela mandou sentar, assim [fez o gesto], minha filha senta aqui, segura aqui [gesto], mandou segurar, ai que a gente faz força, ai cai nenê. Ai tira bingo [umbigo], ela mesmo corta. E depois enterra, lava ele [ o recém nascido] e coloca na rede. Ai depois eu tive sozinha, segunda filha, minha filha até ta aqui [na comunidade], depois terceira filha também sozinha, assim mesmo [fez o gesto], eu tenho 8 filhos, sozinha mesmo. Depois caçula quase me matou, né! Eu não consigo, não tem parteira, lá [interior] não tem doutor, enfermeira, saúde, nada, não tem hospital. O hospital fica longe, ai tive no mato mesmo. Indígena não pode olhar. Homem não pode olhar segredo, pra gente. Ai a gente teve no mato, ai nasce nenê. Carrega e entra na casa tudo benzida. Ai a nenê fica lá no quarto. Ai, depois Pajé benze, ai toma banho no igarapé com o nenê. Vai fumaçando, fumaçando até chegar lá, benzida, joga a água no igarapé, ai começa toma banho, assim foi.[24]

Nessa comunidade indígena de Rio Preto da Eva – AM as índias costumam ter seus filhos separadas, sozinhas, realizam o parto no mato, a própria parturien-

---

22    *Ibidem.*

23    BLOCH, Marc. *Apologia da História ou o ofício de Historiador.* Tradução de André Telles. Rio de Janeiro: Jorge Zahar, 2001, p. 79.

24    Dona Isabel, entrevista já citada.

te apara a criança e corta o cordão umbilical. Somente costumam terem em casa quando não conseguem fazer sozinhas e precisam de ajuda de outra mulher. Depois que a criança nasce ela é levada para dentro de casa e benzida. O pajé faz o ritual de benzer a criança e a mãe, trata de costume, tradição e proteção.

A pesquisadora Marta Maria Azevedo escreve sobre os povos indígenas no Alto Rio Negro e reforça a ideia de distância dos homens na hora do parto:

> A mulher antigamente dava à luz na roça, que é o espaço feminino. Com suas crenças ela não podia parir em casa, devido ao perigo do contágio pelo sangue do parto. Antes de ela voltar para a casa era necessário o Kumu[25] queimar cera de abelha na cabeça e benzer todo o lugar, tanto para protegê-lo dos perigos do sangue como para proteger a mulher com a criança. Na época em que as mulheres davam à luz na roça, o parto era acompanhado de longe por um Kumu. Com a mudança para locais reservados dentro da aldeia ele passou a ficar mais perto, mas ainda sem contato direto com a mulher. Sem ver diretamente a cena, o Kumu vai benzendo conforme as necessidades durante o trabalho de parto. Se um bebê está demorando muito a sair, por exemplo, o Kumu pode lançar mão de um benzimento que é feito com o caroço da uva amazônica (regionalmente denominada cucura), pois o mesmo é muito escorregadio, semelhante ao caroço da jabuticaba, e auxiliaria, simbolicamente, a passagem do bebê pela vagina. Ou também pode lançar mão das unhas do tatu, que tem a capacidade de escavar rapidamente por terrenos muitos duros, o que facilitaria também a saída do bebê. As posições mais comuns para o parto são a de ficar de cócoras, com as pernas flexionadas e segurando na rede, ou deitada na rede, com esta, previamente cortada para que o bebê caia em cima de um pano limpo. Quando o bebê desliza para o chão, a mulher que está ajudando no parto, em geral a sogra ou a mãe da parturiente, espera até que o cordão pare de pulsar para cortá-lo.[26]

---

25 Conforme análise de Buchillet, citando por Marta Maria Azevedo: Kumu ou Yai são pajés de mais alta hierarquia. AZEVEDO. Marta Maria. "Povos Indígenas no Alto Rio Negro: padrões de nupcialidade e concepções sobre reprodução". *Seminário Mulher Indígena e Saúde: um desafio a ser alcançado*. Manaus: Semsa, 2011.

26 *Ibidem*, p. 13.

Se os saberes e fazeres indígenas em relação ao parto estão ligados, podemos dizer, à reprodução do mundo natural, as parteiras se constroem, então no dado. Ou seja, para Deleuze dado é "um conjunto de circunstâncias que singulariza sempre um sujeito, pois representa um estado de suas paixões e necessidades [...] uma distribuição de suas crenças e de suas vivacidades".[27] A construção do eu parteira nos casos aqui comentados ocorre a partir da experiência, "uma pressão do passado e um impulso em direção ao porvir",[28] como uma duração.

> Nesse sentido o hábito é para a memória o que o sujeito é para o espírito, mas, além disso e mais ainda, ele prescinde facilmente dessa dimensão do espírito que se chama memória [....] o passado como passado não está dado, ele é construído por e numa síntese que dá aos sujeito sua origem, sua fonte.[29]

É significativo para nós que a maioria de nossas entrevistadas quase não mencionam as palavras parir, parto ou parteira e, sim aparar, pegar ou segurar a criança. Quando perguntamos se são parteiras afirmam que sim, no entanto no desenrolar da entrevista, percebemos que fizeram ou pegaram seus próprios filhos e alguns filhos e filhas de outras mulheres quando a necessidade se fez presente. Significativo também é a fala do passado: "segurar a criança", misturada com a fala do presente no "tempo da ignorância" e agora um "protocolo doido".

Até a metade do século XIX, os partos eram feitos em casa e aparados por parteiras. "No início do século XX, as parteiras tradicionais eram muitas por todo o país, valorizadas e respeitadas e o saber acumulado era repassado de mãe para filha ou neta".[30] Mulheres que no momento da parturição atuam de forma presente na vida da gestante e da família, com o advento da medicalização, o parto tornou-se técnico e profissional.

> No final do século XVIII e nas primeiras décadas do século XIX, o discurso sobre a arte de partejar começou a mudar. Alguns médicos

---

27 DELEUZE, Gilles. *Empirismo e Subjetividade: ensaio sobre a natureza humana segundo Hume*. Tradução de Luiz B. L. Orlandi. São Paulo: ed. 34, 2001. p. 116.

28 *Ibidem,* p. 103.

29 *Ibidem,* p. 116.

30 BARRETO, Maria Renilda Nery. "Ciência, educação e circulação do saber médico nos manuais de obstetrícia oitocentista". Disponível em: <www.scielo.br>. Acesso em: 28 nov. 2012, p. 2-3

e cirurgiões passaram a difundir a idéia de que o parto ia além de um fenômeno regulado pelas leis da natureza, pois suas bases estavam assentadas nos conhecimentos científicos daquele período. Nesse contexto, multiplicaram-se os tratados sobre obstetrícia e abandonaram-se as explicações especulativas sobre o corpo humano. Os estudos de anatomia, patologia, fisiologia e clínica, assim como as descobertas da física, da química e da terapêutica, foram incorporados aos novos manuais de obstetrícia que passaram a circular no século XIX.[31]

Com o desenvolvimento da medicalização do parto, e, por conseguinte a institucionalização do ofício de partejar no século XIX, muitas parteiras tiveram que se especializar. A substituição do saber das parteiras, pelas parteiras profissionalizadas não foi de forma imediata, pois como afirma Mott: "[...], em algumas regiões, as parteiras diplomadas acabaram fazendo treinamento com as desqualificadas parteiras tradicionais, seja pela falta de lugar para a prática obstétrica, seja para ter acesso a uma clientela fiel e resistente às novas técnicas".[32]

Muitas parteiras procuraram fazer o curso, foi o caso da Dona Luzia que fez por incentivo de sua comadre, que também era parteira, ou parteira curiosa, nas suas palavras:

> Tinha uma comadre que morava aqui, até ela foi minha parteira, ela era parteira curiosa, mas ela entendia muito, eu acho até que muitos médicos, ela era uma pessoa [pausa]. Então ela queria tirar o certificado, mas ela era leiga, né. Nós éramos comadre. Foi por intermédio dela, bora comadre, bora bora fazer esse curso! Lá na Ana Nery, porque ela fazia muitos partos, muita, muita traquinagem ela fazia sobre parto, ela até foi minha parteira dos meus gêmeos, ela pegou meus gêmeos [...]. Aí nos formos pra Ana Nery, a gente fazia lá, só que ela era engraçada, ela me chamava de comadre, né. Ai a enfermeira que era nossa encarregada pegou ela me chamando de comadre, ai ela disse: *Ei! Apelido aqui não, apelido só em casa, aqui é Dona Luzia, Dona Raimunda, nada de comadre.*[33] Ai, nós fizemos

---

31  *Ibidem.*

32  MOTT, Maria Lucia. "Parto". *Revista Estudos Feministas.* (Dossiê Parto), vol. 10, n. 2. Florianópolis jul-dec. 2002. Disponível em: <www.scielo.br> Acesso em: 20 jan. 2013, p. 4.

33  Grifos nossos.

o curso, lá se foi ano, o mês, acho que foi um ano, deram certificado, mas não sei o que houve com o meu, porque aconteceu tanta coisa na minha vida [...] podia ter pelo menos o certificado pra mostrar, né! E não tenho.[34]

Com a institucionalização das práticas médicas as práticas de vida, as *traquinagens, o tudo era válido, sem barreiras,* tiveram que ser redefinidas e os hábitos e costumes também, principalmente em relação à parturição, pois os partos realizados em casa serão destinados aos hospitais devido ao avanço da medicina e ao discurso higienista, que considerará o hospital um local seguro para a parturiente parir. Assim, comadre e toda rede de solidariedade deixa de existir. A ciência deve ser neutra e objetiva, por isso *apelido aqui não.*

Conforme Réchia, "a medicalização do parto está ligada à ciência moderna e a um 'corpus' de saberes e procedimentos que foram apropriados e adequados sob uma ótica médica, e a partir do século XVIII, precisamente a um saber médico-científico".[35] A medicalização do parto inicia-se na Europa, nos séculos XVII e XVIII, e vai se estendendo ao Brasil a partir do século XIX com as escolas de medicina e cirurgia na Bahia e no Rio de Janeiro. O aprendizado que tinha um caráter hereditário, ou seja, de mãe para filha, vincula-se agora a uma instituição e as leis médicas.

No século XIX, no Brasil também ocorre a institucionalização da profissão da parteira, como explica Fabíola Rodhen.[36] Em 1832, no Brasil, foi criado um curso de partos para as senhoras para que aprendessem de acordo com os preceitos da ciência, a maneira correta de atender as mulheres no momento do parto e os primeiros cuidados com a criança. Passou-se a propagar a ideia das parteiras com certificado concedido pelos médicos. Profissionalizadas, tornam-se as mais legítimas e requisitadas pelas famílias com mais posses. Muitas parteiras no século XIX precisamente a partir de 1832 passaram a exercer o ofício com certificado concedido pelos médicos.

---

34  Dona Luzia, entrevista já citada.

35  RÉCHIA, Karen Chistiane. "A Medicalização do Parto. A Ampliação de um Domínio Médico-Científico e a Desqualificação de Saberes Femininos". Comunicação apresentada em mesa redonda no VIII Encontro Estadual de História, UFSC, setembro, 1998. (texto digitado).

36  ROHDEN, Fabíola. *Uma ciência da diferença: sexo e gênero na medicina da mulher.* Rio de Janeiro: FIOCRUZ, 2001.

Em Manaus, no início do século XX, impulsionado pela economia gomífera é comum observar nos anúncios de jornais parteiras diplomadas na Europa:

> Angelina Rosa – Parteira – Diplomada pela Universidade de Nápoles e pela junta de Hygiene do Amazonas e ex-mestra da Real Escola.

> Obstetrica de Bari. Assistente da Santa Casa de Misericordia; residente á rua da Matriz, 98. Recebe chamado á qualquer hora.

> Mme. Angele Bertin – Parteira – Estudou na Maternidade de Pariz, oferece seus serviços, recebe chamado a qualquer hora.

> Josephina Pile Forde, oferece serviço de parteira e enfermeira.[37]

Os mais abastados da Belle Époque manauara poderiam se servir de parteiras diplomadas no exterior, mas as parteiras locais e que moravam nas áreas periféricas da cidade também tiveram que se profissionalizar, conforme nos relatou Dona Luzia acima e Dona Ana que registrava tudo em seus cadernos.

Dona Ana morava na comunidade de Uxituba, município de Juruti no Pará, na hora que a comunidade precisava dela, lá ela estava. Muitas vezes tinha que ir de canoa ou barco para chegar à casa da parturiente ou da família que necessitava de suas práticas curativas, conforme informações dadas pela sua família. D. Ana Nunes era reconhecida como Parteira Leiga. Chegou a participar de cursos e treinamentos de Parteiras Leigas, promovida pela Secretária de Estado de Saúde Pública, na Unidade Sanitária de Juruti/PA. Participou do curso de parteira leiga ministrada pelo Serviço Nacional de Formação Profissional Rural–SENAR e Secretária de Estado de Saúde Pública do Pará, no período de 17 a 23 de setembro de 1978. Além de treinamentos de Parteiras Leigas no período de 01 a 06 de setembro de 1986, e no período de 24 a 29 de outubro de 1988, através da Secretária de Estado de Saúde Pública.[38]

Nos cadernos de D. Ana também consta anotações de palestras e treinamentos, que participou de assuntos relacionados a partos, os cuidados os quais as par-

---

37  *Jornal do Commercio*, anúncios, ano 7, n. 2311, 08/09/1910. Acervo: IGHA – Instituto Geográfico e Histórico do Amazonas.

38  Conforme certificados, gentilmente cedido por seu neto: Eliton Nunes.

teiras tinham que ter com as parturientes e os procedimentos que as grávidas deveriam realizar durante os noves meses de gestação. Encontramos também em seus cadernos, anotações de nascimento, cuidados com as crianças e tratamento a base de ervas para determinadas enfermidades, conforme figuras abaixo:

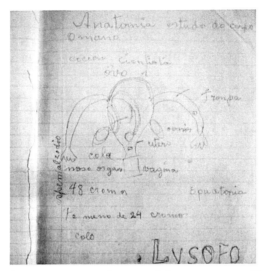

FIGURA 1 – Caderno de Dona Ana – gentilmente cedido por seu neto – Eliton Nunes

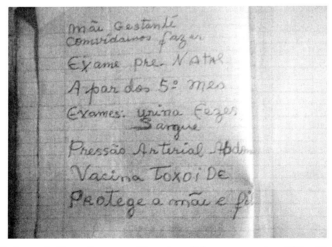

FIGURA 2 – Caderno de Dona Ana – gentilmente cedido por seu neto – Eliton Nunes

Acreditamos que após as participações nos cursos e treinamentos de parteira leiga, Dona Ana passou a fazer suas anotações de acordo com os procedimentos médicos e hospitalares, que Foucault chama de disciplina: "A disciplina é, antes de tudo, a análise do espaço. É a individualização pelo espaço, a inserção dos corpos em um espaço individualizado, classificatório, combinatório".[39]

É possível observar nas figuras acima (figuras 1 e 2) e abaixo (figura 3) um início de disciplina, que se aperfeiçoa com o curso. A figura abaixo (figura 3) é de nascimentos dos anos 1970 e as figuras acima (figuras 1 e 2), bem como a figura 4 são dos anos 1980.

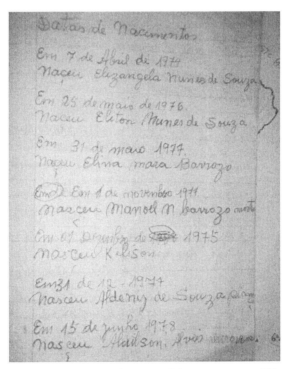

FIGURA 3 – Caderno de Dona Ana – gentilmente cedido por seu neto – Eliton Nunes

Com as novas tendências ditadas pela medicina moderna, analisando os escritos de Dona Ana, percebe-se em suas anotações um registro mais técnico e detalhado dos seus partos, uma tabela ainda mais organizada. Conforme a figura 4:

---

39 FOUCAULT, Michel. Vigiar e Punir: nascimento das prisões. Tradução de Raquel Ramalhete. Petrópolis: Vozes, 1987, p. 121-122.

FIGURA 4 – Caderno de Dona Ana – gentilmente cedido por seu neto – Eliton Nunes

Segundo ainda Michel Foucault,

> [...] a disciplina é o conjunto de técnicas pelas quais os sistemas de poder terão por alvo e resultado os indivíduos em sua singularidade. É o poder de individualização que tem o exame como instrumento fundamental [...] o exame é um elemento pertinente para o exercício do poder [...].[40]

Portanto, é preciso dividir para governar. O autor ainda observa que "devemos compreender as coisas não em termos de substituição de uma sociedade de soberania por uma sociedade disciplinar e desta por uma sociedade de governo [...]". Não temos um único elemento como princípio de governo, pois se trata de um triângulo: "soberania – disciplina – gestão governamental, onde a população é seu alvo principal e nos dispositivos de segurança seus mecanismos essenciais".[41]

A governamentalidade pode ser definida então por:

> [...] três coisas: a primeira, conjunto de instituições, procedimentos, análises e reflexões, cálculos e táticas que permite exercer relações de poder, a segunda, o que se pode chamar de governo, sobre todos os outros: soberania, disciplina, etc. – que levou o desenvolvimento de uma série de aparelhos específicos do governo, e a ter-

---

40   *Ibidem*, p. 160.
41   FOUCAULT, Michel. "A governamentalidade". In: FOUCAULT, Michel. *Microfísica do Poder*. Tradução de Roberto Machado. Rio de Janeiro: Graal, 1979, p 291.

ceira, o resultado do processo torna o Estado de Justiça em Estado Administrativo.[42]

O Estado passa a ser uma realidade complexa, uma abstração mitificada, com importância muito menor do que se acredita. Para o autor, o que é importante para esta modernidade, para esta atualidade, não é tanto a estatização da sociedade, mas a governamentalização do Estado.

O Guia de Treinamento[43] da Parteira Leiga da D. Ana traz todas as orientações, dos preparativos ao pós-parto. Ou seja, o que a parteira deve fazer ao chegar à casa da parturiente, como por exemplo, verificar as contrações, apalpar o abdômen para localizar a cabeça do feto, depois apalpar para encontrar as nádegas, deve escutar os batimentos do coração do bebê. Isso tudo isso tem que ser verificado antes do trabalho de parto e ainda realizar a limpeza das suas mãos. Depois do nascimento há todo um cuidado com o bebê, como: limpar o rosto e corpo, fazer o curativo umbilical, em seguida a parteira deve dar assistência a mãe verificando se ela está bem, fazer a ficha de notificação de nascimento e orientar para importância do registro no cartório.[44] E no dia seguinte a parteira retorna a casa para o controle da puérpera e do recém-nascido. Ensina na limpeza da maleta, a posição que a mãe deve ficar na hora da amamentação, o que a mãe deve fazer depois do aleitamento, como colocar o bebê para arrotar. Com relação às vacinas, vem descritas cada uma delas, para que servem e o tempo que devem ser tomadas.

Apesar de todas as orientações e ensinamentos para anotar, percebemos permanências e resistências nos cadernos de Dona Ana nos anos 1990. Os quadradinhos exigidos na figura de número 4, não estão mais presentes, conforme figura abaixo.

---

42 *Ibidem*, p. 291-292.

43 Guia de Treinamento da Parteira Leiga. Gentimente cedido por seu neto Eliton Nunes.

44 Livro da Parteira/Grupo Curumim-Gestação e parto (ONG) – Área Técnica da Saúde da Mulher. Brasília: Ministério da Saúde, 2000.

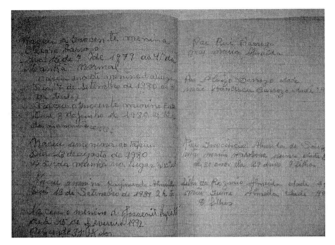

FIGURA 5 – Caderno de Dona Ana – gentilmente cedido por seu neto – Eliton Nunes

O parto passou por várias transformações, por causa da medicalização, isso não quer dizer que o aparecimento da parteira diplomada significou a extinção da parteira tradicional, pelo contrário, segundo Rohden,

> [...] as parteiras ou comadres destituídas de conhecimento formal faziam uso de um complexo conjunto de estratégias e produtos de tratamento. Aos remédios da flora brasileira ou mesmo de maravilhosos elixires importados se juntava um sem-número de rezas, simpatias e prescrições.[45]

Assim, nas comunidades onde os médicos enfrentavam a impossibilidade de chegar, lá estavam as parteiras cumprindo suas atividades. Mesmo tendo suas práticas desvalorizadas, proibidas de amparar e desqualificadas do ofício, as parteiras não deixaram de existir. E até nos dias de hoje sua presença é importante nas comunidades, e, principalmente, nos lugares onde há ausência de sistema público de saúde.

Parteiras também criticam os saberes médicos na disputa pelos saberes e fazeres locais no qual são elaborados:

> ele não sabe [...] mãe do corpo, o médico não sabe o que é mãe do corpo [...]. Fica no umbigo, embaixo do umbigo [...] ela fica

---

45  ROHDEN, *op. cit*, p. 59.

latejando [pulsando], é a mãe do corpo [...] ela mata um se alguém não souber puxar, pegar, fazer massagem [...] então é isso, as vezes morre porque muitas coisas os médicos não sabem e, já antigamente os idosos, as pessoas, sabiam né.[46]

Segundo Rechia, mãe do corpo é a placenta no dizer das parteiras brasileiras, já as italianas denominavam resto.[47] Disputa de poderes e saberes. Resistências e mil artes de fazer.[48]

A partir dos anos 1980 a Organização Mundial de Saúde incentivará novamente o parto natural[49] e o Brasil, através de sua Câmara dos Deputados, propõe:

As parteiras podem exercer um papel de suma importância na atual política de humanização do parto. A medicalização do ato de partejar, fenômeno intensificado ao longo do século passado, tornou-o um evento excessivamente frio e técnico, em que a mulher é separada de seus amigos e parentes e submetida a uma situação de profundo estresse emocional.[50]

Ironia, resistência, permanência, crise dos paradigmas modernos, desqualificação do cientificismo do século XIX, respeito ao saber empírico ou apenas um acolhimento dos saberes para melhor controlá-los?

Apenas sabemos que atualmente existem diversos programas que trabalham junto com o Ministério da Saúde para reconhecer o saber das parteiras. O Programa Trabalhando com Parteiras Tradicionais é um projeto do Ministério da Saúde desde 2000, "com o principal objetivo assegurar a melhoria do parto e

---

46 Dona Antônia, entrevista já citada.

47 RÉCHIA, Karen Christine. "Das senhoras dos 'repolhos' e das 'roças' ou de como nasciam os bebês". In: MORGA, Antônio Emilio. (org.). *História das mulheres de Santa Catarina*. Florianópolis: Argos/Letras Contemporâneas, 2001, p. 104.

48 Conforme CERTEAU, Michel de. *A invenção do cotidiano: artes de fazer*. Tradução Ephraim Ferreira Alves. Rio de Janeiro: Vozes, 1994.

49 TORNQUIST, *op. cit.*, p. 41.

50 Brasil. Congresso Nacional. Câmara dos Deputados. Comissão de Legislação Participativa. Parteiras Tradicionais: mães da pátria. Brasília: Câmara dos Deputados, Coordenação de Publicações, 2008.

do nascimento domiciliar assistido por parteiras tradicionais".[51] O programa tem também o propósito de:

> [...], sensibilizar os profissionais de saúde para que reconheçam as parteiras como parceiras na atenção à saúde da comunidade e desenvolvam ações para resgatar, valorizar, apoiar, qualificar e articular o seu trabalho ao do Sistema Único de Saúde (SUS) e, dessa maneira, possibilitar a preservação de seus saberes e práticas, bem como promover o encontro desses saberes com o conhecimento técnico-científico.[52]

Dessa forma o sistema de saúde auxilia as parteiras nas comunidades, principalmente, nas regiões que são ocupadas por aldeias, e comunidades tradicionais, pois muitas não aceitam as práticas da parturição da medicina. Pode ser mencionado também que nas zonas rurais e ribeirinhas é difícil o acesso à saúde pública e vice-versa. Nesses locais, a opção para essas mulheres é o parto domiciliar.

Segundo, a Portaria n. 1.459, de 24 de junho de 2011, o Sistema Único de Saúde – SUS a Rede Cegonha, fornecem kits para as parteiras tradicionais. O kit consiste em: tesoura dentro de uma caixa para uso no parto, luvas, álcool do posto de saúde, de preferência álcool iodado, pedaços de linha esterilizados, para amarrar o cordão umbilical, balança de tração com gancho, lanterna e pilhas novas, escova de unha e sabão de barra/saboneteira e muitos outros.

Este acolhimento das parteiras se inscreve também na política nacional de desenvolvimento sustentável dos povos e comunidades tradicionais de acordo com o Decreto n. 6.040 de 7/02/2007, que preconiza também a valorização da identidade de povos e comunidades tradicionais. Sobre o termo tradicional, esclarece Neto:

> A heterogeneidade aponta para diferenciações sociais, econômicas e religiosas entre esses povos, embora eles estejam em alguma medida unidos por critérios político-organizativos e por modalidades diferenciadas de uso comum dos recursos naturais. O consenso que envolve o termo "tradicional" esta sendo portanto

---

51 Disponível em: <http://portal.saude.gov.br/portal/saude/visualizar_texto.cfm?idtxt=25414>. Acesso em: 17 ago. 2012.

52 *Ibidem.*

construído a partir desses dissensos sucessivos, que aparentemente não cessam de existir.[53]

Portanto, as parteiras estão sendo reconhecidas e cadastradas nos programas de Saúde Pública enquanto um saber tradicional e leigo. Consoante a essas legislações acima citadas encontramos amparo também na Constituição Federal[54] que fundamenta o resguardo da dignidade humana, a promoção do bem estar de todos e a vedação ao tratamento degradante, bem como são direitos sociais a saúde e a proteção à maternidade.

Esse reconhecimento nos traz a impressão conforme nos fala Larrosa:

> [...] de que se deve conjurar os perigos de Babel e voltar a reunir os homens, não agora em torno de uma cidade, de uma torre, de um nome e de uma língua, mas a partir da diversidade bem ordenada e bem comunicada de diferentes cidades, diferentes torres, diferentes nomes e diferentes línguas. Tem-se a impressão de que a questão é administrar as diferenças, identificando-as, e tratar de integrar todos em um mundo inofensivamente plural e ao mesmo tempo burocrática e economicamente globalizado [...].[55]

E mais:

> Em que medida as retóricas da moda – como, por exemplo, aquelas que reivindicam as bondades do multiculturalismo, que pregam a tolerância e que estabelecem o início de um tempo de respeito aos outros – estão anunciando pensamentos de ruptura com relação às formas tradicionais em que a alteridade foi denominada e representada.[56]

---

53 NETO, Joaquim Shiraishi. (org.) *Direito dos Povos e das Comunidades Tradicionais no Brasil*. 2º edição. Manaus: PPGAS-UFAM/NSCA-CESTU-UEA. Edições, 2010, p. 20

54 BRASIL. Constituição da República Federativa do Brasil de 1988. Disponível em: <http://www.planalto.gov.br>.

55 LARROSA, Jorge e SKLIAR, Carlos. Babilônicos somos. "A modo de apresentação". In: LARROSA, Jorge e SKLIAR, Carlos (org.). *Habitantes de Babel: Políticas e poéticas da diferença*. Belo Horizonte: autêntica, 2001, p. 11-12.

56 DUSCHATZKY, Silvia e SKLIAR, Carlos. "O nome dos outros. Narrando a alteridade na cultura e na educação". In: LARROSA, Jorge e SKLIAR, Carlos (org.). *Habitantes de Babel: Políticas e poéticas da diferença*. Belo Horizonte: autêntica, 2001, p. 119.

O ofício de partejar passou por vários momentos. De um saber reconhecido, foi desqualificado pelo discurso higienista e, atualmente, está sendo reconhecido como um saber tradicional. Mas, o que significa tradicional? Ainda a oposição entre o saber elaborado no senso comum e o saber científico? O que dizer da parturiente que realizam o parto em si mesma? E, parteira leiga? Significa que não conhece o ofício e somente o médico obstetra conhece? Que reconhecimento é esse que precisa da supervisão e controle do Ministério da Saúde? Apenas distribuição de Kits? Esse reconhecimento significa remuneração, direito à seguridade e aposentadoria, igualdade nos saberes e fazeres ou apenas a impressão de inclusão para administrar as diferenças.

### FONTES

1. Cadernos de anotações de Dona Ana Coelho Nunes, gentilmente, cedido por seu neto, Eliton Nunes.

2. Guia de Treinamento da Parteira Leiga da Dona Ana Coelho Nunes, gentilmente, cedido por seu neto, Eliton Nunes.

3. Livro da Parteira/Grupo Curumim-Gestação e parto (ONG) – Área Técnica da Saúde da Mulher. Brasília: Ministério da Saúde, 2000.

4. *Jornal do Commercio*, anúncios, ano 7, n. 2311, 08/09/1910 – Acervo: IGHA.

5. http://portal.saude.gov.br/portal/saude/visualizar_texto.cfm?idtxt=25414. Acesso em: 17 ago. 2012.

### ENTREVISTAS TRANSCRITAS CITADAS:

Dona Antônia, 66 anos. Entrevista I [julho de 2012]. Entrevistadora: Luciana Guimarães Santos. Manaus, entrevista transcrita. Acervo pessoal das autoras.

Dona Luzia, 83 anos. Entrevista II [julho de 2012]. Entrevistadora: Luciana Guimarães Santos. Manaus, entrevista transcrita. Acervo pessoal das autoras.

Dona Isabel, 63 anos Entrevista III [julho de 2012]– Entrevistadora: Luciana Guimarães Santos Rio Preto da Eva (Comunidade Beija-flor) – Amazonas, entrevista transcrita. Acervo pessoal das autoras.

## REFERÊNCIAS BIBLIOGRÁFICAS

AZEVEDO. Marta Maria. "Povos Indígenas no Alto Rio Negro: padrões de nupcialidade e concepções sobre reprodução". *Seminário Mulher Indígena e Saúde: um desafio a ser alcançado*. Manaus: Semsa, 2011.

BARRETO, Maria Renilda Nery. "Ciência, educação e circulação do saber médico nos manuais de obstetrícia oitocentista". Disponivel em: <www.scielo.br>. Acesso em: 28 nov. 2012.

BLOCH, Marc. *Apologia da História ou o ofício de Historiador*. Tradução de André Telles. Rio de Janeiro: Jorge Zahar, 2001.

BRASIL. Congresso Nacional. Câmara dos Deputados. Comissão de Legislação Participativa. Parteiras Tradicionais: mães da pátria. Brasília: Câmara dos Deputados, Coordenação de Publicações, 2008.

BRASIL. Constituição da República Federativa do Brasil de 1988. Disponível em: <http://www.planalto.gov.br>.

CERTEAU, Michel de. *A invenção do cotidiano: artes de fazer*. Tradução Ephraim Ferreira Alves. Rio de Janeiro: Vozes, 1994.

DELEUZE, Gilles. *Empirismo e Subjetividade: ensaio sobre a natureza humana segundo Hume*. Tradução de Luiz B. L. Orlandi. São Paulo: ed. 34, 2001.

DUSCHATZKY, Silvia e SKLIAR, Carlos. "O nome dos outros. Narrando a alteridade na cultura e na educação". In: LARROSA, Jorge e SKLIAR, Carlos (org.). *Habitantes de Babel: Políticas e poéticas da diferença*. Belo Horizonte: autêntica, 2001.

FOUCAULT, Michel. "A governamentalidade". In: FOUCAULT, Michel. *Microfísica do Poder*. Tradução de Roberto Machado. Rio de Janeiro: Graal, 1979.

_____. *História da Sexualidade 3: O cuidado de si*. Tradução de Maria Tereza da Costa Albuquerque. Rio de Janeiro: Graal, 1985.

_____. *Vigiar e Punir: nascimento das prisões*. Tradução de Raquel Ramalhete. Petrópolis: Vozes, 1987.

HELMAN, Cecil G. *Cultura, Saúde e Doença*. Porto Alegre: Artmed, 2003.

LARROSA, Jorge e SKLIAR, Carlos. "Babilônicos somos. A modo de apresentação". In: LARROSA, Jorge e SKLIAR, Carlos (org.). *Habitantes de Babel: Políticas e poéticas da diferença*. Belo Horizonte: Autêntica, 2001.

LÈVI-STRAUSS, Claude. "O feiticeiro e sua magia". In: LÈVI-STRAUSS, Claude. *Antropologia Estrutural.* Tradução de Beatriz Perrone-Moíses. Rio de Janeiro: Tempo Brasileiro, 1985.

MOTT, Maria Lucia. "Parto". *Revista Estudos Feministas.* (Dossiê Parto), vol. 10, n. 2. Florianópolis jul/dec. 2002. Disponível em: <www.scielo.br>. Acesso em: 20 jan. 2013.

NETO, Joaquim Shiraishi (org.). Direito dos Povos e das Comunidades Tradicionais no Brasil. 2º edição. Manaus: PPGAS-UFAM/NSCA-CESTU-UEA. Edições, 2010.

RÉCHIA, Karen Chistiane. "A Medicalização do Parto. A Ampliação de um Domínio Médico-Científico e a Desqualificação de Saberes Femininos". Comunicação apresentada em mesa redonda no VIII Encontro Estadual de História, UFSC, Setembro, 1998. (digitado).

RÉCHIA, Karen Christine. "Das senhoras dos 'repolhos' e das 'roças' ou de como nasciam os bebês". In: MORGA, Antônio Emilio. (org.). *História das mulheres de Santa Catarina.* Florianópolis: Argos/Letras Contemporâneas, 2001.

ROHDEN, Fabíola. *Uma ciência da diferença: sexo e gênero na medicina da mulher.* Rio de Janeiro: FIOCRUZ, 2001.

TORNQUIST, Carmem Susana. "A mão e a luva: o processo de medicalização do parto e o corpo feminino em Florianópolis". In: MORGA, Antônio Emílio. (org.). *História das mulheres de Santa Catarina.* Florianópolis: Argos/Letras Contemporâneas, 2001.

# Retratos históricos e sociais das mulheres homossexuais na Amazônia

## Entre o conflito e o reconhecimento

Lidiany de Lima Cavalcante

O debate da sexualidade ficou recluso por séculos. Olvidava-se tratar de uma caixa de pandora, com surpresas que precisavam vir à tona e entrar no debate do público, em uma sociedade que mesmo com seu cunho tradicional e conservador no que tange aos costumes, tinha o sexo como fonte primária de seu cotidiano.

A regulação do sexo aponta para a necessidade de discutir poder e repressão, não como elementos centrais, mas como estratégias sociais e culturais de fazer silenciar o corpo com seus desejos e anseios próprios da carne.

O homossexual, que na análise Foucaultina era visualizado na sociedade como 'anormal' e 'desviante', teve sua sexualidade patologizada e medicalizada entre os séculos XVII e XVIII, visto encontrar-se fora dos padrões aceitáveis, para uma cultura heteronormativa.

Esses aportes fomentam a relevância dessa reflexão, já que as sexualidades desviantes eram causadoras de conflitos sociais e não tinham qualquer suporte de reconhecimento, através de sujeitos inseridos em realidades mutáveis, ou mesmo como protagonistas sociais, atores na construção de suas próprias histórias de vida.

Com o advento dos estudos pela medicina e psiquiatria, a diversidade sexual torna-se elemento silente no que tange a sua discussão e tolerância. O estigma é firmado e consolidado, visto que o modelo de família nuclear burguesa assume as bases da sociedade e somente a sexualidade desenvolvida nas caracterizações matrimoniais tinham o devido reconhecimento, o qual era fomentado pelos dispositivos de aliança, oriundos das formações familiares e respectivas conjugalidades existentes no interior social.

Assim, a homossexualidade foi reprimida e o poder heteronormativo assume as rédeas na sociedade capitalista, onde apenas as relações nucleares tinham valorização e visibilidade social. O indivíduo 'desviante' fincava-se à margem da sociedade excludente por sua inserção em uma diferente natureza cultural, a qual não se apresentou de maneira diferente no norte brasileiro.

A partir dos contextos apontados, esse estudo consiste em refletir os desafios que as mulheres homossexuais da Amazônia encontraram na configuração de suas identidades, visto a lacuna histórica de discussão e visibilidade da referida condição feminina, como também os aportes heterocêntricos inseridos na sociedade e cultura, o que fomentou um viés contemporâneo com espaços de conflito, com vistas às necessidades de reconhecimento social.

## O SEXO COMO OBJETO DE MUTISMO SOCIAL

Os estudos sobre o sexo se configuram como desafiadores no contexto histórico, apesar de seus retratos apontarem ênfase desde a Grécia Antiga, no que se refere à iniciação sexual e outros elementos que perfaziam a cultura da época e a aceitabilidade da sociedade da época.

A partir das análises baseadas na Filosofia da História, o sexo se torna assunto relevante quando se percebe que as portas da esfera social são cerradas pela Igreja, o que torna o sexo apenas um assunto de confissão e não mais da sociedade.

O silêncio em torno dos discursos sobre o sexo, seu mutismo e o puritanismo ao falar dele, eram alimentados pela proibição em abordá-lo, assim como todo e qualquer assunto relacionado aos prazeres carnais. Na análise de Foucault,[1] o simples fato de se falar em sexo era motivo para se pedir desculpas pela transgressão causada pelo assunto, já que se considerava algo sem relevância e desnecessário de ser tratado nos vieses da socialização.

A calmaria falaciosa que rondava o sexo nas sociedades do século XVII e XVIII era característica dos cânones sociais, mas não olvidava os devaneios mais profundos que permeavam a vontade de saber, inerente e expressa na sexualidade humana em geral, assim como nos prazeres que os corpos poderiam proporcionar nas descobertas sexuais, ou seja, a ideia de uma repressão em torno do sexo levou a uma intensificação dos discursos em torno da decência e do proibido, da perversão e da libidinagem.

---

1 FOUCAULT, Michel. *História da Sexualidade I: a vontade de saber.* Tradução de Maria Thereza da Costa Albuquerque. Rio de Janeiro: Edições Graal, 1988.

Desde a Idade Média, a discussão em torno do sexo ficou nas mãos da Igreja, sendo que esta se encarregava de saber o que os fiéis faziam com o corpo. Nesse período, a confissão era utilizada como estratégia de poder, onde o sujeito confessava seus atos e pensamentos, era indagado e punido severamente pelo que se conhecia como "pecado nefando".

O dogmatismo religioso apontava que as leis divinas teciam verdadeiras lacunas entre o normal e o "anormal", aceito e o interdito, além das ameaças sobre o céu e o inferno, o que levava o indivíduo a temer o transcendental na esfera de seu comportamento social de razão limitada. Decerto, os desviantes eram aprisionados em suas próprias ações e crucificados pelas religiões que exigiam a completa confissão de seus crimes. Apesar disso, alguns mergulhavam cada vez mais fundo na livre expressão dos prazeres sexuais.

As práticas sexuais chamam atenção da Ciência, já a sociedade assiste ao nascimento das Ciências Sexuais. Esse aporte, enfatizado principalmente pela medicina, favoreceu avanços em torno da abertura para se falar do sexo, entretanto as coisas não aconteceram de maneira tão simples como parece, visto que a referida análise científica nascia e crescia submetida aos imperativos de uma moral burguesa, construída sob o enfoque espraiado pelo capitalismo.

De acordo com Foucault,[2] a prática médica, centrada principalmente na Psiquiatria, inicializa reflexões em socorro às leis, com o objetivo de punir os portadores de taras, os degenerados, pederastas e outros sujeitos que se encontravam à margem da sociedade. Tem-se aí o sexo como elemento de reprodução da verdade, mesmo que esta seja mascarada em determinados contextos.

A análise foucaultiana não se encontra pautada no sujeito ou na dominação, mas nas relações de poder que se constroem em torno do corpo, que precisa ser manipulado e vigiado conforme as normas sociais, ou seja, não há um Estado que detém o poder, visto que o poder circula em todo corpo social.

Os mecanismos do poder adentram no campo do sexo e juntamente com o Direito e a Psiquiatria, trazem entre outros fatores a patologização da homossexualidade, a qual era vista como desvio e doença.

Os aportes configurados por Foucault,[3] retratam que no século XVIII nasce uma configuração de poder que disciplina os corpos, segrega o indivíduo na perspectiva biológica e permite a implementação do chamado biopoder.

---

2 FOUCAULT, *op. cit.*

3 FOUCAULT, Michel. *Em Defesa da Sociedade: curso no Collège de France (1975-1976)*. Tradução de Maria Ermantina Galvão. São Paulo: Martins Fontes, 1999.

O corpo torna-se então uma nova personagem do poder, aponta estratégias nas relações, dispositivos e proibições, apesar da constante "vontade de saber", permeada no devaneio e na realidade das sociedades.

O aparente mutismo em torno do sexo não deixou a questão da homossexualidade silente. Caracterizado historica e socialmente como um dos prazeres perversos na análise de Foucault, por se mostrar fora dos "dispositivos da aliança", a homossexualidade perfaz a cultura da diversidade sexual, conforme será verificado *a posteriori*.

### RETRATOS HISTÓRICOS DA HOMOSSEXUALIDADE FEMININA

A homossexualidade é uma condição humana presente na história da humanidade, entretanto, os elementos patriarcais que enfatizaram a dominação masculina relegaram a condição feminina ao ostracismo. Tais fatores são compreensíveis na lacuna histórica sobre a situação da mulher homossexual.

Trevisan,[4] ressalta que no Brasil, as mulheres conhecidas como tríbades (homossexuais) tinham pouca visibilidade social, apesar de que no século XVI era comum em algumas comunidades indígenas a existência e mulheres que desenvolviam as atividades masculinas e eram "casadas" com mulheres. Outro dado historiográfico relevante mostra que entre as indígenas Tupinambás, a prática homossexual era visualizada, na masculinização da mulher e no poder de governar-se sem apoio do "marido".

Apesar das reflexões, o processo histórico da homossexualidade feminina não apresenta muitos dados, visto a falta de visibilidade quanto à sexualidade da mulher, principalmente na realidade do norte e nordeste do país.

Ao caracterizar a hostilidade da Igreja com relação a homossexualidade, Trevisan,[5] mostra a análise do Frei Antônio de Jaboatão, que preconiza ser inútil pregar contra a devassidão no Brasil, pois "o diabo já tinha botado âncora, e bem aferrada nos corações".

O retrato do Brasil colônia enfatiza o que os cristãos condenavam e acreditavam: que a devassidão já havia tomado conta da população. As diversas formas de uso do corpo para os prazeres assustavam os mais desavisados e adquiria adeptos em vários recantos e vilarejos na terra da diversidade.

---

4 TREVISAN, João Silvério. *Devassos no Paraíso: a homossexualidade no Brasil, da colônia a atualidade*. 6ª. Ed. Rio de Janeiro: Record, 2004.

5 *Ibidem, op. cit.*, p. 71.

Os relatos sobre a homossexualidade feminina datam desde as "confissões na Inquisição", da qual o Brasil também fez parte, com estratégias de punições às mulheres que apresentassem comportamento tríbade ou lésbico.

Apesar do contexto supracitado, verifica-se que há muitas lacunas históricas sobre a homossexualidade feminina, pela invisibilidade da mulher e secundarização da sua própria sexualidade.

Del Priore[6] enfatiza que no Brasil colônia os sentimentos parecem estar ligados aos mecanismos de sociabilidade, os quais se faziam presente em vários contextos, inclusive na literatura.

Assim, livros contendo temas nefandos eram vendidos principalmente aos homens. Del Priore ressalta que o fato de uma dessas obras cair nas mãos de mulheres levava os homens a pensar que o espírito de Safo encontraria aí a oportunidade de conquistar adeptas.

Safo foi poetisa grega que viveu na ilha de Lesbos por volta do século VII a.C, e tinha como uma de suas características a paixão e encantamento por mulheres, o que a levou a envolvimentos emocionais e possivelmente sexuais.

Os devaneios memoriais de Safo permeavam então o cotidiano das mulheres brasileiras através de leituras, como bem enfatiza Del Priore:[7]

> Amar, gozar, morrer, vendida a três mil réis na livraria Cruz Coutinho, da capital. Nela, a jovem Amélia, um primor de voyeurismo, tem sua iniciação sexual com a mãe adotiva, uma bela e jovem condessa. As várias passagens homossexuais eram indicadas por subtítulos do tipo: o que faziam duas mulheres novas e belas em noite de primavera.

Os contos eram vistos como partes integrantes de livros "sujos" que iam contra os imperativos da moralidade social, sendo considerado um perigo para as mulheres da época.

Del Priore reflete que geralmente os contos terminavam em tragédia, seja por doenças, as quais eram consideradas consequências ou castigos pelo comportamento sexual tido como indevido às mulheres, ou até mesmo a efetivação de crimes passionais oriundos de traições ou ciúmes.

---

6  DEL PRIORE, Mary. *História do Amor no Brasil*, 2ª. Ed., São Paulo: Contexto, 2006.

7  *Ibidem, op. cit.*, p. 221.

Os relatos da época conduziam a homossexualidade feminina a um lugar escondido, relegado a sujeira de um comportamento vil e desprezível. A inserção da temática na literatura não favoreceu qualquer visibilidade social dessa condição humana, haja vista que as lições de moral ancoradas no heterocentrismo apareciam como elementos da dominação de uma sexualidade socialmente aceita e esperada pelas mulheres.

Del Priore ressalta obras que mostram a questão e trazem textos de contexto homossexual, tais como: *"Os combates do amor foram criados para indivíduos de sexo oposto. Eles cansam, fatigam, mas não matam... Foge das mulheres, minha filha, tens em mim um terrível exemplo, sofro muito... muito.[8]"*

A homossexualidade ou as práticas homoeróticas eram visualizadas como castigos e motivos de sofrimentos. Os aportes inseridos na cultura religiosa ofereciam visibilidade apenas às configurações do amor dentro das diretrizes e dos cânones sociais inseridos no modelo da família nuclear burguesa.

Os paradigmas sociais e culturais mudam. A passagem da visão de pecado sexual para a concepção de doença e perversão surge com o nascimento da figura clínica do homossexual, o que acontece no século XIX, com o aporte das Ciências Sexuais que fazem um paralelo com as leis. A sexualidade fora dos padrões heterocêntricos passou a ser patologizada e nominada como loucura erótica, resultante de psicopatias sexuais.

Com a junção efetiva entre ciência e lei, a sexualidade humana passa a ser administrada e no caso da mulher, com seu processo histórico de condição secundarizada, tem o seu corpo gestado pelos poderes patriarcais que cerravam direitos e prazeres humanos.

Na região Amazônica, a condição das mulheres não se fez diferente. Não tivemos um estado patriarcal, mas sim relações patriarcais que partiam da família e perpassavam os núcleos sociais.

Costa[9] aponta que o colonizador português, herdeiro do patrimonialismo europeu, ao adentrar na realidade amazônica se depara com relações assentadas no patriarcalismo indígena. A junção das duas culturas mergulha a condição feminina em um contexto de submissão característico, principalmente nas classes mais abastadas da sociedade, onde a mulher era coisificada e vista como mais um produto das relações patrimonialistas da época.

---

8   *Ibidem, op. cit.*, p. 221.

9   Costa, Heloísa Lara Campos da. *As Mulheres e o Poder na Amazônia*. Manaus: EDUA, 2005.

Apesar de alguns relatos históricos apontarem a sujeição, outros ressaltam a existência da visibilidade da mulher, sobretudo entre as indígenas, onde em referidos casos não existia diferença entre o posicionamento dela e o masculino, inclusive na divisão de trabalhos cotidianos. Entretanto, o aparente protagonismo não trazia a emersão das diversidades sexuais femininas que demandavam reconhecimento.

Nas relações opulentas, as mulheres eram coisificadas em meio às relações patrimonialistas. A sociedade a visualizava apenas na condição de cuidadora familiar, com aportes que evidenciassem inclusive situações onde os homens pudessem aparecer publicamente.

Não havia discussão sobre os limites entre o proibido e o permitido, o normal e o anormal, já que enxergava-se apenas as relações construídas a partir do dispositivo de aliança (familiar nuclear), onde a construção da identidade da mulher não poderia extrapolar o universo privado.

As lacunas históricas que poderemos ter no que tange a questão da homossexualidade feminina podem ser caracterizadas pela ausência de protagonismo social efetivo de tais sujeitos, o que não significa a inexistência de elementos concernentes à diversidade sexual, visto que o controle dos corpos e da sexualidade pode ter apontado a uma pedagogização e moralização da condição feminina nos aspectos culturais e sociais da época, ou seja, esperava-se a construção de uma identidade, de preferência heterossexual e conservadora, dentro dos padrões aceitáveis para o referido processo histórico.

Tais aportes foram consolidados também pelas relações religiosas que imperavam na conjuntura do poder na Amazônia.

O catolicismo em particular encarregou-se da punição de muitas mulheres através do tribunal do Santo Ofício, como bem assinala Maués:

> Aquilo que era visto como "familiaridade com o demônio" pelo inquisidor, podia ser simples sortes de São João para prever o futuro, o que era visto como pacto com o diabo podia ser simples carta de tocar mulheres, o que podia ser interpretado como *sabbats* podiam ser simples curas de pajés ou manifestações sincretizadas de origem africana.[10]

---

10  MAUÉS, Raymundo Heraldo. *Padres, pajés, santos e festas – catolicismo popular e controle eclesiástico: um estudo antropológico numa área do interior do Amazonas.* Belém: Cejup, 1995, p. 71.

A narração aponta como as peculiaridades culturais das mulheres amazônicas eram interpretadas pela religião. Às mulheres não cabia qualquer visibilidade além de clarificar os limites obedecidos entre o sagrado e o profano, no trato dos referidos sujeitos dentro da perspectiva religiosa dominante.

A partir daí a homossexualidade feminina, não apenas na concepção amazônica, mas internacional, adentra aos portais do conflito, por ser conferido a ela um título patológico que demandava intervenção, conforme será caracterizado *a posteriori*.

### A MULHER HOMOSSEXUAL NA CENTRALIDADE DO CONFLITO

A caracterização da identidade homossexual feminina emerge ao público juntamente com o advento das Ciências Sexuais. O corpo, antes condenado pela Igreja, agora é estudado, censurado e refutado, fragmentado e, sobretudo, administrado.

A homossexualidade feminina entra nos cenários do conflito, alicerçada pelo patriarcalismo a que se encontra submetida culturalmente. Ela é vista como aberração da condição de ser mulher, o que também ocorre na realidade brasileira.

O palco dos conflitos se apresenta ao referidos sujeitos sociais, mas não podem ser caracterizados apenas na perspectiva negativa. Moraes Filho ao ressaltar a concepção de Simmel, enfatiza que:

> O conflito não é patológico e nem nocivo à vida social, pelo contrário é condição para a sua própria manutenção, além de ser o processo social fundamental para a mudança de uma forma de organização para a outra.[11]

Apesar de a homossexualidade ter sido patologizada no século xix, o advento das Ciências Sexuais e as legislações não alocaram apenas reflexões que desencadearam na proibição de se falar em diversidade sexual, o conflito possibilitou, sobretudo o contato com as diferenças.

Não se trata de tolerância social, mas de aguçar a vontade de saber sobre o não permitido, o vigiado, o que demanda ser necessariamente administrado e acompanhado por estar fora dos cânones sociais evidenciados pelo modelo conservador e tradicionalista burguês da época.

---

11 MORAES FILHO, Evaristo de (org.). *Georg Simmel: sociologia*. São Paulo: Ática, 1983, p. 23.

Assim, o conflito favorece a compreensão de como a sociedade se faz, com os fenômenos de interação mutuamente determinados pela simpatia, indiferenças e aversões.

Situa-se nesse ensejo a mulher homossexual, que não aparece mais como pecadora, mas a doente que a sociedade põe como alvo do conflito social, por caracterizar a diferença, o não metódico.

A região amazônica tece imperativos que apontam retratos efetivos de herança patriarcal. O leque do conservadorismo é longo, seus estereótipos também. A mulher homossexual amazônica percorre largo caminho para firmar identidades. Em tal condição é o que se considera como a trajetória do assumir-se, a qual geralmente está em ligação com a construção do ser/não ser, em um processo de autoafirmação no que tange a subjetividade.

Esse fenômeno também pode ter traços advindos do conflito, visto que este possibilita uma nova forma, ou seja, propõe ideias de como as coisas podem se resolver a partir de embates e luta pelo direito à subjetividade dos grupos que foram considerados como minorias, caracterizados dentro de um ensejo do que é ou não é, do que pode ou não pode no contexto dos padrões sociais.

Outro ponto de análise relevante se faz a partir das reflexões Simmelianas, em que o conflito não se configura como algo patológico, mas como processo de interação que ocorre por meio de embates, lutas e acordos, os quais dão forma a uma espécie de realidade social, exterioriza vários problemas e tensões que demandam condução emergente através da multiplicidade de sujeitos envolvidos.

Tem-se então a mulher homossexual, que inserida nos cânones sociais amazônicos, historicamente esteve no ostracismo, sem muitas possibilidades de firmar identidades, sendo conectada aos paradigmas heterocêntricos e conservadores por questões culturais de uma sociedade que não reconhecia as diferenças, principalmente as de conotação sexual.

Costa,[12] aponta que na Amazônia do século XIX, o patriarcado era ponderado à luz do sincretismo religioso, o que mostra o protagonismo religioso que se fazia mais presente a cada dia na configuração cotidiana dos sujeitos e norteava as posturas "adequadas" aos padrões paradigmáticos.

No que tange a caracterização das identidades, a subjetividade do sujeito é remetida ao estigma do desviante, minoria, *outsiders*, ou seja, aquele que se desvia

---

12   Costa, *op. cit.*

das regras do grupo, que não compactua com modelos e configurações impostas pelos paradigmas sociais e culturais.

Assim, a trajetória que traduz a condução identitária no caso das mulheres homossexuais remete ao histórico de conflitos mais internos do que externos, não havia possibilidade de romper os cercos patriarcais e patrimonialistas para a caracterização de qualquer luta por direitos ou reconhecimento, uma vez que a sexualidade das mulheres era controlada pelos dispositivos de poder em suas variadas faces.

## OS DESAFIOS NO RECONHECIMENTO SOCIAL DAS MULHERES HOMOSSEXUAIS

As reflexões sobre o reconhecimento social das mulheres homossexuais se faz relevante pelo fato de que não há sociedade conhecida onde não exista a agressão de alguma maneira.

O olhar hostil, o preconceito, o silêncio frente à diversidade, a indiferença e a discriminação são alguns dos elementos partícipes da conjuntura social, os quais indicam que as lutas sociais não são pelo poder, mas por reconhecimento.

A legitimidade do conflito aparece quando as partes se reconhecem como partes, com demandas inseridas em uma luta política pelo direito à identidade. Assim, o desrespeito ao outro se dá pela ausência de reconhecimento das singularidades, mas a luta não é travada contra um indivíduo, e sim com um conjunto de relações, dogmas, normas e paradigmas sociais, históricos e culturais que se tornam a partir daí o combustível do conflito.

Para Honneth,[13] o reconhecimento demanda uma relação mútua que perfaz o conhecer-se no outro e a partir do outro, o que retrata ponderações sobre como o outro me vê. Ainda de acordo com o autor, a teoria do reconhecimento é desenvolvida em três aspectos:

A primeira se efetiva pelo amor, que denota a compreensão que vai além do amor carnal, perpassa a autoconfiança individual e os dramas humanos, com suas dependências e carências, que se constituem como a primeira parte do reconhecimento recíproco.

O segundo aspecto envolve o direito, com base no autorrespeito, onde mesmo em um cotidiano bucólico, preconiza-se a busca efetiva pela consolidação do protagonismo social.

---

13  HONNETH, Axel. *Luta por Reconhecimento: a gramática moral dos conflitos sociais*. Tradução de Luiz Repa. São Paulo: Editora 34, 2003.

O último ensejo caracteriza a solidariedade e a estima social que o sujeito apresenta para ser reconhecido.

Em análise ampla, os sujeitos são ligados à existência corporal de outros indivíduos, possuem interfaces complexificadas pelas relações sociais e demandas emergentes.

A mulher homossexual se insere então em um conjunto de obrigações e deveres sociais e culturais que reconhece em si e no outro, os quais dependem, conforme Honneth,[14] de uma dimensão profunda na busca pelo reconhecimento.

Assim o amor, o direito e a solidariedade apresentam traços consideráveis na constituição das identidades homossexuais nas mulheres, os quais elevam o sujeito à condição de protagonista social, autor de sua própria transformação e evidência social, mesmo frente à herança do patriarcado, reforçado pelo heterocentrismo social.

No século xx, a sociedade mostrou a homossexualidade como um pilar que ainda obedecia a uma compreensão patologizante, vista como doença, desvio ou anormalidade. A relação de poder entre pais e filhos assegurava a realização de uma espécie de ação social, dirigida a reeducação do corpo desviante, com o objetivo de canalizar o indivíduo ao caminho da "normalidade social". Além da realização de práticas esportivas, com divisão binária de sexo, o desviante era encaminhado ao processo de "remodelagem psíquica" através da psicanálise, utilizada como último recurso na "cura" da personalidade tida como pervertida.

A luta por reconhecimento da homossexualidade como condição humana tem um marco na segunda metade do século xx, mais precisamente em 1969, no Bar conhecido como *Stonewall Inn*, em Nova York, um local direcionado a vários grupos homossexuais.

Dados históricos ressaltam que no dia 28 de junho ocorreu o que ficou conhecida como a Rebelião de Stonewall, onde os frequentadores revoltaram-se com a presença da polícia, que realizava inúmeras operações tidas como violentas sem justificativa. O tumulto desenvolveu um quadro de violência que durou três dias e tal fato deu origem ao Dia Internacional do Orgulho de Lésbicas, Gays, Bissexuais, Travestis e Transexuais (LGBT), um marco de reivindicação mundial no que tange a luta por reconhecimento, visibilidade social e também política da população homossexual.

Na realidade brasileira, as primeiras expressões evidentes dessa luta envolvem o surgimento do jornal *Lampião da Esquina*, na década de 1970 sem entretanto ofe-

---

14  *Ibidem*, p. 187.

recer visibilidade aos retratos da homossexualidade feminina, já que historicamente as mulheres foram consideradas minorias no referido movimento.

Ainda na mesma década, a mulher só aparece nas conjunturas sociais fora dos movimentos homossexuais, com suporte da Revolução Sexual, com tentativas de quebrar paradigmas sobre sexualidade, casamento, fantasias eróticas e o uso do corpo? A mídia e os movimentos de mulheres tiveram papel relevante na desconstrução da imagem feminina como objeto, coisificado pela concepção nuclear burguesa, sob os moldes das tradições cristãs das sociedades conservadoras.

A nudez, o anticoncepcional e o amor livre são bandeiras erguidas no âmbito público apara viabilizar a emancipação feminina, o que tira momentaneamente a caixa de pandora existente nas mulheres, ao adentrar o universo da construção sexual fora dos cânones preconizados.

Apesar da contribuição efetiva da Revolução Sexual, o resgate do conservadorismo adentra as portas novamente a partir da década de 1980. O comportamento puritano e moralista assume as rédeas no cotidiano das mulheres brasileiras. A liberdade do corpo cede espaço para a nova roupagem da vigilância, onde apesar de alguns avanços, o corpo torna a ser administrado e gestado pelo poder, principalmente no que tange a construção da identidade sexual feminina em sua diversidade.

A patologização da homossexualidade, por exemplo, foi visualizada até o início dos anos de 1990, quando se procedeu a sua retirada do Código Internacional de Doença, sob a sigla CID 302.1 através do legado da OMS (Organização Mundial de Saúde).

Mesmo com a exclusão médica da patologia e sua configuração como condição humana, a homossexualidade ainda era ponderada culturalmente como perversão, visto que o retrato da sociedade continuava sob os alicerces do conservadorismo e tradicionalismo ainda enraizados nos fundamentalismos religiosos e na configuração nuclear burguesa, estando qualquer diferença fadada ao ostracismo e a discriminação efetiva.

Entretanto, o reconhecimento da diversidade sexual como condição humana, mesmo em seu processo de inicialização, abre as portas do entendimento não apenas sobre os limites e possibilidades do corpo, mas de aportes que acompanham as identidades do indivíduo, ou seja, resultamos mais de nossos relacionamentos do que de nossos genes, ou seja, o meio social oferece suporte na construção da identidade humana.

O entendimento sobre a identidade se faz na configuração da construção e desconstrução, haja vista que não há socialmente uma identidade estática ou acinética, mas possibilidades de mutação dentre de uma compreensão pós-moderna, o que envolve também a orientação sexual.

Assim, a identidade sexual sofre variantes de acordo com a construção social efetivada pelo sujeito, a qual pode ter influências religiosas, familiares ou da sociedade em geral, o que favorece ainda os comportamentos dominantes.

Somente a partir do ano 2000 o Brasil fez o processo de inicialização da abordagem pública mais efetiva sobre a homossexualidade, não pelo fato de estar vencendo o conservadorismo da sociedade, nem tampouco pela quebra de tradições visualizadas historicamente na relação patriarcal vigente, mas pelo fato da discussão de Políticas Públicas que trabalhem a busca de suprimir a lacuna histórica em torno do reconhecimento das diferenças humanas.

A partir daí, as reflexões sobre a construção da identidade homossexual perpassam as demandas emergentes na sociedade como um todo, visualizando-se inclusive as mulheres na referida condição, as quais fizeram parte do ostracismo absoluto.

As mudanças que se assistem vão desde os debates dos paradigmas culturais até a desconstrução das terminologias falaciosas e moralistas sobre a sexualidade. Verifica-se também a caracterização mais efetiva da emancipação feminina, principalmente na região amazônica, como retrato de identidades em pleno processo de construção social e desconstrução moral.

O limiar do novo século aponta também para a compreensão mais concernente do significado de ser homossexual, que segundo Mello[15] é estabelecer práticas e representações sociais, assim também como vínculos emocionais e sexuais entre iguais biológicos.

Mesmo frente à abertura para ponderações sobre os fatores que caracterizam o reconhecimento da diversidade e do amor livre, temos o palco das discriminações, que retratam o viés da homofobia, das várias faces da violência e do não reconhecimento da mulher na condição homossexual. Esse lado da mulher aparece retratado nos escritos do denominado Poema Gay, com a seguinte reflexão:

O falo é um fardo do corpo, a farda da farsa,
e eu sou o grito, o berro, o urro, o erro.
Minh'alma é uma menina e meu corpo uma mentira.
Não sou homem nem mulher

---

15  MELLO, Luiz. *Novas Famílias: conjugalidade homossexual no Brasil contemporâneo*. Rio de Janeiro: Garamond, 2005.

Um ser que sobra, falta e desencontra
Num mundo diferente de todos os mundos
O que me conduz é a impossibilidade
O que me reduz é a incompreensão
Olham-me como se eu fosse um bicho de outra espécie
E riem, criticam, excluem e odeiam como se eu fosse um pecado
Um erro, doente ou sacana.
Pobres de nós, mulheres encarceradas em um corpo que não é o nosso
Como uma alma penada, sapato apertado que não nos pertence
Assim que eu me sinto... de calos, sufocada, asfixiada, apaixonada
E o espelho me nega e eu me acho um bicho de outra espécie
Pecado, errado, doente ou sacana.
Ah! Mas às vezes eu penso que sou uma mulher enfeitiçada
Que teve alterada sua forma
Mas que um dia vai quebrar o encanto
E todo esse engano vai acabar
Como se eu tivesse sido sempre uma menina encantada.
Que troca de embalagens...
Foi esta aí dos deuses que já me mandaram nascer
Nesse mundo enjoado com desvantagem
Encarnando minh'alma em corpo errado,
Como se houvesse um corpo de homem sobrando
E uma alma feminina condenada?[16]

A poesia retrata a realidade que se espera do feminino, a mentira social, o encarceramento do corpo e da alma. A identidade exigida por uma cultura que não tolera o diferente. A viagem através de um espelho onde a mulher se enxerga como "bicho de outra espécie". Questiona-se aí onde está a condição e a liberdade humana, o direito a ter direitos sociais, o direito de ser mulher.

O corpo continua sendo vigiado e administrado por querelas estruturais que conduzem ao sofrimento dos indivíduos, ao aprisionamento dos corpos, olvidando a necessidade de acrisolamento das almas. Trata-se apenas do punir, de gestar, de caracterizar o devir histórico do que se espera da mulher.

---

16 HORTA, Glória. *Sangria*. Rio de Janeiro: Achiamé, 1984.

Apesar de a cultura enfatizar a emancipação determinada do sujeito feminino na Amazônia, muito ainda falta no que tange a visibilidade da homossexualidade como condição humana. Os traços do conservadorismo de herança patriarcal e indígena ainda carregam o cotidiano de preconceito e discriminação com as diferenças. Entretanto urge que mesmo através de passos curtos, a mulher homossexual possa ter voz e vez, num limiar que se estenda além de suas palavras e de sua condição.

### NAS FRONTEIRAS DO RECONHECIMENTO

A luta por reconhecimento social envolve atores sociais com demandas emergentes, as quais são, por vezes, evidenciadas pelos conflitos e pela conjuntura de comportamentos dominantes.

A mulher homossexual encontra-se envolta por uma cultura de herança patriarcal, que também se constrói pelas garras do preconceito. A condição feminina que historicamente secundariza a mulher, aporta-se agora entre o devaneio e a realidade que retratam a visibilidade e o reconhecimento.

A luta pelo direito de ter direitos já encontra seu espaço na contemporaneidade, juntamente com conquistas que perfaziam dívidas históricas. A mulher já consegue alçar alguns degraus na sociedade, mas quando a temática engloba a sexualidade, o corpo administrado ainda recai nas armadilhas do biopoder.

O processo histórico da nação brasileira não ofereceu aporte para a compreensão da homossexualidade feminina em largos aspectos. A noção de sujidade, promiscuidade e pecado transformaram essa orientação sexual em um verdadeiro miasma social que precisa ser expurgado.

A conjuntura da região amazônica não foge aos preceitos do restante do país. O conservadorismo e tradicionalismo vieram como herança de indígenas e colonizadores, preconizaram condições de estabelecimento social e normas sexuais de aceitação dentro do padrão nuclear burguês.

O contexto amazônico, apesar de suas peculiaridades apresentadas frente ao processo histórico das populações tradicionais, também ressalta em sua hereditariedade histórica o tradicionalismo de uma sociedade de herança patriarcal e patrimonialista, que traz o viés do não reconhecimento das diferenças em sua totalidade, fator este que norteou a reflexão.

Na configuração das diversas expressões da sexualidade feminina, é preciso reconhecer a demanda por construções de identidades sociais, o que sinaliza que a diferença também se faz historica, social e culturalmente inserida na diversidade.

Mesmo com a desmedicalização da homossexualidade e sua saída do rótulo das perversões sexuais, a sociedade ainda não visualiza os fatores que a norteiam como condição humana, lugar tomado na perspectiva do direito, das ciências e das identidades.

Ser mulher se constitui um desafio, tornar-se mulher com identidade homossexual remete a compreensão de contínuas lutas em nome de uma visibilidade negada historicamente.

O século XXI já aponta mudanças. Nele, o modelo nuclear burguês já não atende a diversidade de expressões da sexualidade humana, as formações familiares são mutáveis, as relações já são abordadas como conjugalidades em processo de construção e desconstrução contínua. As identidades da mulher adentram na perspectiva de uma dialética constante, em busca de vencer o conflito e vibrar pelo reconhecimento social e luta pelo protagonismo social.

Quantas Marias, Joanas, Anas e Raimundas ainda fazem parte do ostracismo absoluto no que tange a orientação sexual no interior das relações de poder delineadas na Amazônia brasileira?

Muitos são os armários que demandam a coragem para sair, haja vista que a cultura heterocêntrica preconiza modelos que atendem apenas a configuração nuclear dentro de uma sexualidade construída, mas olvida, sobretudo as diferenças, as quais no limiar do século XXI, ainda são visualizadas como minorias desviantes ou *outsiders*, que insistem em se fazer presentes no interior dos cânones sociais.

Em meio a tantos embates e conflitos, remete-se a tais sujeitos a inserção na luta cotidiana e o aprendizado constante, na perspectiva de viver, como diria Gonzaguinha: "(…) e não ter a vergonha de ser feliz".

# Mulheres casadas, viúvas e amasiadas nos seringais do Amazonas

Mônica Maria Lopes Lage

Contrariando o "princípio da igualdade" que norteava os casamentos no período colonial no Brasil e que orientava as pessoas a se casarem com os "iguais",[1] nos seringais do Amazonas, no final do século XIX e início do XX, os casamentos não obedeciam a nenhum destes critérios. As pessoas casavam-se e se davam em casamentos não se importando com as diferenças – sociais, econômicas, políticas e culturais. Poder-se-ia dizer que estudos realizados na região Amazônica sinalavam que havia outras formas de composição familiar, contrapondo-se ao modelo de conjugalidade preconizado pelo mundo burguês.

> [....] a conjugalidade no seringais do Alto Juruá/Acre, portanto não correspondia exatamente aos modelos de conjugalidade burguesa que se procurava instaurar no Brasil urbano. Na elite dos seringais e na cidade de Cruzeiro do Sul esses modelos até se faziam presentes, conformando muitas das relações e fazendo das mulheres "ornamentos" a serem mostrados na sociedade como signo de distinção para as famílias.[2]

---

1 SILVA, Maria Beatriz Nizza da. *Sistema de Casamento no Brasil Colonial*. São Paulo: T. A. Queiroz: Edusp, 1984, p. 66-70.

2 WOLFF, Cristina Sheib. *Mulheres da Floresta. Uma história do Alto Juruá. Acre. (1880-1945)*. São Paulo: Hucitec, 1999, p. 228.

Sempre que chegava a notícia de um casamento, ou que alguém importante estava para se casar, a imprensa não perdia a oportunidade de homenagear os nubentes. Nos jornais do Purus, constantemente encontrava-se alguma nota comunicando à comunidade sobre esse ou aquele matrimônio. Convidar, agradecer, divulgar, parabenizar eram algumas das funções efetuadas pela imprensa.

> Tiveram a gentileza de convidar-nos para assistir ao seu próximo enlace matrimonial, a realizar-se em 04 de maio vindouro, o Sr. Manuel Rodrigues do Nascimento e a graciosa senhorita Maria Brazil. Fazemos sinceros votos para que largos annos de felicidade guardem o futuro dos jovens noivos.[3]

Divulgando e enaltecendo o matrimônio e a *coquiterrie* da elite da borracha, a imprensa amazonense, no início do século xx, através das páginas do *Jornal Purus*, comunica à sociedade amazonense o casamento do comerciante e filho de uma família de políticos influentes na região, Sr. José Mendes Portella e a Senhorita Edwige Felix Guimarães. Encantado com o chic do enlace matrimonial, o entusiasta colunista salienta que os convidados serão recepcionados a bordo da lancha Santa Rosa: "Comunicamos do Ituxy. Contrahirem matrimônio o Sr. José Mendes Portella e a Senhorita Edwige Felix Guimarães no dia 17 de março corrente, a bordo da lancha Santa Rosa de propriedade do Sr. Coronel Luiz da Silva Gomes".[4]

Mas o casamento era um sonho que nem todas as mulheres podiam realizar e os motivos variavam desde condição financeira às próprias dificuldades de locomoção enfrentadas na mata. Quando surgem os seringais no Amazonas, a condição em que viviam as pessoas na selva era basicamente de sobrevivência. O que havia no meio da mata era um barracão que servia de ponto de apoio para os seringueiros, aonde geralmente residia o patrão, sua família e talvez um funcionário, "guarda livros". Um pouco mais distante, alguns casebres de madeira, aonde viviam os seringueiros e, ao redor as enormes "estradas de seringa", lugar onde os seringueiros passavam a maior parte do dia.

Nesse espaço, viviam as pessoas em busca de seu sustento e de sua sobrevência. No decorrer dos anos os seringais foram se tornando mais populosos, o número de habitantes cresceu consideravelmente, comércios foram se estabelecendo,

---

3   *Jornal Purus* – IGHA – Instituto Geográfico e Histórico do Amazonas – 30-04-1893.

4   *Jornal Purus* – IGHA – Instituto Geográfico e Histórico do Amazonas – 02-03-1905.

mesmo assim era pouco provável que um seringueiro ou até mesmo um patrão ou comerciante conseguisse realizar em um seringal um casamento conforme o modelo exigido pela igreja católica, que só reconhecia um casamento como verdadeiro, aquele que fosse realizado diante do juiz e de testemunhas.

O casamento em uma igreja, esse também era pouco provável de acontecer em um seringal. Na mata, nem sempre era possível contar com a presença de um pároco ou de uma capela. Embora houvesse registros da presença de missionários e clérigos na mata desde o início da colonização, a vastidão da floresta e os obstáculos impostos pela imensidão dos rios impediam que alguns lugares fossem presenteados com a visita de um religioso. A igreja se debatia com uma enorme dificuldade: a falta de clérigos, sobretudo no interior, que sempre fora reduto dos missionários e clérigos seculares.[5] Maria Terezinha Corrêa, ao descrever a história de Humaitá/AM, conta que nessa região, até por volta do ano de 1870, não havia sequer uma capela. A autora ressalta que José Francisco Monteiro, conhecido como "comendador Monteiro", fundador de Humaitá, homem de influência no território amazônico, ao passar pela região próxima ao rio Madeira, sentiu falta de uma capela e decidiu, por conta própria e sem licença prévia eclesiástica, edificar uma bela capela às margens desse rio. A capela funcionou por algum tempo nessas condições, realizando batizados e festas, até que, no ano de 1875, Jesualdo Macchetti, um missionário franciscano, ao visitar Humaitá e ver a construção da capela, lembrou o comendador da legislação canônica, e este teve que enviar um requerimento ao Bispo do Pará solicitando a devida licença. Quase dois anos depois, em dois de fevereiro de 1876, a capela foi benta solenemente a "Beatíssima Virgem Maria Imaculada, como principal padroeira, e a Santo Antônio de Pádua" pelo mesmo frei Macchetti.[6]

Semelhante à condição de Humaitá, muitos lugares espalhados pelo interior do Amazonas não possuíam nem capelas, nem padres. A ausência de clérigos e de capelas era no período colonial um fator de impedimento muito grande para a realização de um casamento. Segundo Maria Beatriz Nizza da Silva, uma das primeiras medidas que uma pessoa interessada em casar-se deveria tomar era apresentar o fato ao padre ou ao pároco, antes que qualquer outra medida fosse tomada, essa atitude servia para a divulgação da intenção do matrimônio

---

5  COSTA, Heloísa Lara Campos da. *As Mulheres e o Poder na Amazônia*. Manaus: EDUA, 2005, p. 156.

6  CORREIA, Maria Terezinha. *Princesa do Madeira. Os festejos entre populações ribeirinhas de Humaitá-AM*. São Paulo: Humanitas, 2008, p. 61.

na região aonde residiam os cônjuges e se houvesse algum impedimento o casamento pudesse ser interrompido a tempo.

> [...] como deveriam proceder aqueles que queriam contrair matrimônio? Os que pretendem casar, o farão saber o seu pároco, antes de se celebrar o matrimônio de presente para os denunciar, o qual antes que faça as denuncias se informará se há entre os contraentes algum impedimento.[7]

Se não havia juíz, cartório, capela ou padre, como faziam os eternos amantes, ávidos de amor e desejo para se casarem? Após ficarem noivos – e o noivado podia acontecer no seringal mesmo –, eles tinham um ano para oficializar o matrimônio. O noivado nos séculos xix e xx já era uma prática comum entre os casais, representava o momento em que o noivo pedia aos pais a mão da noiva em casamento, algumas regalias eram concedidas ao casal, como por exemplo passear juntos com a presença de uma pessoa de confiança. O casamento era cobrado aos noivos depois de um ano juntos.

O noivado era uma instituição obrigatória. Era o momento do pedido do noivo a mão da moça aos pais, seguido de uma festa. No dia seguinte, era comunicado nos jornais e o casal podia aparecer junto em público, acompanhado por alguém de confiança da família da noiva. Esperava-se que o noivo gastasse a maior parte de seu tempo livre com sua noiva. Dentro de um ano deveria ser realizado o casamento.[8]

O documento abaixo corresponde a um processo para habilitação de casamento, do ano de 1894, onde os noivos saíram de um seringal próximo ao rio Purus e foram para Manaus a fim de efetuar o casamento. Raymundo Andre Cursino, natural do Amazonas, homem de 35 anos de idade, solteiro, deu entrada ao pedido de casamento na comarca da capital, no dia 2 de junho de 1894, pretendendo casar-se com Maria da Silva, viúva de 28 anos, natural do Maranhão. De acordo com o documento o cônjuge solicita que os trâmites para a realização do matrimônio seja efetuado o mais rápido possível, pois tem "negócios" no rio Purus que exigem sua presença. No documento não consta a atividade de Raymundo, mas provavelmente ele deveria ser uma pessoa influente no seringal, um comerciante, um guarda-livros ou até mesmo um patrão.

---

7   Silva, *op. cit.*, p. 144.

8   Costa, *op. cit.*, p. 156 e 292.

> Dizem Raymundo André Cursino e Maria da Silva que tendo con-
> tratado casar-se um com o outro no mais breve espaço de tempo
> possível, pois tem o contrahente de impreterivelmente seguir para
> o rio Purus, onde tem negócios que reclamam sua presença, que-
> rem justificar perante a Vossa Excelência os itens seguintes com as
> testemunhas que no acto apresentaram.[9]

Além das despesas mencionadas, os cônjuges também tinham que apresentar no cartório, no ato da solicitação da habilitação para o casamento, toda a documentação exigida para a realização do matrimônio. Sobre esta documentação
sabe-se que esse assunto ainda carece de pesquisa, os processos geralmente não
mencionam a documentação exigida aos cônjuges para a oficialização do casamento, mas a autora Maria Beatriz Nizza da Silva nos da um direcionamento sobre os papéis que provavelmente eram apresentados nos processos de habilitação
para casamento no período colonial do Brasil.

> As constituições não esclarecem, contudo, quais os papéis a serem
> apresentados pelos contraentes, embora seja de supor que se exi-
> gissem certidões de batismo, atestado de residência, certidões de
> óbitos do primeiro cônjuge, no caso de um dos contraentes serem
> viúvos, etc.[10]

No Amazonas os casamentos entre a elite também eram baseados no sistema de dotes: na Amazônia da época era regra para o casamento a exigência
do dote.[11] O dote consistia em um valor pago ao noivo pela família da noiva em
presentes como terras ou propriedades como garantia ao sustento e à proteção
da noiva. Além destas garantias, o dote também era uma forma de ostentar o
prestígio da noiva. Assim, famílias ricas de todo o Brasil entregavam como dote
não só propriedades, como também móveis, joias e escravos, servindo como um
indicador da importância da família.

Segundo a socióloga Heloísa Lara da Costa, na Amazônia, devido às riquezas
serem mais modestas, os dotes geralmente não eram tão altos comparados com a

---

9   Processo de habilitação de casamento – Arquivo do Fórum Enoque Reis – 02-06-1894 – Amazonas.

10   Silva, *op. cit.*, p. 144.

11   *Idem*, p. 144.

análise de sistema de dotes de outras regiões do Brasil. Dotes tão imponentes, evidentemente, não eram a regra na Amazônia, onde as fortunas eram mais modestas.[12]

Decidido o dote e realizado o casamento, era hora da festa. As festas geralmente duravam de dois a mais dias, com muita comida, muita bebida e muita dança. O momento da festa era um momento de muita alegria para os moradores do interior, pois representava confraternização e reencontro. Wallace e outros viajantes que passaram pelo interior da Amazônia admiravam-se das festas que chegavam durar dois dias ou mais.[13]

> O casamento considerado de "bom gosto" era acompanhado de uma longa festança que durava vários dias. Mandava-se vender algumas vacas para a obtenção do dinheiro para a festa, a casa era caiada e se faziam alguns reparos para abrigar parentes que viriam de longe. Os músicos eram contratados para o baile.[14]

Os casais da elite da borracha no Amazonas geralmente estabeleciam moradia em Manaus nas vilas e comarcas próximas aos seringais, e somente aqueles em que os negócios exigiam a presença diária na mata moravam nos seringais, como os patrões por exemplos.

Os que moravam em Manaus desfrutavam de uma realidade distinta dos que moravam no interior. Por volta do final do século XIX, a cidade recebeu o código municipal que a constituía como uma cidade moderna. Novos bairros, um novo modelo urbanístico, iluminação elétrica, pavimentação de ruas, circulação de bondes, além de um sistema de telégrafo fluvial que ligava a capital ao mundo. Os casais que passaram a viver em Manaus neste período puderam desfrutar de um conforto que não se encontrava no interior do Amazonas.

> Foram implantados vários serviços urbanos, redes de esgoto, iluminação elétrica, pavimentação de ruas, circulação de bondes e o sistema de telégrafo fluvial que garantia a comunicação da capital com os principais centros mundiais de negociação da borracha.[15]

---

12 COSTA, *op. cit.*, p. 156-292.

13 *Idem*, p. 282.

14 FALCI, Miridan Knox. "Mulheres do Sertão Nordestino". In: DEL PRIORE. Mary; BASSANEZI, Carla (coord. de textos). *História das Mulheres no Brasil*, 9º. Ed. São Paulo: Contexto, 2007, p. 259.

15 DAOU, Ana Maria. *A Belle Époque Amazônica*. Editora: Jorge Zahar, 2004, p. 36.

Este também era um costume das famílias tradicionais da elite paulista no final do século XIX. Ao descrever as casas dos paulistas neste período, Maria Ângela D'Incao assevera que as casas possuíam salas e salões amplos, exclusivamente para receber visitas e realizar saraus, onde se liam poesias e tocavam-se pianos. Os espaços internos das casas eram mais aconchegantes. Após a república, as casas passaram a ser construídas longe da rua, separadas por calçadas, continham jardins e corredores ao redor, "ouve uma maior valorização da intimidade".

> Nas casas, domínios privados e públicos estavam presentes. Nos públicos como as salas de jantar e os salões, lugar de máscaras sociais, impunham-se regras para o bem-receber e bem-representar diante das visitas. As salas abriam-se freqüentemente para reuniões mais fechadas ou saraus, em que se liam trechos de poesias e romances em voz alta, ou uma voz acompanhada por piano ou harpa.[16]

Ao pesquisar as práticas de sociabilidades e de afetividades das famílias de Nossa Senhora do Desterro/Florianópolis, no século XIX, Antônio Emilio Morga nos revela um mundo de luxo proveniente do mundo burguês que, segundo o autor, nesse período patrocinava na cidade do Desterro a clivagem de condutas e das reformas urbanas conclamada pela inebriante burguesia desterrense através de sua imprensa.[17]

Ao descrever o cotidiano dessas famílias, Morga nos oferta uma paisagem de contradições e ambiguidades dessa população insular. Inserida nos ventos de modernidade trazidos pelo capitalismo internacional, a cidade aderia freneticamente aos novos modos de ser e estar em família. Na ilha do Desterro do século XIX, rara era a família que não possuía um piano na sala. Possuir um piano era sinal de distinção social e bom gosto.[18]

Longe dessa realidade eram as residências das pessoas que viveram no interior do Amazonas no final do século XIX início do XX. Lugar onde a maioria das casas era de madeira e pequenas, ter uma casa de alvenaria com mais de um quarto e quintal grande já era um diferencial muito grande a ressaltar. As casas nas vilas e

---

16  D'INCAO, Maria Ângela. "Mulher e família burguesa". In: DEL PRIORE. Mary; BASSANEZI, Carla (coord. de textos). *História das Mulheres no Brasil*, 9º. Ed. São Paulo: Contexto, 2007, p. 228.

17  MORGA, Antônio Emilio. *Nos Subúrbios dos Desejos: masculinidade e afetividade em Nossa Senhora do Desterro no século XIX*. Manaus: EDUA, 2009, p. 85.

18  *Idem*, p. 92.

comarcas próximas aos seringais ofereciam um pouco mais de conforto em relação às casas dos moradores da mata, mas ainda assim não podiam ser comparadas com as casas da capital. A casa que dona Rosa Pereira de Lima colocou a venda no ano de 1918, localizada na comarca de Lábrea, nas proximidades dos seringais do rio Purus, com certeza era uma casa diferenciada das outras a sua volta pois tinha vários quartos, inclusive para serem alugados, instalação elétrica, balcão, quintal, estava pintada e era toda cercada com arame.

> Vende-se uma boa casa situada a rua Purus, com diversos quartos para alugar, uma armação toda pintada e balcão, instalação elétrica, bom quintal todo cercado de arame farpado. Quem desejar fazer qualquer negocio, dirija-se ao café acreano, no mercado público com a proprietária Rosa Pereira de Lima.[19]

Além de se engajarem em projetos sociais, muitas senhoras, preocupadas com a educação de seus filhos, organizavam eventos para ajudar as escolas da região e assim arrecadar verbas para mantê-las. Não somente as senhoras, mas políticos, patrões e coronéis se uniam em favor da implantação de escolas nos seringais. Em alguns seringais havia escolas separadas entre meninos e meninas, em outros, as escolas eram mistas. No ano de 1911 a comarca de Lábrea, sede administrativa dos seringais do rio Purus, liberou uma verba para a criação de uma escola em um seringal denominado "Santa Maria". Insatisfeitas por não terem uma escola também, as mães moradoras de outro seringal denominado "Iracema" realizaram uma campanha e colheram inúmeras assinaturas solicitando os mesmos direitos concedidos ao seringal de "Santa Maria". O movimento chamou atenção da imprensa e a nota foi publicada pelo *Jornal do Purus* em 04 de junho de 1911.

> A lei do orçamento actual estabelece verba para a manutenção de duas escolas municipaes, uma nesta cidade e outra no logar "Santa Maria" de propriedade do Sr. Raymundo Antonio da Silva. Firmados no mesmo direito que alegam os moradores de Santa Maria, para a creacao de uma escola mixta, ali vem agora as mães do lugar "Iracema" de propriedade do Senhor Antonio Gomes de

---

19  *Jornal O Alto do Purus* – IGHA – Instituto Geográfico e Histórico do Amazonas – 10-02-1918.

Moura, um abaixo assignado solicitando igual favor. Acho justo o pedido e submetti-o por isso ao vosso critério de deliberação.[20]

As professoras nas escolas nos seringais eram muito queridas pela população, elas assumiam uma posição de respeito entre os moradores que as admiravam. Seus nomes apareciam nos jornais sempre por ocasião de aniversários, nascimento de filhos, falecimento etc. Suas qualidades eram ressaltadas como bondosas, amáveis, simples e distintas.

> Fez annos ante-hontem, dona Mariinha Rodrigues digna professora de prendas do grupo escolar "Francisco Sá", desta vila. A aniversariante que, incontestavelmente no meio social de Senna Madureira, é muito estimada pelas suas virtudes, affabilidade de trato e bondoso coração, recebeu inequívocas provas de merecida distinção no dia do seu natal, festejado na intimidade com aquella nota de simplicidade característica da simpathia que a extorna.[21]

A vida das mulheres casadas pertencentes à elite da borracha nos seringais do Amazonas era baseada nas atividades domésticas, no nascimento dos filhos, no zelo e cuidado com o marido, mas também era marcada por um cotidiano cheio de atividades, onde se envolviam em encontros religiosos, participavam de eventos de cunho sociais e algumas até ocupavam determinados cargos públicos, como o magistério.

A condição da mulher viúva, principalmente daquela que havia ficado viúva há pouco tempo, era diferente da condição da mulher casada, pois muitas vezes ela ficava absorvida com os problemas que a morte do marido trazia.

Ser e estar viúva no final do século XIX e início do século XX, não era uma condição muito favorável à mulher. Alguns padrões de comportamento eram impostos a ela na condição de viúva, e a sociedade a observava quanto ao cumprimento ou não desses padrões e regras. Por ter tido uma vida sexual ativa, a viúva representava ameaça, era tida como sexualmente perigosa, e esta condição a deixava muito vulnerável em relação à sociedade e aos homens. Não

---

20 *Jornal do Purus* – IGHA – Instituto Geográfico e Histórico do Amazonas – 04-06-1911 – Amazonas.

21 *Jornal Senna Madureira* – IGHA – Instituto Geográfico e Histórico do Amazonas – 27-01-1913 – Amazonas.

era bom que a mulher estivesse só, ela deveria estar sempre sob a proteção de alguém, pois acreditava-se que a mulher sozinha era mais propensa a cometer erros. Quando solteira, a mulher deveria viver sob a guarda e a proteção da mãe, e quando casada, do esposo. A mulher sozinha era tida como desprotegida e a qualquer momento poderia fraquejar. Se há uma coisa que a natureza nos ensina com clareza é que a mulher é feita para ser protegida, para viver quando jovem junto a mãe e casada, sob a guarda do marido.[22]

Alguns processos de acordos civis envolvendo viúvas de seringalistas mostraram que as mulheres, ao ficarem viúvas, não hesitavam em lutar e até brigar se fosse preciso para garantir o patrimônio deixado pelo marido. O caso de dona Juliana Maria Alves de Araujo, apresentado a seguir, mostra claramente que essa viúva lutou na justiça insistentemente para defender parte de um seringal que ficou ameaçado após a morte do marido.

Na qualidade de mãe e tutora de seu filho menor chamado Amaury, no dia 27 de agosto de 1920, requereu ao doutor juíz de direito dos feitos da fazenda do Estado do Amazonas, um mandato proibitório contra Francisco Bayma do Lago, alegando que este lhe estava invadindo a posse de propriedade "Serra Azul", um seringal que se localizava em ambas as margens do rio Guariba, afluente do rio Aripuanã, que por sua vez é tributário do rio Madeira. Consta no processo que o seringal "Serra Azul" confrontava-se pelo lado de cima com o seringal Pajurá que pertencia ao senhor coronel Francisco Bayma do Lago. Com a morte do esposo de D. Juliana, o Sr Francisco Bayma achou-se no direito de invadir parte das terras que outrora pertencia à D. Juliana. Insatisfeita com a situação, D. Juliana passou a brigar na justiça pelos seus direitos.

> Diz que o seringal "Serra Azul" confronta-se pelo lado de cima (norte) com o seringal "Pajurá" pertencente hoje a Francisco Bayma do Lago, a começar no estirão _ Cabelo de Cuia_ e ao sul, com o igarapé "Água Branca", também conhecido por "Acote", propriedade que diz ter seu falecido marido coronel João Martins de Araujo Adquirido por usucapião onde vinha mantendo uma posse trintenária, com trabalhos constantes por si e por seus fregueses e aviados.[23]

---

22  PERROT, Michelle. *Maneiras de morar. História da Vida Privada*, vol. 4. In: _____ (org.). Da Revolução Francesa à Primeira Guerra. Tradução: Denise Bottman, partes 1 e 2, Bernardo Joffily, partes 3 e 4. São Paulo: Companhia das Letras, 1991, p. 298.

23  Processo de acordo Civil – Arquivo do Fórum Enoque Reis – 27-08-1920 – Amazonas.

Segundo dona Juliana M. Alves, ela, juntamente com seu marido, há trinta anos vinham fazendo benfeitorias no seringal "Serra Azul". Abrindo estradas de seringa, contratando seringueiros, cultivando a terra e criando animais, e que de acordo com o tempo em que isso vinha acontecendo já havia se caracterizado diante da lei a posse da terra por usucapião, sendo assim recaía sobre ela o direito àquelas terras e não ao senhor Francisco Bayma do Lago.

O problema é que a viúva não tinha nenhum documento que comprovasse o cultivo daquelas terras por todos esses anos. O único argumento apresentado por ela é que tinha testemunhas que podiam comprovar o tempo em que ela, juntamente com o marido falecido, vinham ocupando aquelas terras.

> Não a dúvidas que aquelle que por trinta annos, sem interrupção nem opposição, possuir como seu um imóvel, fazendo nelle plantações e benfeitorias, adquirir-se-lhe-á o domínio, mas no caso em espécie, está provada essa posse trintenária? Não, existe, é verdade nos autos, uma justificação, na qual depuseram quatro testemunhas, tomadas no juízo de Borba, affirmando ter o coronel João Martins de Araujo, posse trintenária no seringal Serra azul, aonde por si e por fregueses seus vinha trabalhando por todo aquele tempo.[24]

Mas o desfecho desta história não foi favorável à viúva. Reaberto o processo as testemunhas que dona Juliana dizia ter em seu favor foram convocadas a depor, porém não se sabe como, duas delas depuseram contra a viúva. A primeira, Inocêncio Antonio Gonçalves, alegou que não sabia da existência do seringal Serra Azul, que nunca havia entrado no rio Aripuanã, que há muito tempo atrás assinou uns papéis a pedido de João Martins, mas assinou-os sem ler, porque se trava de uma pessoa conhecida e se soubesse que se tratava de explorações naquele rio não teria dado sua assinatura, pois desconhecia o lugar.

> Innocencio Antonio Gonçalves, que ultimamente reinquirido, declarou em folhas 53 a 53 v.," que ignora a existência do seringal Serra Azul no rio Guariba; que nunca entrou no rio Aripuanã, que achando-se a annos passando em Borba, ali encontrou o coronel João Martins de Araujo, a pedido de quem assignou, sem ler, uns papeis

---

24    Processo de acordo Civil – Arquivo do Fórum Enoque Reis – 27-08-1920 – Amazonas.

de inventário, segundo lhe dissera o mesmo coronel João Martins de Araujo, pois se soubesse tratar-se de explorações no rio Aripuanã não teria dado sua assignatura porque não conhece e nunca entrou no rio Aripuanã.[25]

A segunda testemunha convocada foi Antonio Lopes de Oliveira, este declarou que morava em Borba a mais de 34 anos e que já havia sido intendente e delegado de polícia na região, mas que nunca havia entrado no rio Aripuanã, e que nunca havia ouvido falar que o coronel João Martins de Araujo houvesse explorado terras naquela região. Que em 1919 ele havia encontrado o coronel João Martins por aquelas bandas, mas que nunca assinou documento algum pra ele, que seria incapaz de dar sua assinatura sobre coisas que ele desconhecia.

> A segunda testemunha, Antonio Lopes de Oliveira, também reinquirida, declarou a fls. 54 que reside no município de Borba fazem 34 annos, aonde já foi intendente e delegado de polícia, que nunca entrou no rio guariba, affluente do Aripuanã, que nunca ouviu dizer nem sabe que o coronel João Martins de Araujo havia explorado e occupado terras em nome de Serra Azul. Que effetivamente, elle depoente esteve em Borba em fins de 1919, onde encontrou o coronel João Martins de Araujo, mas pode asseverar e assegurar, não ter assignado documento algum que tivesse relação com o coronel, ou com o rio Guariba, que não conhece, que seria incapaz de dar seu testemunho sobre factos e cousas que não conhece, que protestava, portanto contra o conteúdo do seu depoimento constante da certidão de uma justificação, que consta se ter feito em Borba em 1919.[26]

Dona Juliana Maria Alves, viúva do coronal João Martins, acabou perdendo definitivamente a causa na justiça para o Sr. Coronel Francisco Bayma do Lago, este por sua vez pode ampliar seu seringal que fazia divisa com o seringal Serra Azul, lugar aonde dona Juliana, seu falecido marido João Martins e seu filho Amaury haviam passando bons tempos de suas vidas. Entretanto, alguns fatores nos chamam a atenção neste processo, o primeiro foi a coragem que teve uma viúva de lutar contra um coronel. Os coronéis geralmente eram homens temidos e respeitados por todos, eram

---

25   Processo de acordo Civil – Arquivo do Fórum Enoque Reis – 27-08-1920 – Amazonas.

26   Processo de acordo Civil – Arquivo do Fórum Enoque Reis – 27-08-1920 – Amazonas.

homens que não se intimidavam ao mostrar sua masculinidade caso fossem desafiados, "os patrões geralmente apresentavam características que eram vistas como parte da masculinidade: coragem, destemor, determinação".[27] Dona Juliana não se deixou intimidar diante do coronel Francisco Bayma do Lago, pelo contrário, quando os indicadores do processo apontaram uma suposta vitória para ele, ela se vê indignada e resolve recorrer da decisão da justiça. Comportamento que mostra que ela não temia o fato dele ser um coronel.

Mas nem todas as viúvas acabavam tendo o desfecho de suas histórias de forma negativa. Alguns processos de acordos civis indicam que muitas viúvas lutaram e ganharam, outras entraram em acordos com os requerentes e conseguiram assim resolver suas pendências judiciais. Dona Cândida do Monte Cavalcante, por exemplo, viúva de José Rodrigues Cavalcante, herdou uma dívida deixada pelo marido no valor de cento e dez contos de réis em nota promissória. A dívida se estendeu do ano de 1911 até o ano de 1914, quando Raymundo Rodrigues da Cunha resolveu reaver o dinheiro e entrou na justiça contra a viúva e esta teve seus três seringais penhorados, "Caviana", "São Miguel" e "Novo Horizonte".

> Raymundo Rodrigues da Cunha, comerciante e residente no seringal, Sacacado, rio Pauhiny termo da Lábrea, sendo credor do fallecido José Rodrigues Cavalcante, da quantia de cento e dez contos de réis (110.000$000) constante da nota promissória vencida em trinta de maio de 1911, requereu, em trinta de maio de 1914, ao juiz municipal daquelle termo a expedição de mandato executivo contra a viúva do referido Cavalcante, D. Cândida do Monte Cavalcante e seus filhos impúberes, herdeiros do devedor, tudo de acordo com a lei n.2.044 de dezembro de 1908. Em conseqüência foram penhorados os seringais Caviana, São Miguel e Novo Horizonte de propriedade da viúva e herdeiros do devedor.[28]

Ao morrerem os maridos, inúmeros problemas enfrentavam as mulheres ao ficarem viúvas, mas nem todas se esmoreciam diante deles. Os documentos mostram que elas acabavam dando conta de criar os filhos, cuidar da casa e lutavam para não deixar "escapar das mãos" tudo que fora construído durante uma vida conjugal. Quando não resolviam pessoalmente os problemas, recorriam a advogados

---

27  WOLFF, *op. cit.*, p. 207.

28  Processo de Apelação Civil – Arquivo do Fórum Enoque Reis – 14-01-1916 – Amazonas.

e davam a eles plenos poderes para responder por elas. Algumas viúvas acabavam refazendo a vida, casando-se novamente ou simplesmente amasiando-se.

> Dizem, João Martins da Encarnação e Celina Soares Corrêa, abaixo assignados que, tendo contractado casamento um com outro, desejam que o acto tenha logar o mais breve possível para evitar danos que a menor demora possa acarretar. Afirmam que o justificante é viúvo, sem bens a inventariar, de cinqüenta e um anos de idade, filho de Manoel Vicente da Encarnação. Afirmam também que a justificante e viúva, sem bens a inventariar, de quarenta e dois anos de idade, filha de Manoel dos Reis Soares, e Victoria da Costa Soares.[29]

Além das mulheres viúvas, nos seringais do Amazonas muitas mulheres se encontravam na condição de amasiadas. Devido às dificuldades enfrentadas para a oficialização do matrimônio e, a comodidade que era amasiar-se, muitos casais optavam por esta condição. "O casamento civil era, pode-se dizer, até raro, além de restrito a uma só vez, não dando conta da diversidade de relações existentes".[30] Esta realidade era percebida no Brasil, não somente no interior do Amazonas, mas até nos grandes centros urbanos dos século XIX e XX, onde muitos casais constituíam seus lares através de uniões informais.

> O casamento era uma opção para uma parcela ínfima da população, representando a união de interesses entre a elite branca. Entre as camadas mais baixas da população predominava os concubinatos, inclusive devido aos autos altos custos das despesas matrimoniais.[31]

Nos seringais as uniões informais podiam ser duradouras ou passageiras. As mulheres amasiavam-se com um homem e com ele ficavam caso fosse interessante permanecer na relação, do contrário elas não hesitavam em partir para outra relação que julgavam ser menos conflituosa. Esse tipo de união teve sua origem nos seringais do Amazonas, logo com a chegada dos primeiros seringueiros à mata. O número de mulheres brancas, nesta época, era bastante reduzido em relação ao

---

29  Processo para habilitação de casamento – Arquivo do Fórum Enoque Reis – 1920 – Amazonas.

30  WOLFF, *op. cit.*, p. 114.

31  SOIHET, Rachel. "História das Mulheres". In: CARDOSO, Ciro Flamarion e VAINFAS, Ronaldo (orgs.). *Domínios da História*. Rio de Janeiro: Campus, 1997, p. 249.

número de homens, logo essa situação fez com que os seringueiros recorressem às índias e com elas passassem a viver através destas uniões tidas como informais. Os homens da mata viam nas uniões informais a única alternativa de possuir uma mulher, e entre os casais não havia preconceito quanto à condição de amasiados. Para os populares, estar amasiado era considerado um estado próprio da sua cultura, equivalente a um estado civil da ordem jurídica.[32]

Para a justiça e para a polícia, o amasiamento também não era reconhecido como uma união formal, e os amasiados eram considerados por eles como solteiros. "Já a polícia e a justiça, devido à ausência de contrato de casamento, consideravam os amasios como solteiros", ou seja, não havia reconhecimento dessa união por nenhuma instituição. Consequentemente a mulher amasiada não tinha diretos sobre nada que fosse do amásio, mesmo diante de anos de relação. As uniões surgidas à margem do matrimônio eram identificadas com o nome de concubinato de acordo com o Código Civil de 1916. Com o propósito de proteger a família constituída pelo casamento, este código omitiu-se em regular as relações extra matrimoniais. Em alguns casos acabou por puni-las, vedando doações a instituição de seguro e a possibilidade de a concubina ser beneficiada por testamento.[33]

A falta de direitos sobre os bens adquiridos no período de relacionamento era um dos problemas que a mulher amasiada enfrentava. Situação difícil foi a que se encontrou dona Ana Cândida Lobo, quando emprestou uma quantia em dinheiro para que seu amasio pudesse entrar como sócio em uma casa aviadora conhecia como Jayme Jorge & Irmão. As casas aviadoras eram grandes centros comerciais que tinham a função de receber e distribuir toda a borracha produzida nos rios, eram elas quem despachavam a borracha para o exterior, enviavam trabalhadores para os seringais, abasteciam os barracões, se encarregavam de realizar empréstimos a bancos locais a curto e a longo prazo, se ocupavam da compra e venda de navios e vapores, se encarregavam da distribuição de ferramentas necessárias para os trabalhadores, além de decidirem todos os trâmites da venda e o destino que a borracha tomaria após sair dos seringais. "As casas aviadoras são os estabelecimentos comerciais que se constituíram para abastecer os seringais,

---

32 AREND, Silvia Maria Fávero. *Amasiar ou casar? A família popular no final do século XIX*. Porto Alegre: Editora da Universidade UFRGS, 2001, p. 61.

33 PEREIRA, Rodrigo da Cunha. *Concubinato e união estável: De acordo com o novo Código Civil*. 6º. ed. Rev. Atual. e Ampl. Rio de Janeiro: Del Rey, 2001, p. 46.

deles recebendo em troca, a borracha que produzem e na posse dela realizar as operações de venda para o exterior".[34]

Por motivos que não se encontraram expressos no documento, a casa aviadora Jayme Jorge & Irmão não teve êxito em seus negócios e veio à falência no ano 1907. Dona Ana Candido havia emprestado ao seu falecido amasio uma quantia em dinheiro para que ele pudesse entrar na sociedade com Anthero de Sá, entretanto, com a falência da empresa, ela passou a lutar na justiça para que de alguma forma pudesse ser ressarcida do valor emprestado. Mas segundo Anthero de Sá, a quantia que a amásia de seu sócio havia emprestado inicialmente fora referente a 19:000$000 (dezenove mil contos de réis) e que após o desfecho e falência da firma, dona Ana alegava ser uma quantia superior, referente a 30:000&0000 (trinta mil contos de réis) os quais exigia que fossem pagos em forma de móveis e utensílios que restaram do acervo da casa aviadora Jayme Jorge & Irmão, conforme havia sido acordado em contrato de penhor.

> Anthero de Sá liquidário da massa fallida Jayme Jorge & Irmão, usando da atribuição que lhe confere o art. 88& da lei n 2024 de 17 de dezembro de 1908, quer propor contra D. ANNA CANDIDA LOBO uma ação summaria especial, correr da qual o suplicante se propõe a provar: Que a suplicada concubina do sócio solidário da firma fallida Jayme Jorge, segundo a relação organizada pelo syndico, foi incluída como credora chirographaria da importância de 19:000$000 reis provenientes de dinheiro que allega haver emprestado aos fallidos. Que no mesmo processo da fallencia, a mesma suplicada D. ANNA CANDIDA LOBO, apresentou-se como credora de 30.000$000 reis em dinheiro que allega haver emprestado à firma fallida da qual o seu amasio faz parte, sob a garantia pignoratícia de moveis e utensílios pertencentes ao acervo da massa.[35]

A decisão do juiz foi a de que dona Ana Cândida Lobo não tinha nenhum direito sobre os bens da firma falida, primeiro por não ser ela esposa legítima do sócio de Anthero de Sá, segundo porque o juiz entendeu que dona Anna estava forçando

---

34 REIS, Artur César Ferreira. *O Seringal e o Seringueiro.* 2º. ed. Manaus: Editora da Universidade do Amazonas. Governo do Estado do Amazonas, 1977, p. 72.

35 Processo de Acordo Civil – Arquivo do Fórum Enoque Reis – 1920 – Amazonas.

um acordo com Anthero de Sá, para através deste acordo se beneficiar de alguma forma com o que havia sobrado da referida firma. Para o juiz o contrato de penhor que a amásia dizia ter, estava cheio de fraudes e não serviria para beneficiá-la.

> Que impugnado esse credito de 30.000$000 reis pelo credor Baptista Jorge, depois de processo regular, que correu seus tramites legaes, julgou este juízo (Doc. n 1) que tal contracto de penhor era manisfestamente simulado e eivado de fraude, decretando, por isso, a sua ineficácia, e a sua exclusão da supplicada, que já havia aberto mão do pretenso privilegio para forçar a passagem de uma concordata, tornando-se credora chirographaria, decisão essa que foi confirmada em recurso de aggravo della interpotso, pelo superior tribunal de justiça.[36]

Na condição de amasiada, dona Ana Cândida não tinha direitos sobre nada que pertencesse ao seu amásio, desta forma a quantia emprestada para ele iniciar a firma com Antero de Sá era praticamente impossível de ser recuperada. Na prática a sociedade não demonstrava preconceito em relação às uniões informais, isso porque o número de pessoas que se encontravam nesta condição nos seringais era grande, mas quando os casais amasiados tinham problemas com a justiça, com a igreja, ou com a polícia, estes não reconheciam a união.

A história de dona Ana não termina com a perda da causa na justiça. Convocada a prestar depoimento sobre as origens do dinheiro que havia emprestado aos sócios da firma Jayme Jorge & Irmão, ela é questionada quanto a sua conduta moral. De acordo com o depoimento a amasiada ora se dizia costureira, ora prostituta e ora prestamista de grossas quantias. Essa situação revelou uma má conduta de dona Ana, o que acabou por contribuir ainda mais com a decisão do juíz de dar a causa ganha para o Sr. Anthero de Sá, que não precisou pagar ou devolver em forma de bens nenhum móvel ou utensílio à referida senhora.

> [....] reconhecendo a sentença deste juízo que a suplicada – Ora se diz costureira, ora se diz prostituta de casa aberta, ora se diz prestamista de grossas quantias, ignorando na realidade de quando se diz credora, os juros porquanto emprestou o dinheiro e o modo porque o adquiriu. [....] se pede a sua exclusão, pelas razões expostas, de

---

36 Processo de Acordo Civil – Arquivo do Fórum Enoque Reis – 1920 – Amazonas.

credora da fallencia de JAYME JORGE & IRMAO, para o fim de decretada afinal a exclusão pedida, ser cancelado no quadro geral de credores o crédito de que a supplicada falsamente se diz titular, por ser o mesmo fraudulento, sendo condenada nas custas e prosseguindo nos ulteriores termos de direito.[37]

A história relatada neste processo revela que um dos problemas enfrentados pela mulher amasiada era o de não ter direitos sobre os bens do amásio, mesmo que de alguma forma tivesse tido participação na aquisição deles. Revela também que as instituições não reconheciam o amasiamento, deixando explícito que algumas mulheres amasiadas podiam ser questionadas quanto a sua conduta moral.

Além destes problemas, as mulheres amasiadas aparecem muito em processos criminais dos seringais do Amazonas. Os motivos da violência contra elas são bem variados, podendo ser ciúmes, defesa da honra, interferência de parentes e amigos na relação, convivência com filhos de outros relacionamentos e traição. Agravando a estes fatos, nos seringais do Amazonas, por um bom tempo o número de homens foi bem mais expressivo do que o de mulheres, o que os deixavam extremamente inseguros. Em contrapartida, as mulheres podiam escolher seus parceiros. Tudo isso gerava conflito e violência entre casais amasiados, provocando um alto índice de violência entre eles. Como podemos observar no inquérito que buscava explicar a morte de Rosa Amância de Almeida e do amásio de sua irmã, ambos assassinados pelo suposto Raulino de Tal, conforme o documento.

> Ilustríssimo Senhor subdelegado, constando que o individuo de nome Raulindo de tal, assassinou a Rosa Amâncio de Almeida, sua amasia, a 30 de maio do corrente, sendo testemunha deste facto, Francisca Pinheiro, moradora na Terra Preta em cuja casa faleceu Rosa e a José Parente, amasio da irmã de sua victima.[38]

A floresta não só suscitava a riqueza, mas também amores, dores, namoros, casamentos e amasiamentos. Nela e através dela, famílias se constituíram e constituíram os seringais no final do século XIX e início do século XX. Homens e mulheres, através das relações afetivas, criaram sua prole nas cercanias dos seringais do Amazonas.

---

37 Processo de Acordo Civil – Arquivo do Fórum Enoque Reis – 1920 – Amazonas.

38 Inquérito sobre a morte de Rosa Amácio de Almeida – Arquivo do Fórum Enoque Reis – 30-06-1909 – Amazonas.

Nas vilas e comarcas passaram a viver aqueles que optaram por estarem mais próximos aos seus "negócios" e desta forma acompanhar de perto a extração do látex na mata e o desfecho final que era dado à borracha após sair dos seringais. Esses moradores viviam em condições mais simples comparadas às condições em que viviam os casais ricos em Manaus. Suas casas eram mais modestas, pois o interior do Amazonas não acompanhou as transformações sociais que aconteceram na capital. Nos seringais moravam aqueles em que o "negócio" da borracha exigia a presença diária na mata:, patrões, seringueiros e um ou outro comerciante que vivia do abastecimento de seringais. Com suas respectivas famílias, esses moradores viviam em barrocões de madeira suspensos do chão devido aos problemas que as cheias dos rios poderiam causar.

Algumas mulheres casadas eram engajadas em projetos de cunho social e religioso. Com a expansão do comércio na região e com as transformações sociais ocorridas no Amazonas no final do séc. XIX, muitas mulheres casadas passaram a ocupar alguns cargos públicos e a opção que mais lhes chamou àtenção foi o magistério. Nesta função elas eram respeitadas e queridas, os moradores tinham uma admiração e um senso de agradecimento muito grande pelas professoras. A profissão de professora de meninas requeria simplicidade, modéstia e discrição, além é claro, de dons naturais.[39]

As mulheres viúvas viviam sob um forte discurso moral e religioso ditado pela classe dominante, porém na prática, esse discurso não encontrava ressonância, pois os problemas que emergiam da condição de viúva exigia da mulher mais coragem e atitude diante da vida. Dívidas, problemas judiciais, repartição de herança, feitura do inventário, criação de filhos e sustento da casa eram os principais problemas que a mulher viúva se deparava após a morte do marido. Os documentos mostraram que as viúvas, nos seringais do Amazonas, na sua maioria, não se intimidavam diante dessas dificuldades, mas conseguiam resolver seus problemas e muitas, inclusive, refaziam suas vidas casando-se novamente ou amasiando-se.

Mas a grande maioria das mulheres vivia mesmo era na condição de amasiada. Além de esta ter sido uma cultura implantada nos seringais desde os tempos das correrias, as dificuldades de oficializar um matrimônio eram muitas, e os casais acabavam optando pela via mais fácil, que era o amasiamento. Entretanto, essa con-

---

39  CUNHA, Maria Teresa Santos. "Práticas de Leitura entre Professores Primários. Santa Catarina". In:Morga, Antônio Emilio (org.). *História das Mulheres de Santa Catarina*. Editora Argos/ Letras Contemporâneas 2001, p. 20.

dição não era muito favorável ao casal, pois não era reconhecida pelas instituições. As mulheres amasiadas não tinham direito sobre os bens adquiridos durante o relacionamento, e essa situação não era favorável a mulher. Muitas mulheres amasiadas sofriam violência de seus parceiros, e este é um dos motivos porque muitas delas estavam sempre trocando de parceiros.[40]

Casada, viúva ou amasiada, a mulher nos seringais do Amazonas construiu sua história, desempenhou seu papel e viveu de acordo com as condições que lhe foi oferecida. Com dificuldades ou não, elas fizeram suas histórias e deixaram rastros de suas existências.

### REFERÊNCIAS BIBLIOGRÁFICAS

**BIBLIOGRAFIA**

AREND, Silvia Maria Fávero. *Amasiar ou casar? A família popular no final do século XIX*. Porto Alegre: Editora da Universidade UFRGS, 2001.

CHALHOUB, Sidney. *Trabalho, lar e botequim. O cotidiano dos trabalhadores na Belle Époque*. São Paulo: Editora Brasiliense S.A, 1986.

CORRÊIA, Maria Terezinha. *Princesa do Madeira. Os festejos entre populações ribeirinhas de Humaitá-AM*. São Paulo: Humanitas, 2008.

COSTA, Heloísa Lara Campos da. *As Mulheres e o Poder na Amazônia*. Manaus: EDUA, 2005.

CUNHA, Maria Teresa Santos. "Práticas de leitura entre professores primários". In: MORGA, Antônio Emilio (org.). *Historia das mulheres de Santa Catarina*. Santa Catarina: Editora Argos Universitária/Letras Contemporâneas, 2001.

D'INCAO, Maria Ângela. "Mulher e família burguesa". In: DEL PRIORE, Mary; BASSANEZI, Carla (coord. De textos). *História das mulheres no Brasil*. 9 ed. São Paulo: Contexto, 2007.

DAOU. Ana Maria. *A belle époque Amazônica*. Editora: Jorge Zahar, 2004. FALCI, Miridan Knox. "Mulheres do sertão nordestino". In: DEL PRIORE, Mary; BASSANEZI, Carla (coord. De textos). *História das mulheres no Brasil*. 9 ed. São Paulo: Contexto, 2007.

---

40  CHALHOUB, Sidney. *Trabalho, lar e botequim. O Cotidiano dos Trabalhadores na Belle Époque*. São Paulo: Editora Brasiliense S.A, 1986, p. 143.

MORGA, Antônio Emilio. *Nos Subúrbios dos Desejos: masculinidade e afetividade em Nossa Senhora do Desterro no século XIX*. Manaus: EDUA, 2009.

PEREIRA, Rodrigo da Cunha. *Concubinato e união estável: De acordo com o novo Código Civil*. 6. ed. rev. atual. e ampl. Rio de Janeiro: Del Rey, 2001.

PERROT, Michelle. "Maneiras de morar. História da Vida Privada", vol. 4. In: _____ (org.). *Da Revolução Francesa à Primeira Guerra*. Tradução: Denise Bottman, partes 1 e 2, Bernardo Joffily, partes 3 e 4. São Paulo: Companhia das letras, 1991.

REIS, Artur César Ferreira. *O Seringal e o Seringueiro*. 2. ed. Manaus: Editora da Universidade do Amazonas. Governo do Estado do Amazonas, 1977.

SILVA, Maria Beatriz Nizza da. *Sistema de Casamento no Brasil Colonial*. São Paulo: T. A. Queiroz: Edusp, 1984.

SOIHET, Rachel. "História das mulheres". In: CARDOSO, Ciro Flamarion; VAINFAS, Ronaldo (orgs.). *Domínios da História*. Rio de Janeiro: Campus, 1997.

WOLFF, Cristina Sheib. *Mulheres da Floresta. Uma história do Alto Juruá*. Acre. (1880-1945). São Paulo: Hucitec, 1999.

**PERIÓDICOS: INSTITUTO HISTÓRICO E GEOGRÁFICO DO AMAZONAS – IHGB/AM.**

*Jornal do Purus* 02-03-1905

*Jornal do Purus* 30-04-1893

*Jornal Senna Madureira* 21-01-1918

*Jornal do Purus* 13-05-1905

*Jornal do Purus* 02-03-1905

*Jornal do Purus* 02-03-1905

*Jornal Purus* 10-11-1915

*Jornal O Alto Purus* 20-01-1918

*Jornal do Purus* 04-06-1911

*Jornal Senna Madureira* 27-01-1913

*Jornal O Alto Purus* 10-02-1918

*Jornal O Alto Madeira* 27-05-1917

*Jornal do Purus* 21-05-1911.

**PROCESSOS E INQUÉRITOS – ARQUIVO DO FÓRUM ENOQUE REIS/MANAUS**

Processo de acordo civil – 27-08-1920

Processo de apelação civil – 14-01-1916

Processo para habilitação de casamento – 1920

Processo de habilitação de casamento 02-06-1894

Processo de acordo civil – 1920

Inquérito sobre a morte de Rosa Amácio de Almeida – 30-06-1909

# O cotidiano das mulheres nos seringais do Amazonas

## Entre amores, paixões, traições e luxúria

Antônio Emilio Morga

Considerado pela historiografia regional, como o lugar da virilidade, os seringais do Amazonas e sua imbricada formação constitui-se num campo fértil de investigação diante da intricada relações de convívio e de poder estabelecido no seu interior onde a imagem do coronel refletia a dinâmica social, econômica e cultural do seringal. Constituindo seus próprios códigos de resistências e permanências, os seringais e seus recantos nos revelam uma pluralidade de leituras sobre sua formação social-econômica-cultural. E entre estas leituras, a que revela os modos e modas das mulheres que moravam nos seringais e cercanias e que viviam com suas famílias das atividades econômicas proporcionadas pela exploração do látex.

> A vivência dessas mulheres nessas localidades trouxe de certa forma ares de urbanidade e de sociabilidade ao mesmo tempo em que trouxe a visibilidade feminina para os seringais, lugar, muitas vezes, descrito como inóspito e apresentado como território masculino.[1]

Território do inóspito, lugar da solidão, recanto dos sonhos, refúgio das futricas cotidianas, os seringais trazem a superfície um conjunto de cartografias e tipologias de diversas procedências que traçam um instigante itinerário de encontros e

---

1   LAGE, Mônica Maria Lopes. *Mulheres e Seringal: um olhar sobre as mulheres nos seringais do Amazonas- 1880-1920 (Mestrado em História).* Dissertação apresentada ao Programa de Pós-graduação em História da Universidade Federal do Amazonas. 2010, p.22.

desencontros das trilhas percorridas pelos seringalistas em busca da riqueza bruta que jorrava seu leite nas calhas das seringueiras.

Lugar de misticismo e lendas a floresta espessa, misteriosa e de barulhos indecifráveis permitia ao homem que habitava suas entranhas a suscitar na imaginária as reentrâncias do viver na mata marcada pelas intempéries da sua docilidade. Os longínquos recônditos da floresta permite ao seringalista reinventar a existência diante das contradições, medo, ansiedade, riqueza e ambiguidades que esse mesmo viver o presenteava.

FIGURA 1 – Seringal

Inóspita, quente, selvagem e sensual, a floresta e seus e odores instigava o instinto dos seringalistas que se embriagavam pelos seus cantos e encantos. A solidão aflorava, latejava e ardia o coração do homem da selva com intensidade pelos longos caminhos que rodeavam as seringueiras em intensos e imensos regozijos lúdicos. Nos seringais do Amazonas a mulher foi objeto de olhares indiscretos, gulosos e cobiçosos. Instigou desejos desenfreados, paixões avassaladoras, amores ilícitos e disputas de intensos combates. A solidão tornava os seringueiros desejosos de afeto e sexo. O desejo de uma mulher "feia, de qualquer cor, tamanho, idade, naturalidade, espécie moral, torturava o seringueiro".[2]

No Amazonas várias tentativas foram feitas para solucionar a escassez de mulher no seringal. E uma das atividades mais corriqueiras era de retirá-las à força dos bordéis de Manaus. Neste período a cidade de Manaus torna-se um grande polo fornecedor de mulheres para os seringais. Outra prática para solucionar a solidão

---

2   REIS, Artur César Ferreira. *O Seringal e o Seringueiro.* 2º. ed. Manaus: Editora da Universidade do Amazonas. Governo do Estado do Amazonas, 1977, p. 83.

do homem da floresta eram as mulheres trazidas pelos regatões que além de suprir o comércio nas cercanias do seringal intermediavam casamentos por encomenda, ou prostitutas que viajavam pela região dos seringais em busca de seringalistas ávidos de sexo. "E, ao que tudo indica a prática de encaminhar mulheres para os seringais tinha a aquiescência das autoridades públicas".[3] A historiografia regional indica que encaminhar mulheres de Manaus para os seringais era uma prática corriqueira e em muitas oportunidades tinha o apoio das autoridades.

> A polícia de Manaus, de ordem do governador do Estado, fez requisição nos hotéis e cabarés dali de umas cento e cinqüenta rameiras. Com tão estranha carga, encheu-se um navio cuja missão foi a de soltar, de distribuir as mulheres em Cruzeiro do Sul, no Alto Juruá. Houve destarte, um dia de festa e de maior pompa que se tinha visto.[4]

Na documentação perscrutada não encontramos vestígios de uma política de governo para amenizar a falta de mulheres nas regiões que tinham sua economia direcionada para extração e exploração da borracha. Contudo diante da inércia do governo em criar mecanismos que amenizasse os infortúnios afetivos dos homens que habitavam a floresta, a impressa, através de notas, artigos e editorial alertavam as autoridades constituídas sobre o perigo que corria a economia do Amazonas pela baixa presença feminina nos seringais.

Diante da escassez de mulheres, os jornais, através de suas páginas solicitavam ao governo do Amazonas o envio de mulheres solteiras, viúvas ou casais. Acreditava-se que estas medidas eram necessárias diante da crônica ausência de mulheres nas regiões onde se concentravam a maioria dos seringais. Entretanto, apesar da falta do sexo feminino, nas comarcas a presença delas era constante:

> O trânsito de mulheres nessas comarcas era intenso. Além das que residiam no local, via-se constantemente grupos de mulheres ou até mesmo mulheres sozinhas, levando pelas mãos o filho caçula a choramingar pedindo doces, transitando pelas ruas tortuosas das pequenas vilas ou comarcas. Também se encontravam nesse intenso burburinho àquelas que estavam de passagem

---

3    LAGE, *op. cit.*, p. 135.

4    WOLFF, Cristina Sheib. *Mulheres da Floresta. Uma história do Alto Juruá. Acre. (1880-1945).* São Paulo: Hucitec, 1999, p. 86.

pela região, visitando familiares, adquirindo os produtos das lojas, vendo as últimas novidades em tecidos e artigos de luxo, ou, simplesmente passeando.[5]

Em vigoroso estudo sobre a viver feminino nos seringais, Mônica Lage aponta que as mulheres oriundas da principesca burguesia amazonense, gozavam de certos privilégios. Destacavam-se não somente por sua formação social, econômica e cultural. Mas sobre tudo pela elegância no trajar e no uso de adornos. Nas lojas das comarcas abastecidas de produtos vindos principalmente de Paris, encontrava-se luvas, sedas, botas, chapéus, sombrinhas, água de cheiro, entre outros, que confortavam a alma e o coração da mulher diante da distância, do isolamento e da solidão em que viviam de outros centros urbanos. Aldrin Figueiredo ao se debruçar sobre iconografia que retrata o cotidiano das mulheres nos seringais assevera: "Na iconografia é comum vermos imagens de mulheres debruçadas nas janelas dos barracões, com olhares vagos para o terreiro, onde geralmente ficavam os homens em volta das grandes pélas[6] de borracha".[7] Mulheres de olhares sonhadores, distantes da labuta cotidiana e debruçadas nas soleiras das janelas, com os cabelos presos e elegantemente vestidas, transmitiam o poder dos coronéis da borracha.

Nesta perspectiva cabia a mulher de certa posição social se dedicar a acompanhar a moda vinda de Paris. Pois, para elas que habitavam na floresta, estar elegantemente vestida e em sintonia com o vestuário europeu representava sofisticação e bom gosto. Educadas para arte do casamento e da sedução, as mulheres viviam neste período do com a preocupação de agradar seus pretendentes e ser boas filhas, mães e esposas.

A cidade do século XIX é um espaço sexuado. Nela as mulheres, se inseriam como ornamentos, estritamente disciplinadas pela moda, que codifica suas aparências, roupas e atitudes, principalmente no caso das mulheres burguesas cujo lazer ostentatório tem como função mostrar a fortuna e a condição do marido. Atrizes no verdadeiro sentindo do termo, elas desfilam nos salões, no teatro ou no passeio público, [...].[8]

---

5    LAGE, *op. cit.*; p. 26.

6    Bola de borracha.

7    FIGUEREDO, Aldrin Moura de. "No tempo dos seringais". In: RODRIGUES, Marly; PAES, Maria Helena Simões (coords.). São Paulo: Atual, 1997, p. 13.

8    PERROT, Michelle. "Práticas da Memória Feminina". In: BRESCIANI, Maria Stella Martins (org.). *Revista Brasileira de História: A mulher no espaço público*. São Paulo: ANPUH\Marco Zero, n. 18, v. 9, ago./set. 1989, p. 10.

*O cotidiano das mulheres nos seringais do Amazonas*

Ávido pelo mundo cosmopolita, o mundo dos seringais quase sempre incorporava os ventos de civilidade e urbanidade que varriam a Europa. E na tentativa de suprir os desejos suscitados pelo mundo da borracha os comerciantes faziam de tudo para atender às necessidades das demandas de consumo requeridas pelos habitantes dos seringais. Em suas lojas, para sua clientela, expunham constantemente as novidades em tecidos e artigos de luxo que enchiam os olhos das mulheres. Nos periódicos locais anunciava-se sobre uma série de produtos para satisfazer o olhar feminino. "A casa Marie vende artigos finos para senhoras e senhoritas, interessantes creações cariocas. Madame Mansourt, modista. Aceita encommendas de enxovaes para baptizados, casamentos, etc. Rua Purus".[9]

E, no mês de maio de 1915, a mesma loja anuncia um grande sortimento de mercadorias chegadas de Paris a disposição de senhoras e senhoritas de fino trato. Anunciava tecidos de seda, luvas, sombrinha com cabo de marfim, chapéus de laços, perfumaria e botas de couro muito úteis para montaria e passeios dominicais. Propagava ainda o anúncio que lenços de seda, leques de tamanho adequado compunham o seu diversificado estoque de produtos europeus.[10]

Na casa João de Maria o "belo sexo" encontrava produtos Europeus da melhor qualidade:

> Comunicamos a nossa seleta clientela que se encontra a sua disposição artigos de primeira linha chegados recentemente de Paris. Perfumes, botas, sombrinhas, lenços de cor, vestidos de seda, camisas de algodão, anáguas, rendas, luvas e chapéus femininos de diversos formatos e cores.[11]

Na comarca de Lábrea, lugar de grande concentração de seringais, a Casa Catiana anuncia a sua clientela que

> Vestidos de sêda parisiense, vestidos brancos e de cores, espartilhos ultima moda, meias de sêda e fio de escossia, fitas de velludo e de sêda, rendas de crepú e de sêda ultima moda, sombrinhas de sêda, diversas côres, bolsas, bordados, ligas de galão de sêda, tafetá

---

9   Jornal *O Alto Purus* – IGHA – Instituto de Geográfia e História do Amazonas – 28-02-1915.

10  *Jornal O Alto Purus* – IGHA – Instituto de Geográfia e História do Amazonas – 15-05-1915.

11  *Jornal O Alto Purus* – IGHA – Instituto de Geográfia e História do Amazonas –22-03-1915.

de sêda, luvas de sêda e algodão, camisa, camisões e combinações, anagoas, matinées, saia de casemira.[12]

Francisco Barreira Nana, comerciante estabelecido na Rua Amazonas, comunica aos seus clientes que seu estabelecimento encontra-se repleto de finas mercadorias recém-chegadas do Rio de Janeiro e da Europa.

> [...], previne aos seus freguezes que acaba de receber optimo sortimento de calçados, chapéos, camisas para senhoras e homens; rêdes, brins especiaies, aqrreios para sellas, tinta e óleo, gasolina e muitos outros artigos.[13]

As mulheres que habitavam no entorno dos seringais compareciam nas reuniões sociais, políticas e culturais com luxo e requinte. Para isso, tinham a cumplicidade dos comerciantes, que não mediam esforços, e abasteciam suas lojas com produtos de bom gosto produzidos nos maiores centros da Europa. A *coquetterie* e o comedimento das sensibilidades permite ao sexo feminino a troca de simbologias que reinventavam e produziam um sentido para a vida cheia de contraditórios. "[...] a moda corresponde ao desejo de distinção social. A maior parte das leis suntuárias atestam a intenção, [...], de manter as distinções de classe sobre as quais a sociedade repousava".[14]

A moda e o vestuário desde o surgimento do mundo burguês vão ganhando autonomia e reafirmando conceitos. A distinção e comedimento dos gestos e das atitudes faziam parte do refinamento das sensibilidades. Neste sentido, a moda e o vestuário ganham lugar de destaques no conjunto de normas que reafirmam a condição social dos sujeitos. O vestuário e os ardonos femininos desde o século xv cada vez mais exibem a forma e modelam o corpo da mulher.

> [...] descobriu-se que as roupas poderiam ser usadas com um compromisso entre o exibicionismo e o seu recalque (a modéstia). Desde então, [...], a de devassar o corpo, fazendo com que o exibicionismo triunfe sobre o pudor, o instinto sexual, [...].[15]

---

12   *Jornal O Alto Purus* – IGHA – Instituto de Geográfia e História do Amazonas – 30-01-1915

13   *Jornal O Alto Purus* – IGHA – Instituto de Geográfia e História do Amazonas – 11-04-1915

14   SOUZA, Gilda de Mello. *O Espírito das Roupas: A Moda no século XIX*. São Paulo: Companhia das Letras, 1987, p. 47.

15   *Idem*, p. 93.

Então, as lojas das comarcas não mediam esforços para suprir suas prateleiras com mercadorias para satisfazer a vontade de consumo da próspera inebriante burguesia amazonense que tinha na extração da borracha os aliceceres da sua opulência econômica e política. Afinal, o mundo das aparências, solicitava o desenvolvimento de certa ingenuidade angelical, diante das representações de um mundo assoberbado pelas etiquetas que varriam salões, gabinetes oficiais, festas e adentrava porta adentro no seio familiar.

> Contudo, a partir dos séculos XIII e XIV, quando se desenvolviam o comércio e os bancos, imensas fortunas burguesas se constituíram: apareceu o grande novo-rico, de padrão de vida faustoso, que se veste como nobres, que se cobre de joias e de tecidos preciosos, que rivaliza em elegância com a nobreza de sangue, [...], mas também impor uma distinção do vestuário que devia lembrar a cada um seu lugar e seu estado na ordem hierarquia.[16]

Instigante por suscitar no seu leitor e leitora certa inquietude, foi a nota publicada no jornal "Alto Madeira", por criticar os modos e o vestuário feminino de algumas moiçolas casamenteiras e distintas senhoras que compareceram na domingueira na residência de um dos mais abastados seringalista com vestidos que, segundo o cronista, eram insinuantes em demasia, deixando transparecer a opulência dos fartos colos e formas anatômicas que se tornava incômodo aos olhares desprevenidos. Diz ainda que certas modas e modos mais se aproximam das moças alegres parisienses que de tempos em tempos sobem ou descem o rio para refrescar os mais baixos instintos carnais de pobres homens que passam a vida na lida da extração da borracha.[17]

Tempos depois, o mesmo jornal em suas páginas solicita as jovens núbias a prestarem atenção no vestuário que utilizam para ir às novenas em louvor a Nossa Senhora. Comenta o cronista que muitas moiçolas na ânsia de arrumarem um bom casamento exageram em adornos que acompanham os vestidos excessivamente decotados. E ao finalizar, lembra o jornalista que "a mulher cabe zelar pelos bons costumes e salvaguarda, sua honra e honestidade".[18] *O Jornal O Alto Purus*, em sua coluna de

---

16  LIPOVETSKY, Gilles. *O império do efêmero: a moda e seu destino nas sociedades modernas.* Tradução Maria Lúcia Machado. São Paulo: Companhia das Letras, 1989, p. 40.

17  *Jornal O Alto Madeira* – IGHA – Instituto de Geográfia e História do Amazonas – 20-01-1917.

18  *Jornal O Alto Madeira* – IGHA – Instituto de Geográfia e História do Amazonas – 20-01-1917.

Antônio Emilio Morga

curiosidade, chama atenção de uma jovem senhora toda faceira que entre sorrisos benevolentes ostentava o agrado que um conhecido comerciante acabara de presenteá-la na festa da padroeira. Diante da cena que considerou inusitada o jornalista faz a seguinte pergunta: "seria os mimos o motivo de muitas famílias caírem em desgraça?".[19]

A paixão das mulheres por objetos que as remeta ao jogo lúdico da lembrança de um momento vivido corresponde a "mil nadas". E estas lembranças muitas vezes pertencem à intimidade amorosa, lugar da imaginação e do contato. Portanto, "presentes recebidos por ocasião de um aniversário ou de uma festa, bibelôs trazidos de uma viagem ou de uma excursão": têm para a intimidade feminina uma correspondência de significações, "as mulheres têm paixão pelos portas-jóias, caixas e medalhões onde encerram seus tesouros: mechas de cabelo, jóias de família, miniaturas que, antes da fotografia, permitem aprisionar o rosto amado".[20]

São lembranças, apenas lembranças femininas. São fetiches da languidez amorosa, da alma e do coração palpitante. Lugar do conforto, da saudade, da embriaguez silenciosa do encantamento. As simbologias e os ardis que estes tesouros propiciam a mulher no abandono confortante do quarto de dormir e o lugar do encontro, do olhar demorado. É na penumbra da luz pálida e cálida do entardecer. "Tudo é guardado em cofres, ficando expostos só uns poucos objetos e bibelôs".[21]

No gracioso, fugaz e moderno século XIX as representações das afetividades e sociabilidades requeria domínio dos códigos de representações. As aparências confere certa distinção aos personagens e eram valorizadas nas reuniões sociais e familiares.

> A alta sociedade foi tomada pela febre das novidades, inflamou-se por todos os últimos achados, imitou alternadamente as modas em vigor na Itália, na Espanha, na França, houve um verdadeiro esnobismo por tudo o que é diferente e estrangeiro. [...]. A novidade tornou-se fonte de valor mundano, marca de excelência social; é preciso seguir "o que se faz" de novo e adotar as últimas mudanças do momento: o presente se impôs como o eixo temporal que rege uma face superficial, mas prestigiosa da vida das elites.[22]

---

19   *Jornal O Alto Purus* – IGHA – Instituto de Geográfia e História do Amazonas – 17-02-1915.

20   PERROT, *op. cit.*, p. 10.

21   DIBIE, Pascal. *O Quarto de Dormir: um estudo etnológico*. Tradução: Paulo Azevedo Neves da Silva. Rio de Janeiro: Globo, 1988, p. 84.

22   LIPOVETSKY, *op. cit.*, p. 33

Se o hábito de se vestir com eloquência colocava a distinção social, os adornos provocava a sensualidade. Os adornos do século XIX instiga a imaginária, "tem ligação com o prazer de ver" que os olhos cobiçosos desejavam revelar. A fantasia do leque em sussurros, das luvas transparentes a mostrar a suavidade das mãos, os odores das águas de cheiro, os lençóis a cobrir os ombros que teimosamente se insinuavam, os decotes generosos a mostrar colos que com suavidade e graça se mostravam na languidez da inocência se tornava em algumas oportunidades objetos de cobiça e desejos. "Os ornamentos excessivos, a face reluzente de carmim, a linguagem afectada, o pé ligeiro, os passos lânguidos, o andar mole, os olhos revirados só mostram vaidade e lubricidade".[23]

O uso de adornos pelas mulheres nas festas religiosas em muitas oportunidades foram motivos de intensas contradições. Não raro que em muitas dessas manifestações a violência eclodia. Nos rituais sacros, onde o mundo profano e sagrado duelava-se pela conquista de territórios, tornavam-se "pontos buliçosos de reunião, praças de congraçamento, palcos para a explosão da libido e até mesmo arenas de violência".[24]

FIGURA 2 – Passeio dominical no Seringal

---

23   BOLOGNE, Jean Claude. *História do pudor*. Tradução: Telma Costa. Rio de Janeiro: Elfos Ed.; Lisboa, Portugal: Teorema, 1990, p. 56.
24   DEL PRIORE, Mary. "Deus da licença ao diabo: A contravenção nas festas religiosas e igrejas paulistas no século XVIII". In: VAINFAS, Ronaldo (org.). *História da Sexualidade no Brasil*. Edições Graal, 1986, p. 89.

Foi por causa de um opulento colo que a festa em louvor a Nossa Senhora do Nazaré tornou-se palco de violência. Narra o jornalista que o entrevero aconteceu em virtude de um marido enciumado, diante das amabilidades dispensadas pela sua graciosa esposa e um galanteador da região. Insinua o nosso jornalista que a esposa do ofendido se encontrava vestida com um belo vestido de renda e com um decote generoso, deixando amostra os fartos colos opulentos.[25]

Não podemos inferir nenhum conceito de verdade sobre a nota pública no jornal. Entretanto podemos, em leituras subjacentes, ler nas entrelinhas que coevo jornalista sutilmente formula juízo ético sobre a vestimenta feminina. Pode-se dizer que somos instruídos a ler a condenação pública da mulher pelo cronista que, de modo incisivo, remete seu leitor a leitura que: se desavença ouve, essa desavença foi estimulada pela mulher. E o motivo, segundo seu olhar, foi o decote generoso que despertou a cobiça e olhares. Em nenhum momento o jornalista tenta compreender o que realmente significava naquele momento, os sussurros, amabilidades e trocas de olhares.

> No jogo de sedução que se estabeleceu não era importante quem seduziu ou quem era seduzido. Não havia vencedor ou vencido, mas duas pessoas que aprendiam a se conhecer. [...], uma longa abordagem amorosa que reclamava tempo, paciência e o prazer de uma sublime gradação feita também de espertezas e descaminhos para ficarem a sós.[26]

Nas páginas dos periódicos em notas, crônicas e editoriais, insinuações sobre o comportamento feminino e suas práticas de afetividade, de sociabilidade e de sexualidade era constantemente questionadas. Os agentes da moralidade e dos bons costumes diante do que consideravam comportamento inadequado utilizavam-se da imprensa não só para os questionamentos, bem como ditar os preceitos de *ser e estar* num mundo racionalizado pelos códigos de civilidade e urbanidade. Atentos, os baluartes dos bons costumes estavam vigilantes. "A mulher sem pudor é depravada" proclama Rosseau. E Rétif de La Bretonne diz: "Renunciaste ao pudor do teu sexo; já não és uma mulher, o Homem já nada tem a ver contigo".[27]

---

25  *Jornal O Purus* – IGHA – Instituto de Geográfia e História do Amazonas – 15-07-1917.

26  DEL PRIORE, Mary. *Condessa de Barral: a paixão do Imperador*. Rio de Janeiro: Objetiva, 2008, p. 147.

27  BOLOGNE, *op. cit.*; p. 11

Em 1897, o jurista Viveiro de Castro manifestava sua inquietude moral com a vida moderna que levava a mulher:

> [...], e hoje temos a mulher moderna, vivendo nas ruas, sabendo de tudo, discutindo audaciosamente as mais escabrosas questões, sem fundo moral, sem freio religioso, ávida unicamente de luxo e sensações, vaidosa e fútil, presa fácil e muita vez até espontaneamente oferecida à conquista do homem.[28]

Nos séculos XIX e início do XX, a honra norteava os códigos de conduta das famílias patriarcais da sociedade brasileira. Para os homens a honra era associada a vida pública, ao campo de batalhas, comércio e a masculinidade. Enquanto para a mulher a honra estava interligada a família, aos filhos, a pureza sexual e à fidelidade. Entretanto, homens e mulheres neste período corriam perigo pois a qualquer descuido, a desonra cobria ambos de vergonha e os excluía do mundo dos salões.[29]

Com o intuito de difundir a importância da família na formação social e moral da sociedade moderna, as correntes teóricas surgidas no século XIX apregoavam o confinamento da mulher na intimidade do lar. Com isto, tentavam evitar a desagregação familiar. Nesta perspectiva se insere o discurso higienista que associava o crescimento urbano à dissolução dos usos e costumes.

> O século XIX, em especial, reforçou muitas concepções negativas e estigmatizantes sobre a condição feminina, principalmente ao recorrer a métodos supostamente científicos para provar sua inferioridade física e mental em relação ao homem.[30]

O mundo privado, lugar da reclusão feminina, diante do olhar dos moralistas, era o lugar e o santuário da família. Caberia a mulher acalentar em seus seios e braços a vida familiar. No dizer dos discursos moralistas o recolhimento ao mundo familiar se tornava o lugar para mulher evitar a desonra de si e da família. "A reclusão da mulher era, portanto, a melhor garantia para a sua honestidade e boa forma,

---

28 RAGO, Margareth. *Os prazeres da noite: prostituição e códigos da sexualidade feminina em São Paulo, 1890-1930.* Rio de Janeiro: Paz e Terra, 1991, p. 144.

29 ALGRANT, Leila Mezan. *Honradas e devotas da colônia. Condição feminina nos conventos e recolhimentos no sudeste do Brasil, 1750-1822.* Rio de Janeiro. Jose Olimpio. Edunb, 1993, p. 112.

30 RAGO, *op. cit.*; p. 148.

como se a própria sociabilidade e a participação na vida da comunidade constituíssem outras tantas ocasiões de pecado".[31]

Contudo, não podemos esquecer que a moda espalhou-se por todos os seguimentos sociais. No século XIX, um conjunto de regras ditava as normas de urbanidade, sociabilidade e urbanidade. O mundo das representações e das aparências requeria dos sujeitos o comedimento das afetividades. Assim a moda empresta ao século XIX a sensação a democratização das atitudes e dos usos.

> [...] é no século XIX, quando a democracia acaba de anular os privilégios de sangue, que a moda se espalha por todas as camadas e a competição, ferindo-se a todos os momentos, na rua, no passeio, nas visitas, nas estações de água, acelera a variação dos estilos, que mudam em espaços de tempo cada vez mais breve.[32]

Poder-se-ia dizer que os manuais de boas maneiras difundidos no transcurso do século XIX proliferavam e se tornavam leituras obrigatórias para as mulheres. Tinham como objetivo orientar as mulheres diante dos jogos de sedução e amorosos.

> [...] ensinando as mulheres como se portar diante dos homens, como aceitar a corte, aconselhando que as relações "fossem estabelecidas com excessiva cautela", que as cabeças não se chegassem muito perto lendo o mesmo livro, que as moças "não aceitassem sem necessidade o auxílio para se cobrir com a capa, o xale, calçar as galochas" etc.[33]

A atenção dada à mulher nos periódicos objetivava impulsionar as clivagens das condutas. A imprensa tornou-se o grande aliado dos agentes do mundo cosmopolita. Cabia a ela difundir os preceitos da modernidade por meio de suas páginas crônicas, artigos, notas de advertências, anúncios e denúncias sobre as práticas de sociabilidade e urbanidade das mulheres.

Nessa perspectiva, os agentes da modernidade encontraram na imprensa um aliado para propagar os ideários do mundo burguês fundamentado na razão, no cien-

---

31 SILVA, Maria Beatriz Nizza da. *Sistema de casamento no Brasil colonial*. São Paulo: T. A. Queiroz: Edusp, 1984, p. 69.

32 SOUZA, *op. cit.*, p. 21.

33 *Idem*, p. 92.

tificismo e na civilidade, e ao circularem suas prescrições sobre o mundo urbano, a sociabilidade, a afetividade, a sexualidade, o pudor, a distinção, o comedimento, a economia dos gestos e das atitudes os amantes da modernidade – os ávidos por mudanças, impulsionados pelos dizeres – espalhavam sobre a tessitura do corpo social referências sobre o viver cotidiano. Nada passava despercebido ao olhar que operacionalizava e administrava as transformações urbanas e de sociabilidade. Os discursos que afloravam nas páginas dos jornais no decorrer do século XIX orientavam a construção da sociedade civilizada e higienizada: "[...] a sensibilidade profunda de um ser não se desvela senão em raros momentos, que é necessário saber apreender, observando-se incessantemente os outros e a si mesmo".[34]

Entretanto, nas entranhas da mata, apesar da riqueza que jorrava das frondosas seringueiras que teimosamente encobria o céu, a população vivia em estrema pobreza e em muitos casos não tinham o que vestir. "No baixo rio pude aquilatar do gráo de miséria dos habitantes penetrando em barracas onde muitas pessoas não apareciam, envergonhadas do seu estado de nudez". Constata ainda o inspetor de saúde pública que as mulheres dessas paragens utilizavam tecidos de estopas e juta para cobrir e proteger seu corpo de olhares indiscretos. "Muitas mocas pobres usam saias de estopa, e as que não possuem este vestuário ridículo e atestador da miséria, cingem parte do corpo com o próprio cobertor que lhes serve durante o sono".[35]

Talvez o coevo inspetor, influenciado pelos fetiches do mundo burguês que, por sua vez, ditava as tendências do viver cotidiano onde a representação e aparência das formalidades da nova urbanidade instaurada requeria "a necessidade de estar bem trajado diante não somente das conveniências sociais, mas, sobretudo, diante das formalidades de um mundo público, requeria certos cuidados".[36]

Esses cuidados com as aparências e representações requeriam o exercício constante diante de um mundo de mutações também constantes, onde as formas de desejos e encantos se davam em uma pluralidade de simbologias impregnadas de sentidos.

---

34 VICENTE-BUFFAULT, Anne. *História das Lágrimas: séculos XVIII e XIX*. Tradução: Luiz Marques e Martha Gambini. Rio de Janeiro: Paz e Terra, 1988, p. 167.

35 Dois anos de saneamento/AM, 1924, p. 12.

36 MORGA, Antônio Emilio. *Nos subúrbios do desejo. Masculinidade e sociabilidade em Nossa Senhora do Desterro no século XIX*. Manaus: Editora da Universidade Federal do Amazonas, 2009. p. 231.

> Simular o exercício das mutações excessivamente tediosas pelas ambigüidades corriqueiras de um cotidiano carregado de representações simbólicas de certa castidade homilias se colocava para os modernos como aprendizado constante de um mundo cintilante de encantos, sonhos e desejos.[37]

Poder-se-ia dizer que no século XIX e primeira metade do século XX o vestuário e a moda requerem e emprestam distinção social, sensualidade e exageros e exibem transformações econômicas. A intimidade corporal da sociedade das aparências e das representações desfilam sutilezas e provocam sussurros.

> Um dos princípios da moda parece ser o de que, uma vez aceito um exagero, ele se torna cada vez maior. Assim, no final da década, as saias armadas pelas crinolinas eram verdadeiramente prodigiosas, ao ponto de tornar impossível que duas mulheres entrassem juntas em uma sala ou sentassem no mesmo sofá, pois os babados dos vestidos ocupavam todo o espaço. A mulher era um navio majestoso navegando orgulhosamente na frente, enquanto um pequeno escaler – seu acompanhante masculino – navega atrás.[38]

FIGURA 3 – Festa de aniversário no seringal

---

37   Idem, p. 231.
38   LAVER, James. *A roupa e a moda: uma história concisa*. Tradutção de Glória Maria de Mello Carvalho. São Paulo. Companhia das Letras, 1989, p. 178-9.

Entretanto não só de moda e joias viviam as mulheres dos seringais e entorno. Fruticas amorosas corriam soltas. Amores não correspondidos, amores distantes, amores que se ausentavam e galanteadores de plantão constituíam também o universo dos seringais. Nas páginas dos periódicos da região proliferavam histórias de traições, amores fugazes, paixões avassaladoras e crimes passionais.

Os amores ilícitos aconteciam e corriam muitas vezes nas festas da padroeira. No entorno dos seringais, nos dias que ocorria intensa movimentação propagava-se a festa de boca em boca. Próximo do armazém, ao redor de uma carne de caça sobre brasa e goles de cachaça a festa instigava o homem da floresta. Era oportunidade de ver as mulheres que desembaraçadamente transitavam elegantemente pelo interior da igreja e da quermesse. Com o coração tomado pelas possibilidades amorosas, os seringalistas viviam com antecedência os dias de festejos a suscitar no cotidiano, que antecedia a festa, a expectativa de dias melhores afetivamente.

Tempo de tomar banho. Vestir a melhor calça. Remendar a meia gasta pelos anos. De usar o velho paletó surrado. De lavar camisa amarelada guardada no fundo do baú para serem usadas em dias de festas, limpar o chapéu amarrotado pela labuta diária e ilustrar a bota de couro cru.

Então, brigas motivadas pelo ciúme e até mesmo por assassinato eram corriqueiras no interior dos seringais do Amazonas. Desavenças causadas pelo ciúme eram comuns e faziam parte da vida no seringal. E foi por causa do ciúme que, na comarca de Sena Madureira, no alto Purus, no Amazonas, um seringueiro acometido de ciúmes durante um baile, lançou-se contra um dos seus ajudantes por suspeitar que ele andasse de namoro com sua jovem esposa, pois, segundo o cronista do jornal, a moça possuía uma longa e bela cabeleira negra e era conhecida por ser espevitada e, segundo consta, se regalou a noite toda nos braços do jovem mancebo dançando e dando risadinhas. Neste entrevero, os conflituosos foram apaziguados e nada de mais grave ocorreu. Entretanto, na tarde de quinta-feira, o marido enciumado, depois da desavença, espera na beira do barranco aquele que desfrutava dos encantos da sua esposa, desferindo golpes certeiros que levaram a morte o Dom Juan dos seringais.[39] O mesmo jornal, no mês de outubro, publica desavença amorosa ocorrida na festa da padroeira. Conta o jornalista que um grupo de seringueiros e regatões se encontravam na taberna do senhor Altamiro, sentados em uma mesa de carteado, quando um deles começou a gritar de forma violenta com outro

---

39  *Jornal O Purus* – IGHA – Instituto de Geográfia e História do Amazonas – 25-09-1894

seringueiro desferindo contra o rival punhaladas no peito. Apesar da gravidade dos ferimentos, a vítima se recupera na casa de um tio. A desavença deu-se por questão de ciúmes. O dito João, casado com uma mulher mais nova e vaidosa, já a encontrara, em outra oportunidade, nos braços do rival. Avisados pelo marido ultrajado, não deram importância ao fato e continuaram com a prática do adultério que acabou em violência na noite da santa.[40]

E foi na comemoração de São João, que o jovem Sebastião se apaixonou pela esposa de um abastado comerciante da localidade de Sena Pereira. Segundo o jornalista "Dona Catarina se destacava na sociedade pela elegância, educação e ser boa esposa e avó carinhosa". Sebastião tinha o ímpeto de aventura, veio trabalhar na extração da borracha em busca de prosperidade como narra sua mãe ao delegado de polícia. Logo se tornou íntimo da família, próximo do comerciante, auxiliando este em alguns serviços. Sebastião e Dona Catarina constantemente eram visto juntos na missa, festas religiosas e sociais, pois seu Felizardo tinha a saúde debilitada pelos anos de labuta. Conta ainda o coevo jornalista que foi informado por um amigo do senhor Felizardo ao acordar no meio da noite e escutando risadas foi verificar de onde vinham os gracejos e ao chegar à sala encontrou sua esposa e o jovem mancebo nus, e visivelmente embriagados. E que não resistindo à tamanha dor e vergonha disparou sua arma de fogo sobre a adúltera e seu amante. E ao finalizar, o jornalista pergunta o que um homem honrado poderia fazer ao ver seu lar desonrado?[41]

> Se a desonra chegasse a ocorrer, especialmente na forma de adultério, só restava ao homem "lavar a honra com sangue", o que era também reconhecido pela justiça como "legitima defesa da honra" ou como ação cometida em momento de "privação dos sentidos e da inteligência".[42]

Nos discursos produzidos no século XIX a honra da família passava pela força moral e honestidade sexual da mulher. Sem eles, dizia os discursos produzidos, a família se corrói e a sociedade torna-se um caos moral. Cabia a mulher ser o norte da sociedade moderna.

---

40  *Jornal O Purus* – IGHA – Instituto de Geográfia e História do Amazonas – 06-10-1894.

41  *Jornal O Purus* – IGHA – Instituto de Geográfia e História do Amazonas – 05-03-1894.

42  WOLFF, *op. cit.*, p. 219.

> A honra sexual era a base da família, e esta a base da nação, Sem a força moralizadora da honestidade sexual das mulheres, a modernização, termo que assumia diferentes significados para diferentes pessoas, causaria a dissolução da amília, um aumento brutal da criminalidade e o caos social.[43]

Diante das tentações carnais, de tédio, solidão, abandonos conjugais e vinganças pessoais, o padre moralista Manuel Bernadetes, século XVII, em nove regras ensina como as mulheres casadas devem proceder para evitar cair em adultério.

> Seja muito amiga da honra, e bom nome, pois este vale mais que muitas riquezas. [...]. Leiam e meditem exemplos de matronas castas, que antes escolheram perder a vida, que violar a fé conjugal. [...]. Nas ausências do marido convém observar mais recato, e reconhecimento.[44]

A visibilidade feminina testemunhada pelos periódicos nos seringais do Amazonas nos leva a uma mulher sedutora. Contudo, devemos ficar atentos para a construção da mulher neste período, pois uma das características mais marcantes destes séculos foi a veiculação de uma série de manuais de diversas procedências, orientando as práticas de sociabilidade. Neste sentido, proliferavam os livros de boas maneiras com o intuito de conciliar a arte da sedução com as regras de etiqueta, que tinham como objetivo ensinar uma série de técnicas para orientar os contatos entre os sexos.

Para os moralistas, as mulheres deveriam tomar todo cuidado com as suas formas de sociabilidade, pois ao se encontrarem expostas, "as mulheres perigam em serem vistas, ou em se darem muito a ver", portanto, a mulher deveria se precaver, isto é, deveria optar por uma vida restrita ao mundo social privado. Agindo assim, a mulher estaria "salvando" sua honra, pois, "a sua melhor fama é não ter fama".[45] O discurso moralista da época construía discursos referentes às virtudes necessárias na mulher que se pretendia tomar como esposa. No século XVIII, Francisco

---

43 CAULFIELD, Sueann. *Em defesa da honra. Moralidade, modernidade e nação no Rio de Janeiro (1918-1940)*. Campinas: Editora da Unicamp/Centro de pesquisa em historia social da cultura, 2000, p. 26.

44 SILVA, *op. cit.*, p. 192.

45 SILVA, *op. cit.*, p. 71.

Joaquim de Souza Nunes, escrevia: "[...] seja pois a mulher que se procura para esposa formosa ou feia, nobre ou mecânica, rica ou pobre; porém, não deixe de ser virtuosa, honesta, honrada e discreta.[46] A vida privada era o espaço recomendado para a mulher. A reclusão era, portanto, apresentada pelos moralistas, como um meio para evitar a desonra.

> [...] a fim de evitar às mulheres a tentação do adultério, poucas visitas e estas sempre diante de outras pessoas; também poucas saídas, pois a própria freqüência das igrejas poderia tornar-se perigosa. A reclusão da mulher era, portanto, a melhor garantia para a sua honestidade e boa fama, como se a própria sociabilidade e a participação na vida da comunidade constituíssem outras tantas ocasiões de pecado.[47]

Para Maria Beatriz, a noção de "honra" em Souza Nunes encontra-se associada à noção da "fama", entendida aqui como opinião pública. Não podemos esquecer que Nunes é um homem inserido na cultura do Antigo Regime, onde fama, reputação e honra pertenciam ao domínio do espaço público e tinham como estratégia regulamentar as práticas de sociabilidade. A opinião pública problematizava a moral e a ordem, em uma época em que as emoções e a intimidade do sujeito eram objetos a serem administrados pela religião cristã e pela psicologia que veiculavam que os homens vivem também das suas intenções. Também neste período, acreditava-se que a mulher não deveria saber ler e nem escrever. Permanecendo nas "trevas", evitaria se envolver nos jogos sedutores que poderiam causar uma série de transtornos para a mulher, como observa Suzanne Comte. "Assim não se poderá comunicar-lhe galanteios que se hesitaria dizer em sua presença; sem contar que o Diabo é tão maligno que inspiraria talvez às mais sensatas o desejo de responder".[48] Para a mulher do Brasil patriarcal a honra simbolizava o culto ao recato e obediência ao pai, irmão, filho e marido. Segundo Samara, o adultério ou a quebra da fidelidade matrimonial era considerada uma falta grave para ambos os sexos. O Código Filipino se

---

46   *Apud* MORGA, Antonio Emilio. *Nos subúrbios do desejo. Masculinidade e sociabilidade em Nossa Senhora do Desterro no século XIX*. Manaus: Editora da Universidade Federal do Amazonas, 2009, p. 70.

47   SILVA, *op. cit.*; p. 197

48   DIBIE, *op. cit.*, p. 77.

*O cotidiano das mulheres nos seringais do Amazonas*

caracterizava pela brandura na punição do homem adúltero. Já o antigo direito português punia com pena de morte o adultério, tanto a mulher casada como seu cúmplice. Diz ainda Samara que o código criminal brasileiro de 1830, manteve a mesma distinção em relação aos sexos.[49]

Ao analisar a visibilidade e a condição feminina no Amazonas com outras regiões do Brasil Heloiza Lara constata:

> A Amazônia foi uma região tida como inóspita, isolada do contexto nacional, ou até mesmo mágica, na visão da época, foi uma região que sofreu uma forte influência da cultura indígena, e que estes fatores deixaram marcas culturais diferentes na região.[50]

Comenta ainda que

> Na região Amazônica há pesquisas sobre o relato de mulheres, contida em diários do século XIX, indicando a participação significativa de esposas de seringalistas ou de políticos locais, que exerceram trabalho de apoio político para seus maridos, filhos ou irmãos, ajudando-os a se elegerem quer como intendentes, deputados, senadores e mesmo governadores. [...].[51]

Ainda assevera a autora que cabia a mulheres organizarem determinadas atividades que impulsionasse a careira do marido.

> Elas se encarregavam de preparar os grandes almoços, para os políticos que vinham de fora, fazer sua campanha na comunidade e colaborar no apoio logístico para os eleitores no dia das eleições. Em troca o que recebiam? Às vezes a nomeação do marido para um cargo importante na burocracia, ou a garantia de manutenção no cargo quando ele já era um funcionário público o emprego para parentes ou para ela mesma.[52]

---

49 SAMARA, Eni de Mesquita. A Família Brasileira. São Paulo, Ed. Brasiliense, 1º. ed. 1983, p. 120.

50 COSTA, Heloísa Lara Campos da. *As Mulheres e o Poder na Amazônia*. Manaus: EDUA, 2005, p. 42.

51 *Idem*, p. 73.

52 *Ibidem*, p. 73.

Poder-se-ia dizer que fundo qualquer que fossem as recomendações e o enclausuramento das mulheres, o que importava para o homem era que elas não abandonassem o espaço doméstico, que não fizessem como Tristão e Isolda, que "loucos de amor, lançam-se no espaço da sem-razão, num país estrangeiro".[53]

Esses manuais repletos de discursos morais propagados nos séculos XIX e XX ensinavam as mulheres como ser uma boa esposa. Marina Maluf e Maria Lúcia Motta, ao pesquisarem sobre a formação da família brasileira e os papéis femininos na sociedade patriarcal brasileira nos apresentam o que se entendia sobre o que era ser mãe, esposa, mulher e filha:

> [...] boa esposa é aquela que sabe perfeitamente quais os gostos do marido, seus pratos preferidos e a maneira pela qual os quer arranjados, [...] sabe o lugar onde ele gosta de sentar, a cadeira escolhida, o descanso para por os pés, [...]. Quando o marido lê não interrompe, nem deixa perturbá-lo sem motivo. Mas se ele lhes fala o que a leitura sugere, mostra-se interessada, ou procura se interessar pelo assunto porque em tudo quer ser agradável ao marido e isso agrada-lhe sem duvida.[54]

Mesmo vivendo na floresta, as mulheres que viviam nos seringais estavam sujeitas ao exercício continuo das clivagens de condutas colocada pela núbia burguesia amazonense.

O mundo das etiquetas, da sociabilidade e da afetividade e do comedimento das atitudes e gestos chega ao múltiplo mundo dos seringais através de um diversificado conjunto de dizeres e fazeres, que tinham como propósito disciplinar as práticas de sociabilidade e afetividade das mulheres que constituíram, a partir do território identificado como masculino, a sua existência de encontros, permanência, desistência e desencontros. E foi a partir de sua visibilidade e de suas atitudes que a historiografia e a imprensa registraram sua desenvoltura num território inóspito para sua existência.

Como podemos observar, as mulheres se fizeram presentes na vida cotidiana dos seringais do Amazonas. Retratadas num conjunto de imagens diversificadas as mulheres que habitavam os seringais e suas cercanias se fizeram presentes numa

---

53  DIBIE, *op. cit.*; p. 77.

54  MALUF, Maria e MOTT, Maria Lucia. "Recônditos do mundo feminino". In: NOVAIS, Fernando A. (org.). *História da Vida Privada no Brasil 3. República: da Belle époque à era do rádio*. São Paulo: Cia das Letras, 1998, p. 389.

pluralidades de atos e atitudes. As mulheres dos seringais ora vêm a superfície como Virgem Maria, ora como Maria Madalena, trazendo com sua visibilidade as suas histórias de vida na solidão da floresta.

Como podemos inferir um aval de verdade para documentação perscrutada sobre os modos e modas das mulheres que escolheram a floresta como sua morada sem ocorrer na falha involuntária de não perceber leituras subjacentes ao seu viver cotidiano. São mulheres que por sua bravura e obstinação construíram com suas mãos o mundo dos seringais em uma pluralidade de acontecimentos.

## REFERÊNCIAS BIBLIOGRÁFICAS

### BIBLIOGRAFIA

ALGRANT, Leila Mezan. *Honradas e devotas da colônia. Condição feminina nos conventos e recolhimentos no sudeste do Brasil, 1750-1822.* Rio de Janeiro. Jose Olimpio. Edunb, 1993.

BOLOGNE, Jean Claude. *História do pudor.* Tradução: Telma Costa. Rio de Janeiro: Elfos Ed.; Lisboa, Portugal: Teorema, 1990.

CAULFIELD, Sueann. *Em defesa da honra. Moralidade, modernidade e nação no Rio de Janeiro (1918-1940).*Campinas: Editora da Unicamp/Centro de pesquisa em historia social da cultura, 2000.

COSTA, Heloísa Lara Campos da. *As Mulheres e o Poder na Amazônia.* Manaus: EDUA, 2005.

DEL PRIORE, Mary. "Deus da licença ao diabo: A contravenção nas festas religiosas e igrejas paulistas no século XVIII". In: VAINFAS, Ronaldo (org.). *História da Sexualidade no Brasil.* Edições Graal, 1986.

DEL PRIORE, Mary. *Condessa de Barral: a paixão do Imperador.* Rio de Janeiro: Objetiva, 2008.

DIBIE, Pascal. *O Quarto de Dormir: um estudo etnológico.* Tradução: Paulo Azevedo Neves da Silva. Rio de Janeiro: Globo, 1988.

FIGUEIREDO, Aldrin Moura de. "No tempo dos seringais". In: RODRIGUES, Marly; PAES Maria Helena Simões (coords.). São Paulo: Atual, 1997.

LAGE, Mônica Maria Lopes. *Mulheres e Seringal: um olhar sobre as mulheres nos seringais do Amazonas (1880-1920).* Dissertação (mestrado em História Social). Manaus: Setor de Ciências Humanas, Universidade Federal do Amazonas, 2010.

LAVER, James. *A roupa e a moda: uma história concisa.* São Paulo. Companhia das Letras, 1989.

LIPOVETSKY, Gilles. *O império do efêmero: a moda e seu destino nas sociedades modernas.* Tradução: Maria Lúcia Machado. São Paulo: Companhia das Letras, 1989.

MALUF, Maria e MOTT, Maria Lucia. "Recônditos do mundo feminino". In: NOVAIS, Fernando A. (org.). *História da Vida Privada no Brasil 3. República: da Belle époque à era do rádio.* São Paulo: Cia das Letras, 1998.

MORGA, Antônio Emilio. *Nos subúrbios do desejo. Masculinidade e sociabilidade em Nossa Senhora do Desterro no século XIX.* Manaus: Editora da Universidade Federal do Amazonas, 2009.

PERROT, Michelle. "Práticas da Memória Feminina". In: BRESCIANI, Maria Stella Martins (org.). *Revista Brasileira de História: A mulher no espaço público.* São Paulo: ANPUH\Marco Zero, n. 18, v. 9, ago./set. 1989.

RAGO, Margareth. *Os prazeres da noite: prostituição e códigos da sexualidade feminina em São Paulo, 1890-1930.* Rio de Janeiro: Paz e Terra, 1991.

REIS, Artur César Ferreira. *O Seringal e o Seringueiro.* 2. ed. Manaus: Editora da Universidade do Amazonas. Governo do Estado do Amazonas, 1977.

SAMARA, Eni de Mesquita. *A Família Brasileira.* São Paulo: Ed. Brasiliense, 1. ed. 1983.

SILVA, Maria Beatriz Nizza da. *Sistema de casamento no Brasil colonial.* São Paulo: T. A. Queiroz: Edusp, 1984.

SOUZA, Gilda de Mello. *O Espírito das Roupas: A Moda no século XIX.* São Paulo: Companhia das Letras, 1987.

VICENT-BUFFAULT, Anne. *História das Lágrimas: séculos XVIII e XIX.* Tradução: Luiz Marques e Martha Gambini. Rio de Janeiro: Paz e Terra, 1988.

WOLFF, Cristina Sheib. *Mulheres da Floresta. Uma história do Alto Juruá. Acre. (1880-1945).* São Paulo: Hucitec, 1999.

**PERIÓDICOS – ARQUIVO DO IHGB/AM**

*Jornal O Alto Purus* – IGHA – Instituto de Geográfia e História do Amazonas – 1913-1914-1915.

*Jornal do Purus* – IGHA – Instituto de Geográfia e História do Amazonas – 1894-1893.

*Jornal Senna Madureira* – IGHA – Instituto de Geográfia e História do Amazonas – 1915-1916-1930.

**RELATÓRIO DE SAÚDE – ARQUIVO DO IHGB/AM**

Relatório Dois anos de saneamento no Amazonas. Depto. De Saneamento e profilaxia do Amazonas, 1924, p 12. Produzido pelo Dr. Belizário Pena. (diretor)

# Mulheres nos seringais do Acre

## Da lida à participação política

Tissiano da Silveira

A participação de mulheres no movimento seringueiro acriano durante as décadas de 1970 e 1980 – período de intensos conflitos entre trabalhadores rurais (seringueiros e posseiros) e fazendeiros – é posta aqui como pano de fundo para pensarmos as relações de gênero nas organizações sociais da região. Através de relatos orais de mulheres que nasceram ou migraram para os seringais com suas famílias, percebemos as trajetórias e modos de vida que descrevem a atuação feminina nas mobilizações e na construção da identidade seringueira, atuação invisibilizada pela empresa seringalista devido à representação masculina, e solitária, do trabalho seringueiro. Reforçada pelos primeiros textos sobre a região e pela historiografia produzida até a década de 1970, que não enxerga a tessitura da sociedade extrativista, onde as mulheres não teriam atuações tão fixadas como se descreveu.

Pretendemos discutir o lugar das mulheres no movimento seringueiro, problematizando os discursos masculinizados, onde não há espaço para o protagonismo feminino, à luz da história oral. Utilizando entrevistas de pessoas que vivem ou viveram nos seringais acrianos no período mais intenso dos conflitos nestas áreas, por causa da expansão da pecuária, ou seja, o movimento de substituição da floresta por pastagens nas décadas de 1970 e 1980.

Neste momento, a mobilização das famílias de seringueiros e posseiros através dos *Empates* foi muito importante para consolidar a estratégia de barrar a desocupação de antigos seringais, vendidos para fazendeiros do Sul e Sudeste (na sua maioria). A lógica do Empate era simples, formar uma barreira humana entre as motosserras e a floresta, reafirmando através de seus corpos um discurso da importância de manter o seu modo de vida extrativista, dando assim notoriedade para uma categoria até então invisível no cenário político nacional.

Para entender este contexto é necessário fazer uma digressão aos anos de 1920 e 1940. Nestes, os seringais não eram rentáveis como nas décadas anteriores, onde chegaram a ser um dos principais produtores para exportação do Brasil, em fins do século xix. Com a queda na venda da borracha, as casas aviadoras, que neste período os gerenciavam, não conseguiam importar os produtos que sustentavam o complexo seringalista baseado no aviamento (a troca de gêneros de primeira necessidade pela borracha coletada), assim as relações com os trabalhadores sofreram modificações que seriam fundamentais para a construção de uma sociedade na floresta que lutaria por seu modo de vida.

O seringueiro tem seu espaço, de certa maneira, determinado pelas estradas de seringa (um conjunto de seringueiras de responsabilidade de cada trabalhador) e distante de seu vizinho por até dias de caminhada, mesmo assim, ele nunca esteve em completo isolamento, porque além da rede comercial da qual fazia parte, as famílias se tornaram numerosas, fruto de relações de parentesco que se ampliam com casamentos, por compadrio e por agregados. As famílias se mantiveram nos seringais, resistindo aos momentos de baixos preços do látex extraído da hévea, pois conseguiram ter outras atividades, diversificando seus roçados e coletando o que a floresta lhes dava, colhendo a castanha, explorando a madeira e de certo modo continuando a extração da borracha, ainda que em escala pouco significativa para o mercado.

Muitos igarapés[1] e rios das Bacias dos Rios Acre e Juruá mantiveram extrativistas em suas áreas nos momentos em que diminuía a procura pela borracha, pessoas ficaram na região construindo um espaço vital para eles e para sua cultura. Muitos patrões (seringalistas) abandonaram a produção nos seringais depois de 1945, por causa do baixo preço da borracha, os seringueiros que ficaram e suas colocações passaram a ter uma relação de propriedade com a terra, desenvolvendo uma territorialidade seringueira.[2]

Se fizermos uma leitura a contrapelo dos textos escritos no início do século xx sobre a região e sobre o seringueiro, podemos extrair mais significados do que os

---

1     Braços estreitos de rios, geralmente ocorrem no interior da mata.

2     GONÇALVES, Carlos Walter Porto. *Geografando nos Varadouros do Mundo: da territorialidade seringalista (o seringal) à territorialidade seringueira (a Reserva Extrativista)*. Brasília: Ibama, 2003, p. 369.

autores queriam dar à sua narrativa e ao seu objeto. Algo que escapa ao seu controle, percebendo os arranjos e uso de termos que, por exemplo, nos ajudam a pensar como e para quê, foram construídas, as representações do seringueiro e do seringal. Assim, como propõe Chartier,[3] podemos estabelecer um sentido entre o relato e o objeto deste relato, fazer uma relação entre o discurso proferido e posição de quem os utiliza.

Algumas questões devem ser alvo de atenção num trabalho com fontes orais, quando utilizamos a memória para constituir nossas fontes históricas, pois vamos nos colocar no meio de uma série de disputas pela constituição de uma "memória oficial", ás vezes representadas pelo trabalho escrito e publicado.

As falas concedidas a pesquisadores e pesquisadoras, que foram utilizadas neste trabalho, estão separadas por distâncias físicas e temporais dos lugares em que tinham que ser silenciadas, possibilitando reconstruir a história a partir de sujeitos invisibilizados. A memória dolorosa ou tida como vergonhosa tem que ser tratada com cuidado, principalmente quando esta é recente, mas o tempo costuma abrandar a relação das pessoas com o passado.

Ao apontarmos para as memórias e construção de discursos, para além de uma necessidade gerada pelo conflito, num momento que foi necessária uma organização dos seringueiros e posseiros para que não fossem expulsos das terras que ocupavam, devemos atentar para os usos políticos desta memória, que podem ser facilmente identificados através dos lugares da memória, pensando aqui no que Pierre Nora fala sobre a tentativa de fixar uma ideia através das medalhas comemorativas, dos prêmios e praças em que se inscreve um passado idealizado em nosso presente.

Diferente da história, na memória não há linhas demarcadas e sim pontos de ancoragem que ligam os eventos, dando uma ilusão de continuidade. Pensamos que no caso dos seringueiros, a violência ocorrida na relação com os patrões, principalmente no início da empresa seringalista, mescla-se em seus discursos com a atitude violenta dos capangas que os expulsavam das terras na década de 1970 e 1980. Portanto, mesmo que em alguns momentos das entrevistas eles estejam falando de patrões violentos, pode ser que estejam se referindo a violência recente – o embate com os fazendeiros –, pois apesar da notória falta de precisão nos cálculos das dívidas dos trabalhadores com os barracões e nas pesagens das pélas[4] de borracha,

---

3   CHARTIER, Roger. Textos, impressos, leituras. In: *A História Cultural: entre práticas e representações*. Tradução de Maria Manuela Galhardo. Rio de Janeiro: Bertrand Brasil, 1990, p. 136.

4   Depois do látex defumado, este era transformado em bolas duras chamadas pélas.

muitos seringalistas mantinham uma convivência próxima a seus empregados no espaço do seringal.

Havia por exemplo, nas sedes dos seringais, festas e comemorações compartilhadas por patrões e empregados, como também havia outra situação que se opõe à fixidez dos papéis, alguns donos de seringais após a década de 1940 eram ex-seringueiros que conseguiam comprar ou arrendar as terras e viviam muito mais de pequenas produções agrícolas do que da borracha. Além disto, nesta época não havia mais colocação que não tivesse uma criação de animais de pequeno porte ou que não cultivasse uma roça. Diferente do início do século, quando os contratos leoninos impediam qualquer criação ou plantação para não haver outro trabalho que não fosse o da coleta do látex, neste período a violência contra os seringueiros era muito grande. Não tenho dúvidas que na segunda metade do século XIX a lei do seringal era sem dúvida o seringalista e a bala.

Ao abordar a constituição da ideia de uma categoria "seringueiro" devemos pensar nestas pessoas a partir de uma perspectiva histórica, os diferentes momentos entre as relações comerciais e as sociabilidades nos seringais são indícios da complexidade desta "identidade", ainda mais se pensarmos que as mulheres não estão incluídas nesta atuação, pelo menos, nas representações encontradas abundantes na literatura da região, principalmente antes dos estudos que se iniciam na década de 1970 e que tentam dar outros sentidos ao seringal e as pessoas que ali vivem.

Estou pensando numa perspectiva do seringal como espaço e não somente como paisagem fixada, um palco onde se desenrola a vida destes trabalhadores, tenho que fazer esta distinção porque a partir da interação do homem neste ambiente, a floresta se torna um tema central da cultura do seringueiro, e se o espaço se modificou, o homem também se transformou ao viver na floresta. Segundo Mílton Santos,[5] a rigor, a paisagem é aquilo que se enxerga no horizonte, uma configuração geográfica, enquanto o espaço é valorado de acordo com a função que cada sociedade dá a ele, portanto, o espaço interage com a sociedade em movimento.

Desde o início da empresa gomífera os trabalhadores tinham uma condição *sui generis*, principalmente relativo a sua autonomia, algo que vai se tornar cada vez mais patente durante a trajetória dos seringais, chegando ao ponto que a territorialidade seringalista cede espaço para a territorialidade seringueira. Devemos

---

5    SANTOS, Milton. *A Natureza do Espaço: Técnica e Tempo, Razão e Emoção.* São Paulo: Edusp, 2006, p. 67.

levar em consideração uma série de imposições que impedem os seringueiros (dos primeiros seringais) a se dedicarem a outras atividades que não a borracha, mas com o tempo há o afrouxamento das regras, o que vai levar estes trabalhadores a diversificar seus interesses, a voltar seus esforços à coleta da castanha, aos roçados, às criações e à caça.

A agricultura para subsistência começou a ser tolerada – anteriormente no contrato de trabalho havia uma cláusula impedindo qualquer tipo de roçado que não fosse o da mandioca para produzir farinha – tornando a constituição de famílias nas colocações o fator de desenvolvimento destas populações. A combinação da agricultura com o extrativismo foi o responsável por um maior enraizamento dessas populações no interior da floresta, se a lida cotidiana do seringueiro nas estradas de coleta do látex possibilitava o trabalho solitário, o roçado se tornava melhor com vários braços, disponíveis nas famílias entre filhos, genros, noras e agregados.

Enfim, a floresta propicia uma série de estratégias de sobrevivência, estratégias que surgem pelo contato com indígenas e com a própria vivência na floresta. O seringueiro a partir da década de 1920 gradativamente vai se descolando da empresa seringalista.

A configuração anterior do seringal parecia não ter espaço para as mulheres, já que os contratos eram feitos com homens, em sua maioria solteiros, que migravam para a Amazônia na esperança de fortuna, mas nesta nova territorialidade as mulheres se fizeram cada vez mais presente, pois muitas vezes foram elas que aprenderam a usar as plantas da floresta como remédio, elas eram as parteiras, eram força importante no roçado e principalmente na lida doméstica, lugar este que os homens não costumavam ocupar.

Mesmo a ideia que as mulheres não cortavam seringa desaparece no relato de Anália Soares Damasceno, que lembra da rotina do seringal onde várias pessoas da família trabalhavam com a seringa, descrevendo seu dia que começava às 5 horas, coletando o látex para depois defumar: "Tinha fornalha, assim alta, com um trave ali outro aqui, a borracha no meio, e a fornalha, aí tinha a bacia, a gente lavava, aí solta a fumaça, a boca grande assim (risos) e ia gente, ia defumar".[6]

Evoco neste momento as reflexões feitas pela historiadora Verena Alberti[7] sobre as fontes orais, onde as entrevistas ganham um duplo estatuto tanto de relatos

---

6   Entrevista de Anália Soares Damasceno, realizada por Tereza Almeida Cruz e Valéria Pereira da Silva, em sua residência, Brasileia, Acre, 10/6/2010 (Acervo Biblioteca da Floresta).

7   ALBERTI, Verena. *Ouvir contar: textos em História Oral*. Rio de Janeiro: Editora FGV, 2004, p. 33.

da ação como também de resíduos da ação, pois a interação, entre entrevistador e entrevistado desencadeia caminhos que refletirão, em parte, suas trajetórias. E isto nos possibilita olhar o seringal por ângulos difíceis de serem percebidos em textos produzidos em outras épocas, assim o entrevistador pode provocar as memórias silenciadas para que venham a superfície.

Aliás, este termo, silenciadas, torna-se apropriado para pensarmos nos relatos dessas mulheres, pois a história oral possibilita esgarçar os limites do enquadramento da memória organizada e perceber uma memória coletiva subterrânea. E é justamente estas vivências que saltam das falas e se mostram comuns na vida do seringal: mulheres que trabalhavam nos roçados mas também na coleta de seringa; mulheres que caçavam e adentravam na floresta com naturalidade; mulheres que se mostram fortes e decididas. Para Michael Pollak: "A fronteira entre o dizível e o indizível, o confessável e o inconfessável, separa, em nossos exemplos, uma memória coletiva subterrânea da sociedade civil dominada ou de grupos específicos".[8]

Através de acurada pesquisa em arquivos judiciários sobre processos envolvendo mulheres na região do Juruá, a historiadora Cristina Scheibe Wolff procurou onde estavam estas mulheres no seringal. Se pensarmos que elas eram mais que objetos de disputas, "pegas na mata"[9] ou transportadas como mercadorias, poderemos então encontrar no cotidiano da vida na floresta as dinâmicas que garantiram, através também da vida doméstica, que houvesse uma sociedade que não se extinguiu quando o mercado da borracha viu seu preço despencar, pela primeira vez em 1913, depois de ser o principal produto da Amazônia.

Trabalhos mais recentes, como de Wolff e Tereza Almeida Cruz, mostram que a presença de mulheres na constituição dos seringais e da sociedade acriana é algo quase ignorado pela historiografia regional, sendo citada sempre como uma exceção ou como objeto de disputa e cobiça nos seringais. Principalmente se pensarmos nas descrições de Euclides da Cunha e de outros que se inspiraram nele, e até mesmo em textos literários, como o seringal de Miguel Ferrante.

Para estas mulheres, dizer que iam para o corte não é algo simples, pois entra numa seara da honra dos homens, assim não é raro que isto seja relatado como algo extraordinário. Algumas mulheres dizem que foram para o corte por

---

8   POLLAK, Michael. Rio de Janeiro, *Estudos Históricos*, 1989, p. 8.

9   WOLFF, Cristina Scheibe. *Mulheres da Floresta: uma história: Alto Juruá, Acre (1890-1945)*. São Paulo: Hucitec, 1999, p. 153.

algum problema de saúde do pai ou do marido, poucas dizem que esta era uma opção da família, porque era essa a vida no seringal, onde desde muito cedo todos ajudam, caçam, plantam e também colhem seringa, como descreve Maria Terezinha: "trabalhei muito em seringa, não era que meu marido quisesse,[10] preferia ficar no mato com ele do que está ficando em casa, mas ele nunca me chamou para trabalhar".[11]

O dia a dia de Maria Terezinha era muito próximo ao de seu padrasto, e depois, ao de seu marido, mas entre as tarefas do corte não eram abandonadas as atividades domésticas. Era ela que fazia o café e alguma coisa para comer, a jornada dupla tão comum na vida moderna das mulheres citadinas também se fazia presente no seringal, pois apesar de compartilharem os trabalhos da seringa ou da roça, a exclusividade dos afazeres domésticos era das mulheres. Grifei uma parte do relato de Maria Terezinha, pois é interessante que ela ressalte que não fazia o corte por imposição do marido, já que isto poderia ser vergonhoso para ele.

A produção de mão de obra, anteriormente quase exclusivamente vindo da migração nordestina, se volta para a população local. Com pequeno fluxo migratório, a reprodução de grupos domésticos como mão de obra tinha que advir de estratégias locais, assim as famílias numerosas e a prática de agregados e compadrio se tornavam uma maneira eficiente de garantir a força de trabalho e a continuidade das famílias. A organização dos grupos domésticos foi feita, como descreve Cristina Scheibe Wolff,[12] de acordo com o que as circunstâncias permitiam, uma espécie de improvisação, sendo esta uma característica da configuração social brasileira, principalmente quanto pensamos nas relações de gênero.

Ao imaginarmos pessoas como uma categoria, mulheres seringueiras, não podemos fazer uma redução de sua individualidade (com sonhos, desejos, com suas subjetividades), mas pensar a representação, que não é um teatro como forma de torcer a realidade, mas um meio em que o indivíduo se coloca na realidade e a compreende. Isto se torna útil para entender as estruturas que se formam em torno da representação e, a partir dela, suas continuidades e suas

---

10   Grifo meu.

11   Entrevista de Maria Terezinha de Paiva Pinheiro, realizada por Tereza Almeida Cruz e Valéria Pereira da Silva, Memorial Wilson Pinheiro, Brasileia, Acre, 12/6/2010 (Acervo Biblioteca da Floresta).

12   WOLFF, *op. cit.*, p. 114.

fraturas. Enfim, um jogo onde organizamos e reorganizamos as cartas, na tentativa de extrair um sentido delas.

Assim como mostra Pesavento: "As representações não só os colocam no lugar deste mundo, como fazem com que homens percebam a realidade e pautem sua existência".[13] Portanto, faz todo sentido que para entendermos as relações dos seringueiros com seus pares e com o exterior, nossas percepções deste universo sejam feitas a partir da construção das representações.

Nas falas de mulheres que viveram no seringal, podemos perceber que a figura masculina do seringueiro era muito mais uma imagem construída que o cotidiano vivido na floresta. Apesar desta imagem continuar forte ao longo dos anos, uma rede de relações onde as mulheres eram protagonistas era construída às margens dos discursos dominantes, tecendo o conhecimento dos recursos da floresta e os saberes tradicionais, assim elas invertiam as posições tradicionais do patriarcado, pelo menos em algumas situações, pois elas tinham por algum tempo a vida em suas mãos (quando faziam um parto ou tratavam de um enfermo).

Se o nordestino é inventado, segundo a tese de Durval Muniz de Albuquerque Júnior,[14] nos discursos jornalísticos, literários, científicos e artísticos, um desdobramento desta "significação" foi o seringueiro. Primeiro por ser ele também um nordestino, um migrante que abandonava a seca, um ambiente hostil, para tentar a sorte na floresta amazônica onde também se depararia com um ambiente duro e ainda mais ameaçador. Assim, o seringueiro carrega no imaginário as características apontada por Albuquerque como um estereótipo moldado para naturalizar o sertanejo, com a finalidade de transformar a região nordeste numa fonte de recursos que a nação deveria suprir para dirimir a miséria desta sociedade.

Euclides da Cunha, através de "Os Sertões", é apontado por Albuquerque Júnior como um dos suportes para a construção desta imagem do nordestino. E são também dele os escritos que ajudariam a constituir as primeiras imagens do seringueiro – e que continuaria nas páginas da literatura e da historiografia como um legado euclidiano –, sendo através de sua pena o seringueiro um sujeito explorado, porém resistente, entregue à própria sorte num ambiente hostil.

---

13  PESAVENTO, Sandra. *História & história cultural*. 2ª Ed. Belo Horizonte: Autêntica, 2004, p. 39.

14  ALBUQUERQUE Jr., Durval Muniz de. *A invenção do Nordeste e outras artes*. São Paulo, Cortez, 2011, p. 79.

Euclides da Cunha não chegaria a publicar, em suas palavras, o "livro redentor da Amazônia", mas seus escritos sobre a região se tornaram referência para muitos outros que escreveriam depois dele sobre os seringueiros. Voltando aos aspectos apontados por Albuquerque, como a síntese (inventada) do sertanejo, que lhe conferiam força e resistência para se manterem miseravelmente no ambiente nordestino, acredito que o seringueiro descrito por Euclides da Cunha também têm estas características, atribuídas aos homens, formando uma ideia do "sujeito" seringueiro também a partir de uma matriz masculina, as mulheres quase não aparecem nos textos euclidianos.

Em meados do século XX havia toda uma tessitura de sociabilidades neste espaço, podemos dizer que já havia uma "sociedade da floresta", e a questão premente que os seringueiros enfrentavam era justamente que seu modo de vida poderia ser destruído, fossem eles deslocados para as cidades ou para os assentamentos, pois em ambos os casos não poderiam reproduzir a vida que tinham nos seringais, tampouco a produção da borracha ou outras fontes extrativistas.

Quando emerge um discurso que endossa a identidade seringueira como legítima, no que concerne a floresta, os moradores da floresta vão ressaltar a vivência e estratégias que os levaram a se constituir em uma sociedade na floresta e a exploração a que foram submetidos desde os primórdios dos seringais, ou seja, desde a empresa seringalista às fazendas. Eles estariam sempre numa condição de opressão, que justificava se opor, mesmo que utilizando a violência, para proteger sua família e o seu modo de vida.

Havia sem dúvida uma disputa pela verdade, pela legitimidade, e esta figuração do discurso vem ao encontro da necessidade da sociedade em estabelecer um sentido positivo para seu caminhar. Como diz Foucault: "vivemos numa sociedade que em grande parte marcha 'ao compasso da verdade' – ou seja, que produz e faz circular discursos que funcionam como verdade, que passam por tal e que detêm por este motivo poderes específicos".[15]

Há uma dificuldade em entender como era a vida das mulheres nos seringais, nem em textos literários nem na historiografia regional encontraremos fontes suficientes. Então, a História Oral se mostra privilegiada neste sentido, as falas das mulheres que viveram nos seringais ou que recontam as memórias repassadas por seus antepassados, na forma de histórias, possibilitam adentrar num seringal de

---

15 FOUCAULT, Michel. *A ordem do discurso*. São Paulo, Ed. Loyola, 2010, p. 231.

homens e mulheres – já que a divisão destes mundos não existe fora do discurso –, e a família, sem dúvida, foi o que possibilitou uma sociedade emergente na floresta.

Mesmo que mulheres atuassem na colocação nos espaços ditos masculinos, como a roça, a caça ou o corte da seringa, no momento da articulação política, poucas vezes estavam presentes, na relação com o exterior houve um claro predomínio masculino.

Os dois polos distintos, descritos muito bem por Roberto DaMatta, a "casa" e a "rua", podem ser usados metodologicamente para entendermos as formações políticas locais, quanto a participação de homens e mulheres de forma distinta. Segundo DaMatta,[16] estes espaços são entidades morais, esferas de ação social, éticas e domínios culturais. A casa de um seringueiro, por exemplo, reflete bem a distinção de gênero pela divisão do espaço: a cozinha, onde se faz a comida, é território feminino, as visitas homens nunca vão à cozinha sem um convite; o espaço da sala é o limiar entre a rua e a casa, ali é um espaço de discussão, um espaço político, domínio masculino. Se as mulheres num âmbito privado ocupavam os espaços junto aos homens, nos domínios públicos a presença masculina é predominante.

O que pretendo ao analisar relatos de seringueiras é perceber as brechas, as fissuras nestes códigos de conduta, onde as mulheres participaram e qual a importância desta participação feminina. A fala de uma liderança sindical da cidade de Xapuri, Dercy Telles de Carvalho, por exemplo, demonstra como era a organização sindical.

Perguntada se participou de algum Empate, Dercy relata a sua condição ambígua, ainda que presidente do sindicato, uma mulher, portanto uma condição diferente de outros participantes: "Eu fui a segunda presidente de sindicato e a primeira mulher que presidiu um sindicato de trabalhadores rurais no Brasil, seguida da Margarida Alves, de Pernambuco, que inclusive foi assassinada. Os sindicatos na época eram extremamente masculinos, a participação das mulheres só se dava quando elas eram viúvas, senão quem era sócio era o marido".[17]

As Comunidades Eclesiais de Base (CEB) no início dos anos 80, ligadas a Igreja Católica tiveram grande importância na organização dos trabalhadores rurais no Acre e principalmente na participação de mulheres, com um discurso que unia direitos sobre a terra a evangelização da família, as CEBs davam opor-

---

16 DAMATTA, Roberto. *A Casa e a Rua*. Rio de Janeiro: Rocco, 1997, p. 148.

17 Entrevista de Dercy Telles de Carvalho Cunha, realizada por Tereza Almeida Cruz e Valéria Pereira da Silva, Sindicato dos Trabalhadores Rurais (STR-x) em Xapuri, Acre, 8/6/2010 (Acervo Biblioteca da Floresta).

tunidade para que mulheres se politizassem na prática, ou seja, participando das reuniões e ocupando lugares de disseminação de conhecimento: "Muitas se tornaram monitoras, dirigentes, catequistas. Foi se abrindo um espaço de participação e luta inspiradas na palavra de Deus para fazer a ligação fé e vida, um pé na Bíblia e outro na vida".[18]

As mulheres no seringal, como dito anteriormente, ocupavam posições importantes nos aspectos religiosos (rezadeiras), na saúde (parteiras e conhecedoras de fitoterápicos) e também na educação (alfabetizadoras). Leide Aquino, teve uma trajetória política expressiva, casada com o ex-presidente do Conselho Nacional dos Seringueiros, Júlio Barbosa, no ano da entrevista no projeto Memória da Floresta, ela ocupava o cargo de Assessora na Secretaria da Mulher do Governo do Acre. Leide, e outra senhora da comunidade em que morava com Júlio Barbosa foram escolhidas para serem educadoras no Projeto Seringueiro,[19] ela conta que depois de ser alfabetizada pelo programa MOBRAL, foi morar com uma tia na capital do Acre, lá ela fez o ensino fundamental, mas ao completar 15 anos voltou para o seringal e aos 18 já estava casada.

Mandar os filhos estudar em casa de parentes na cidade era algo comum, assim como trazer as filhas mocinhas de volta ao seringal, o casamento de meninas saindo da adolescência não era raro. Mas parece que as garotas aproveitavam melhor esta fase de ensino, talvez por saberem (ou intuírem) que poderiam ter certa mobilidade social se detentoras do conhecimento formal adquirido na escola. Leide, apesar de ter seguido a regra (estudado somente até a adolescência e casado logo depois), diz que era considerada uma das pessoas mais instruídas na sua comunidade, mostrando que no espaço da educação – saber ler e escrever, por exemplo – as mulheres se destacavam.

Com 22 para 23 anos ela começou a militância política no sindicato. Seu marido assumiu a presidência do Sindicato dos Trabalhadores Rurais de Xapuri após a morte do sindicalista Chico Mendes, em 1988, e ela também atuava nas CEBs, tornando-se uma das articuladoras do Primeiro Encontro Municipal de Mulheres em Xapuri.

No início dos sindicatos os homens que eram os sócios, as mulheres só se tornavam sócias quando viúvas, ocupando a vaga de seus falecidos maridos. Essas

---

18  CRUZ, Tereza Almeida. *Resistência e Luta das Mulheres da Floresta*. Rio Branco: Fundação de Cultura Elias Mansour, 2000, p. 63.

19  Projeto de alfabetização nos seringais, desenvolvido pelo CTA – Acre.

falas da Leide Aquino e da Dercy são de mulheres que romperam a barreira masculina, tiveram, e ainda têm, uma atuação política de destaque.

Leide provavelmente tem conhecimento de causa sobre a dificuldade que as mulheres tinham no sindicato, ela é esposa de uma liderança, mas não ficou à sua sombra, sua atuação sempre foi muito intensa, ocupando vários espaços de debates e políticos. Desde sua atuação nas escolas de alfabetização de adultos, utilizando a cartilha Poronga,[20] ela já passou pela presidência do GTA (Grupo de Trabalho Amazônico), uma ONG atuante em toda a Amazônia, e pela Secretaria Estadual da Mulher no governo acriano.

Outras mulheres tinham um envolvimento mais ligado à prática pois, como disse Dercy, as mulheres eram utilizadas para atenuar a violência no momento em que eles se deparavam com os capangas nos Empates. Clarice Ferreira Lima, 74 anos, parteira e conhecedora dos remédios da mata, é uma dessas mulheres que participavam *in loco* das mobilizações, ela conta sua experiência num Empate: "Aí lá tinha derrubada lá naquele recanto. Aí nós, vamos? Vamos. Eram 3 horas da madrugada, nós saímos pra pegar eles na entrada do trabalho. Aí as mulheres vão pra frente (rindo: acho que tinha mais mulher do que homem!)".[21]

Clarice conta que era a cozinheira da turma, neste dia eram 172 pessoas mobilizadas, e era ela e mais uma outra mulher cuidando da comida, segundo seu depoimento, ela diz: "acho que tinha mais mulher do que homem".[22] Mas devemos nos perguntar por que duas pessoas para cozinhar para tanta gente, pode ser que ela não considerasse as ajudantes como cozinheiras, ou mesmo que ela tenha superestimado a participação feminina neste Empate. Ela está se referindo ao Empate na colocação Fazendinha, a notícia em 1988 no periódico local *O Rio Branco*[23] era que a mobilização contou com 112 homens, 34 mulheres e algumas crianças, um número total próximo ao relato de Clarice, mas que aponta para um terço de mulheres.

Podemos perceber onde a memória se mistura com as vivências posteriores ao fato, em dado momento ela se refere a situação em que as lideranças foram enquadradas na Lei de Segurança Nacional e quando a Polícia Federal intervinha nos conflitos. Acredito que isto motivou a lembrança do nome do ex-diretor da Polícia Federal

---

20 Metodologia de ensino desenvolvida para a alfabetização de jovens e adultos nos seringais.

21 Entrevista de Clarice Ferreira Lima, realizada por Tereza Almeida Cruz e Valéria Pereira da Silva, Seringal Cachoeira Xapuri, Acre, 9/6/2010 (Acervo Biblioteca da Floresta).

22 *Ibidem.*

23 *O Rio Branco*, 26 de maio de 1988.

Romeu Tuma, que assume este cargo em 1985, e mesmo que Clarice o identifique como chefe do Incra erroneamente, mostra que o importante, neste caso, é identificar os lados do conflito: as instituições públicas, de segurança e de regularização de terras, de um lado e os sindicatos e partidos políticos de esquerda do outro. O Partido dos Trabalhadores (PT) no Acre foi fundado por muitas pessoas do movimento seringueiro e contou com a presença constante, no estado, do sindicalista (que se tornaria presidente alguns anos depois) Luís Inácio da Silva, já conhecido à época por Lula.

Aliás, esta clara identificação dos dois lados do conflito se estendeu no tempo e no espaço, como se sempre houvera no seringal esta divisão muito clara e continuasse quando as pessoas migravam para as cidades e se deparavam com os problemas de moradia, e assim passassem a um outro movimento, o de ocupação de terras urbanas. Como dito antes, a constituição dos seringais ficou mais complexa com a diminuição da demanda por borracha, a relação entre patrões e empregados também se modificou, assim como a relação comercial, já que os mascates começaram a adentrar os seringais para comercializar.

Porém, quanto a construção de um discurso unificador, a polarização teve um efeito positivo, foi uma estratégia que garantiu que os problemas que aconteciam longe dos centros urbanos, com a crescente violência praticada por jagunços, fosse conhecidos através das organizações sociais que divulgavam nos periódicos os conflitos, ou realizavam manifestações públicas para denunciar o que acontecia nos seringais e cobrar a intervenção do Estado, no sentido de regularizar a posse da terra.

Outra pessoa que participou na linha de frente dos conflitos foi Ivanilde Lopes da Silva, nascida no seringal Bolônia, às margens do rio Acre. Ela era ligada às CEBs e demonstra em seu relato o processo de mobilização na periferia de Rio Branco para voltar aos seringais na condição de posseiros. Infelizes com a vida na cidade, muita gente que tinha sido expulsa das colocações ou as tinha vendido por valores muito baixos, resolvem retomar suas vidas na floresta. A área em questão no seu relato é o seringal Catuaba: "Fizemos uma reunião um pouco clandestina, na casa de um monitor. E nós íamos entrar na terra que era nossa, que não era invasão, que não era tomada, nós íamos retomar a nossa terra boa de plantar...".[24]

As CEBs atuavam duplamente junto às comunidades, tanto na evangelização, quanto na conscientização política e na organização comunitária. Ana Luísa

---

24 Entrevista de Ivanilde Lopes da Silva, realizada por Tereza Almeida Cruz, Espaço Povos da Floresta, Rio Branco, Acre, 19/6/2010 (Acervo Biblioteca da Floresta).

Salles Souto pesquisou os movimentos sociais urbanos ligados à igreja e fala de uma participação maior da comunidade nas decisões, possibilitando no caso de Ivanilde que temáticas como a posse da terra adentrassem em sua estrutura: "O surgimento das CEBs se deve também à crise da instituição da igreja que não mais possuía padres suficientes para atender seus fiéis. Assim, passa-se a confiar cada vez maior responsabilidade para os leigos, fazendo-os participar e decidir sobre os objetivos de sua igreja".[25]

Aliás, a Igreja Católica, através dos CEBs e depois da Comissão Pastoral da Terra (CPT), também foi parte de uma construção de uma ideia de identidade seringueira, sua atuação foi fundamental para que os seringueiros discutissem sua situação e que se organizassem na luta pela posse da terra. O jornal da Prelazia do Acre e Purus, o *Nós Irmãos*, era muito mais que um informativo sobre as ações tradicionais das paróquias, em suas páginas havia notícias de reuniões e a temática fundiária. Alguns representantes da igreja tornaram-se figura importante, inclusive mediando os conflitos.

A partir de 1975, quando se iniciam a constituição dos sindicatos de trabalhadores rurais, o movimento seringueiro aumenta significativamente seu poder de mobilização. Acredito que a institucionalização contribuiu para dar um caráter mais político para as reivindicações, pois eles tinham agora uma forma de representação para se colocar nos diálogos com as autoridades e com as outras partes da questão, as negociações se fizeram mais frequentes após este período.

Porém, mesmo com uma maior representatividade política e uma certa visibilidade na imprensa, o que gerou um reconhecimento de sua luta pela sociedade da região e também pela sociedade nacional a partir do Encontro Nacional dos Seringueiros em Brasília, em outubro de 1985, foram os Empates, como estratégia de luta. Estes continuavam como a maior expressão da resistência seringueira, assim mobilizavam cada vez mais seringueiros e posseiros, e por outro lado demandando que os fazendeiros também empreendessem maiores esforços para barrar o seu intento, inclusive utilizar a influência política para o uso das forças policiais.

O Empate era um veículo de transmissão do discurso seringueiro, ele atuava diretamente na raiz da representação do "inimigo", ou seja, aqueles que vinham para derrubar a floresta. A ação de fazer frente ao corte das árvores, pois era exatamente este a lógica do Empate, ficar entre as motosserras e a floresta, defen-

---

25 SOUTO, Ana Luiza Salles. Rio de Janeiro, *Anpocs*, 1983, p. 78.

der com seus corpos a mata em pé construía uma representação da luta entre os legítimos donos da terra, que a protegiam e precisavam dela como uma natureza preservada; ao contrário dos fazendeiros, os "de fora", que acabavam de chegar, portanto sem direito histórico sobre a terra, e queriam explorá-la a todo custo, violentá-la com suas motosserras e bois, o animal inclusive é desnaturalizado, é produto do homem.

O Empate não precisa de mediador para levar em diante este discurso, não precisa dos periódicos, não precisa da igreja ou dos intelectuais de esquerda, é o discurso do seringueiro sem ruído, sem distorções, um momento em que a pouca instrução ou o acesso a meios de comunicação não importam, neste momento a capacidade de dar sentido ao discurso é orientada para seus próprios corpos que constitui o signo do discurso seringueiro.

A violência deste tipo de evento foi pouco a pouco sendo dissipada no discurso sob um véu de um desejável pacifismo do movimento, quantas vezes se pode encontrar o significado do termo como "estratégia pacífica", onde falam sobre os seringueiros caminhando desarmados, homens, mulheres e crianças, para fazer frente aos jagunços somente apenas com sua coragem. Não era bem assim, inclusive a participação cautelosa das mulheres nestes eventos, em certo sentido nos mostra que a intenção do Empate era ir com determinação para qualquer situação, inclusive o confronto armado. Imaginem uma casa de seringueiro ou posseiros que moravam na mata sem uma espingarda, sem terçado. Estes instrumentos de trabalho – a arma de fogo para a caça – se transformaram em sua proteção, em arma afinal.

Mas a representação do Empate faz com que ele se tornasse "pacífico". Com a anuência do governo sobre as práticas dos fazendeiros e em alguns casos com a leniência da própria justiça, nada seria melhor do que este conceito para o movimento. Alguns relatos mostram que muitas vezes ao serem abordados pela polícia na estrada, os seringueiros tinham que se explicar sobre os facões ou espingardas, e a estratégia da polícia sempre foi a de dissociá-los, os instrumentos, de qualquer prática que não fosse a da lida diária da vida na floresta, ou seja, caçar, plantar ou se deslocar pelos caminhos em meio à vegetação densa da Amazônia.

Após a constituição de políticas públicas no final dos anos de 1980, que intervinham nas questões agrárias da Amazônia, porque modificava a lógica do INCRA (de pequenos lotes para pequenas produções) e legalizava a situação das posses, o discurso passa a ser a arma mais forte do seringueiro, é no plano político e institucional que as lutas serão travadas desde então.

As Reservas Extrativistas (criadas em 1989 e regulamentadas em 1990) são encaradas num primeiro momento como a maior vitória do movimento seringueiro, digo isto porque ela foi de fato construída como ideia, como proposta fundiária, a partir do que os seringueiros entendiam como espaço para produção no ambiente da floresta. Ela não foi somente inspirada no modo de vida na floresta, ela foi de fato uma proposta do movimento, portanto, seria uma conquista efetiva. Mas após a criação das Resex outras problemáticas surgiram, como a pressão de madeireiros e a crescente pecuarização nas áreas já decretadas como tal e, para tantos outros, a dificuldade de se criar uma Resex.

Neste outro momento a representação política se torna muito importante, o discurso seringueiro assim é ás vezes reinterpretado e reapropriado por alguns segmentos, que se aproveitam da força local deste discurso e da sua capacidade de percorrer vários espaços políticos e sociais através de sua aproximação com o discurso ambientalista.

Desde o momento em que o sindicalista Chico Mendes começou a falar em universidades e em instituições políticas no início da década de 1980 até sua morte em 1988, a representação do seringueiro começou a ser associado a um defensor da floresta, portanto, um ambientalista, desde então Chico Mendes é referido como tal. Mesmo que o seringueiro não tenha originalmente em seu discurso a defesa ao meio ambiente, mas a defesa de seu modo de vida na floresta, ainda assim a representação (ambientalista) se tornou muito forte.

Hoje, este discurso ou a memória seringueira é disputada por setores políticos, culturais e econômicos, pois este representa uma identidade que tem forte ressonância na sociedade local. O que discuti nesta pesquisa é que, a despeito das disputas atuais, houve uma construção de sentido, uma construção discursiva que representou o seringueiro no momento que era necessário à constituição de uma resistência política e social.

Reforçando a ideia da construção de um discurso de resistência política, retomo às mulheres que tinham uma associação maior com os sindicatos, assim, como Leide Aquino. Outra mulher da qual utilizo o relato é Maria Terezinha, ela também era casada com um sindicalista, o Wilson Pinheiro, presidente do Sindicato dos Trabalhadores Rurais de Brasileia, assassinado no ano de 1980, na sede do sindicato, por pistoleiros. Mas Maria Terezinha não participava dos Empates, não ia nas reuniões do sindicato, em seu relato ela diz que tinha que ficar com as crianças, que eram muitas: um homem e seis mulheres.

Porém, Maria Terezinha faz questão de dizer que a caçula é uma guerreira: "Se tiver doente ela vai, fazer uma coisa ela vai, tudim".[26] Além da disposição, a inclinação da filha para a política a credencia para falar: "Porque acho que é ela que tem mais conhecimento, é mais conhecida na sociedade e o pessoal conhece bem ela, quem tem costume né, sempre vêr ela com o governo, com o pessoal do governo, com o Lula (ex-presidente), com esse pessoal tudim".[27]

Para ela, o conhecimento político da filha, aliado à educação, confere à menina a oportunidade de ser ouvida. Ela continua: "Então se ela quem corre atrás e os outros se esconde, eu porque não tenho saber, porque saber uma pessoa que nunca estudou nem nada não pode falar, só fala errado né".[28]

Josefa Ferreira de Moraes, outra mulher que não participava dos Empates diz: "Aí eu ficava com os meninos em casa. Mas meu marido lutou muito: João Monteiro de Moraes".[29] Parece que estas duas mulheres, em relação à divisão dos trabalhos com seus maridos, estavam em igualdade, mas não ultrapassaram a esfera do privado. Muitas outras mulheres do seringal não se envolviam com as organizações políticas, deixando este espaço para os maridos, mas isto não quer dizer que elas não participavam das decisões, principalmente nas conversas íntimas.

A experiência de Anália retrata o que aconteceu com algumas mulheres. Seu marido saía para a lida e a deixava em casa com as crianças, este era um momento oportuno para que estas fossem ameaçadas, mas algumas delas reagiam em defesa de suas famílias, Anália relata um desses acontecimentos: "Eu disse: deixa ele vir, aí eu fiquei só em casa. Mas prevenida, assim… era acostumada a matar veado, porque que eu não acertava num bicho assim, (risos) a cavalo e eu no chão?".[30] A pressão sobre a sua família os levou a participar do Empate no seringal Carmen, no fim das negociações eles conseguiram um lote de 70 hectares. Provavelmente eles não seriam mais extrativistas depois da mudança.

---

26  Entrevista de Maria Terezinha de Paiva Pinheiro, realizada por Tereza Almeida Cruz e Valéria Pereira da Silva, Memorial Wilson Pinheiro, Brasiléia, Acre, 12/6/2010 (Acervo Biblioteca da Floresta).

27  *Ibidem.*

28  *Ibidem.*

29  Entrevista de Josefa Ferreira de Morais, realizada por Tereza Almeida Cruz e Valéria Pereira da Silva, Residência da entrevistada em Xapuri, Acre, 7/6/2010 (Acervo Biblioteca da Floresta).

30  Entrevista de Anália Soares Damasceno, realizada por Tereza Almeida Cruz e Valéria Pereira da Silva, em sua residência, Brasiléia, Acre, 10/6/2010 (Acervo Biblioteca da Floresta).

Acredito que as falas aqui retratadas dão uma dimensão da situação mais comum, das mulheres seringueiras e posseiras que enfrentaram os conflitos com fazendeiros no período das décadas de 1970 e 1980 no Acre. A participação pontual se dava, muitas vezes, pela pressão imposta às famílias, mas uma atuação política maior na comunidade e a representação desta, foi mais comum às mulheres que já detinham uma certa projeção no seringal, seja por ter um conhecimento escolar formal, pelos saberes tradicionais da floresta ou pela participação junto à igreja. Diferente dos homens, os quais importavam um número expressivo para fazer frente aos fazendeiros, para as mulheres era necessário uma certa desenvoltura que justificasse que elas passassem da esfera privada para a pública, para uma ação mais política.

As organizações religiosas, nesse sentido, foram muito importantes para a inserção destas mulheres na esfera política, nas organizações de mulheres pesquisadas por Tereza Almeida Cruz, o envolvimento nos Grupos de Reflexão, a oportunidade de expor seu pensamento, discutir, argumentar, foram motivações para a mobilização de grupos de trabalhadoras rurais que não só discutiam direitos como também se organizavam produtivamente, saindo da esfera doméstica para o trabalho, um desdobramento da organização política.[31]

Os projetos de educação na floresta também tiveram papel importante, além da alfabetização, eles davam oportunidade para que moradores dos seringais se tornassem professores. O Projeto Seringueiro levado a cabo pelo Centro dos Trabalhadores da Amazônia (CTA-Acre) tornou-se referência na formação e capacitação de professores, em grande maioria formada por mulheres. Algumas destas, como mostrado aqui, tornaram-se pessoas destacadas na comunidade e nas associações, tornando-se lideranças ou ocupando cargos políticos.

Portanto, este texto apenas abre uma pequena brecha para olharmos de uma maneira diferente a constituição dos seringais e mesmo a nossa ideia do "seringueiro". Devemos nos atentar que esta categoria está incompleta nesta forma singular, não somente pela não inclusão das mulheres, sendo então necessário falarmos em "seringueiros e seringueiras", mas também pela pluralidade que se esmaece ante uma identidade estratégica, num momento de confronto, em que outras categorias se apresentavam como parte do movimento seringueiro, na tentativa de coesão. Através das falas houve uma tentativa de mostrar que as representações também podem ser estratégicas, percebendo o seringal como espaço múltiplo, espaço de ação e vivências de homens, mulheres e crianças.

---

31  CRUZ, *op. cit.*, p. 119.

## REFERÊNCIAS BIBLIOGRÁFICAS

ALBERTI, Verena. *Ouvir contar: textos em História Oral*. Rio de Janeiro: Editora FGV. 2004.

ALBUQUERQUE Jr. Durval Muniz de. *A invenção do Nordeste e outras artes*. São Paulo: Cortez, 2011.

CHARTIER, Roger. Textos, impressos, leituras. In: *A História Cultural: entre práticas e representações*. Tradução de Maria Manuela Galhardo. Rio de Janeiro: Bertrando, 1990.

CRUZ, Tereza Almeida. *Resistência e Luta das Mulheres da Floresta*. Rio Branco: Fundação de Cultura Elias Mansour, 2000.

CUNHA, Euclides da. *A margem da história*. Rio Branco: Tribunal de Justiça do Estado do Acre, 2003.

DAMATTA, Roberto. *A Casa e a Rua*. Rio de Janeiro: Rocco, 1997.

FERRANTE, Miguel Jeronymo. *Seringal*. 3ª Ed. São Paulo: Globo, 2007.

FOUCAULT, Michel. *A ordem do discurso*. São Paulo: Ed. Loyola, 2010.

GONÇALVES, Carlos Walter Porto. *Geografando nos Varadouros do Mundo: da territorialidade seringalista (o seringal) à territorialidade seringueira (a Reserva Extrativista)*. Brasília: Ibama, 2003.

PESAVENTO, Sandra Jatahy. *História & história cultural*. 2ª Ed. Belo Horizonte: Autêntica, 2004.

POLLAK, Michael. "Memória, Esquecimento, Silêncio". *Estudos Históricos*. Rio de Janeiro: vol. 2, n. 3, 1989, p. 3-15.

SANTOS, Milton. *A Natureza do Espaço: Técnica e Tempo, Razão e Emoção*. São Paulo: Editora da Universidade de São Paulo, 2006 (Coleção Milton Santos; 1).

SOUTO, Ana Luiza Salles. "Movimentos populares e suas formas de organização ligadas a Igreja". *Ciências Sociais Hoje*. Rio de Janeiro: ANPOCS, n. 2, p. 1983, p. 63-95.

WOLFF, Cristina Scheibe. *Mulheres da Floresta: uma história: Alto Juruá, Acre (1890-1945)*. São Paulo: Hucitec, 1999.

# As mulheres

## A cabanagem e a formação do estado imperial no Pará

Eliana Ramos Ferreira

A Cabanagem foi um movimento político e social questionador ao Império Brasileiro e às desigualdades reinantes na Província do Pará, região norte do Brasil, durante o período oficial de 1835 a 1840, alcançando as vilas e povoados mais distantes do Pará. Sua importância na história da Amazônia brasileira é ampla. Primeiramente suas raízes são coloniais, estabelecendo-se como uma luta contra a colonização e domínio português local e seus desdobramentos no processo de independência no Brasil e no de formação do Estado Imperial.[1] Segundo aspecto de sua importância refere-se à dimensão geográfica, já que se espalhou por toda a atual região norte e atingiu áreas limítrofes como as Guianas e o atual Peru. A Cabanagem envolveu indivíduos de todos os segmentos sociais e étnicos. Dela participaram muitos povos indígenas e em especial os Mura e os Mundurucu,[2] homens brancos (com diferentes nacionalidades e graus de riqueza e de participação), trabalhadores livres pobres, tapuios, mestiços, pretos, tanto de origem africana quanto os nascidos no Brasil que, na condição de escravos ou de libertos, entraram no movimento amazônico de 1835 que ousou desafiar as injustiças e desigualdades sociais, políticas e étnicas do nascente império brasileiro. Ficaram conhecidos como "Cabanos".

---

1 RICCI, Magda. "Um morto, muitas mortes: a imolação de Lobo de Sousa e as narrativas da eclosão cabana". In: NEVES, Fernando Arthur de Freitas (org.). *Faces da história da Amazônia.* Belém: Paka-Tatu, 2006, p. 6-7.

2 NETO, Carlos Araújo. *Índios da Amazônia de maioria a minoria (1750-1850).* Petrópolis: Vozes, 1988, p. 56.

Em 7 de janeiro de 1835, Belém, capital da província do Grão-Pará, foi tomada pelos "cabanos". Estes, depois de assassinarem as maiores autoridades locais, agentes do Império Brasileiro – o presidente da província Bernardo Lobo de Souza e o comandante das armas, Joaquim José da Silva Santiago – e de perseguirem pontualmente aos portugueses e maçons, tomaram o poder político na capital paraense. Essa conquista da cidade de Belém foi sangrenta. Os cabanos perseguiram e mataram um número significativo de portugueses e de homens brancos. Ainda tomaram igrejas, queimaram casas, castigaram os que protegeram e esconderam os "bicudos" (como eram apelidados os portugueses), mesmo se estes fossem mulheres, homens adultos ou velhos. Toda esta "gente cabana" participou de diferentes formas e em posições diversas no cenário da Cabanagem. Emaranhando-se por entre matas, rios, furos e igarapés, os cabanos interagiam com o seu território usando a seu favor as suas potencialidades militares e de abastecimentos, pois conhecedores das matas/floresta com suas árvores e seus frutos, os animais que poderiam ser caçados, bem como os rios que davam os diversos tipos de peixes e camarões, os cabanos extraiam alimentos que lhe permitiam sustentar várias e longas batalhas.

Porém, a repressão do estado imperial brasileiro para derrotar a Cabanagem também não foi menor ou menos sangrenta: Belém foi duramente bombardeada por uma armada de navios de guerra brasileiros e estrangeiros fundeados na baía de Guajará, que banha cidade. Belém esteve sob fogo intenso dos canhões dos navios.

O governo central do Império Brasileiro nomeou para Presidente do Pará, o general Francisco José de Sousa Soares de Andrea, com a missão de reprimir o movimento cabano. Durante o período de 9 de abril de 1836 a 7 de abril de 1839, o novo presidente não deu trégua aos cabanos, combatendo-os ferozmente em toda a província. A estatística ainda é muito imprecisa, mas aproximadamente 30 a 50 mil pessoas pereceram nos combates entre cabanos e forças militares imperiais. A repressão triunfou, consolidando o processo de independência e afirmação do império brasileiro no norte do país.

A Cabanagem foi o único movimento em terras brasileiras onde os rebeldes e contestadores da ordem estabelecida chegaram a tomar o poder e nele permaneceram efetivamente por um ano.

### MULHERES DAS CAMADAS POPULARES COMO
### PROTAGONISTAS DO MOVIMENTO CABANO

Apesar da retomada das pesquisas na década de 90 do século passado, a temática da Cabanagem ainda contém inquietações e silêncios, como a participação das mulheres no movimento. A produção historiográfica clássica da Cabanagem pouco – ou nenhum – espaço reservou às mulheres, contudo, numa razão direta, privilegiou a cena pública, notadamente a política e o conflito armado, evidenciando o caráter e o conteúdo político do movimento.

Em quaisquer desses "lugares",[3] as mulheres pouco aparecem. É como se a Cabanagem tivesse sido construção social e política somente da ação de homens, pois, é marcante o perfil masculino no movimento construído pela historiografia. As mulheres estão subsumidas no desenrolar dos combates e dos conflitos.

O presente trabalho pretende seguir as trilhas da presença feminina no Pará insurreto, ou seja, tentar visibilizar a ação de mulheres, enquanto protagonistas no contexto da Cabanagem. Nesse sentido, intenta-se identificar onde estavam as mulheres quando do processo de luta, como elas participaram durante o conflito, como agiram no movimento?

Nas buscas realizadas nos acervos dos Arquivos Públicos,[4] os documentos encontrados[5] desnudam a presença das mulheres na Cabanagem, revelando suas práticas, estratégias e grau de envolvimento. Uma forma de participação feminina logo identificada foi através do suporte dado aos seus pares – pai, marido, filho, irmão, amigo, revelando a trama tecida em família. Esta desempenhou importante papel em meio ao processo de luta da Cabanagem.

Em tempos de guerra, durante o século XIX, o pensamento militar era que o homem atuava na linha de frente, na batalha; de outro lado, as mulheres atuariam na "retaguarda", desenvolvendo ações imprescindíveis para o sucesso dos combates empedernidos. Entretanto, acreditamos ser muito tênue a linha que separa esses espaços de ações, uma vez que ambos estão conexos na dinâmica de movimentos de questionamentos sociais complexos. Assim, enquanto os homens estavam nos combates diretos com as tropas legais, as mulheres populares que tinham seus pares

---

3  PERROT, Michele. *Mulheres Públicas*. São Paulo: UNESP, 1999, p. 12.

4  Arquivo Público do Estado do Pará, Arquivo Nacional do Rio de Janeiro, Biblioteca Nacional do Rio de Janeiro, Arquivo e Biblioteca do Exército/RJ.

5  Perrot afirma ser extremamente difícil a recriação de uma história das mulheres devido à deficiência documental. Ela afirma que "os arquivos públicos, olhar de homens sobre homens, calavam as mulheres". Principalmente num contexto de profundos questionamentos sociais que explodem num conflito com a dimensão da Cabanagem. Ver PERROT, M. "Práticas da Memória Feminina". In: *A Mulher e o Espaço Público*. São Paulo: Revista Brasileira de História. ANPUH/Marco Zero, vol. 9, n.º 18, ago/set, 1989, p. 11.

envolvidos visceralmente no conflito, afastados de casa lutando nas matas e rios, assumiam os papéis de protagonistas como mantenedoras e provedoras da família, bem como o de espiãs. Em decorrência da guerra, vazios sociais eram criados e ocupados por outros sujeitos.

Em ofício de 21 de agosto de 1836, o comandante militar da Freguesia de Igarapé-Mirim, José Francino Alves, informou ao presidente da Província, general Francisco José Soares de Andréa, que a diligência expedida às cabeceiras do Rio Meroê, após a caçada em busca de rebeldes, prenderam cinco indivíduos da facção inimiga. Na continuação da batida nos bosques, campos e rios, encontrou, ainda:

> Apenas [...] algumas mulheres ocupadas em fabricar pequenas porções de farinha, que segundo congeturo, talvez seja para fornecer alguns malvados, que por ali ainda vagueem escondidos. Por cujo motivo julgo conveniente affastallas, ainda mesmo quando não haja provas mais que a mera suspeita, fundada na desconfiança, de que são susceptiveis taes mulheres por suas qualidades e condição [...].[6]

Mulheres fazendo farinha. O comandante José Francino, impingiu-lhes, *a priori,* uma culpabilidade, no processo da Cabanagem, ao identificá-las como, no mínimo, suspeitas em potencial ao conjecturar que a farinha em produção seria para abastecer aos malvados escondidos nas matas, bosques e cabeceira do rio Meroê. E a farinha? Confiscada! Em momento de guerra, os gêneros alimentícios tornam-se produtos extremamente valiosos. A farinha era gênero alimentício de fundamental importância para a manutenção e existência material tanto dos cabanos quanto dos que combatiam pelas tropas legais. Gênero base da dieta alimentar, a farinha poderia ser consumida com peixe, caça e frutas encontradas nas matas, ou mesmo consumida sem acompanhamento nenhum.

A farinha talvez fosse para atender às necessidades de suas famílias, uma vez que os homens poderiam estar integrando as fileiras cabanas. Por outro lado, seria destinada aos cabanos aquartelados na área. São hipóteses inquietantes; as respostas uma expectativa.

Outra maneira de participação das mulheres das camadas populares foi por meio da integração na rede de espionagem que se instalou durante a Cabanagem,

---

6    Fundo: Secretaria da Presidência da Província. Série Ofícios. Ano 1836-1837. Caixa 42. Ofícios dos Comandantes Militares. Documento depositado no APEP.

onde os laços familiares e de amizade teciam e engendravam uma relação de cumplicidade e estratégia de luta. A guerra de informação objetivava a obtenção da superioridade e qualidade de informação, num contexto de conflitos e/ou operação militar, partindo de um pressuposto de que terá melhores condições de vencer aquele que conseguir antecipar as ações e intenções de seus opositores. Por outro lado, aquele que não conhecer o potencial do opositor e as suas próprias capacidades terá uma elevada probabilidade de não saber precaver um confronto, e de vir a ser derrotado se ele vier a ter lugar. Muitas vezes, possuir pelo menos uma noção da topografia e da malha fluvial amazônicas, de um determinado lugar em conflito, pode decidir uma batalha.

Pertinente a esse pensamento de estratégias militares, em ofício de abril de 1839, o comandante militar da Vila de Melgaço, região do Marajó, expôs ao presidente da Província, Bernardo de Sousa Franco, a dificuldade de "limpar" a referida vila e áreas adjacentes "infestadas" de cabanos, a despeito da importância econômica da região, por ser uma das mais movimentadas comercialmente, notadamente com a pecuária bubalina. Ele enumerou três fatores determinantes para o insucesso das investidas militares de repressão aos cabanos. O primeiro era concernente às características topográficas e malha fluvial da região, uma vez que pela grande "estenção d'terreno cercado d'muitos Rios e Furos, e Igarapés, com mais de cento e tantas Ilhas d'varios tamanhos, no meio das quaes si alimentão os mencionados Rebeldes, por causa d'nas mesmas Ilhas mais abundar a Pesca e Caça". Nascidos nas diversas Ilhas do Arquipélago Marajoara, os cabanos interagiam com o seu território usando a seu favor as suas potencialidades militares e de abastecimentos em meio às batalhas nas matas, rios, furos e igarapés. O segundo fator destacado pelo comandante de Melgaço foi "emproporção das limitadas forças q' a sahirem mençalmente Deligencias a explorar mesmo destricto mas com poucas vantagens", ou seja, o reduzido contingente militar de que dispunha; e o terceiro relacionava-se à rede de cumplicidade estruturada pelos parentes dos cabanos, os colocavam em vantagem com as informações obtidas previamente das expedições militares de repressão ao movimento, pois, segundo o comandante, a maior parte dos cabeças dos "taes bandos serem Filhos destes suburbios, os quaes tendo Pays, Mays, mulheres, Irmaons, e sobrinho, q' me parece lhe anuncião taes expediçoens ainda as q' secretamente sejão senão tem conseguido oq' sepertende".[7]

---

7   Correspondência de diversos com o Governo. Códice 876. Ano 1828-1839. Documento depositado no APEP.

As palavras passavam de boca em boca, revelando uma forma de ação política, sub-reptícia, eficaz, mas de difícil controle e repressão. Nesse contexto de conflito, onde as práticas de luta confrontando "insurretos" e "legais" afloraram ações de homens e mulheres num campo de estratégias e parcerias, revelando redes de solidariedade alicerçada em relações de proximidade, de amizade, parentesco, também de identificação de causas comuns de uma comunidade e que poderiam ser solucionadas na Cabanagem, além das maneiras de ter de extrair sua subsistência em meio ao conflito.

Por outro lado, revela parte da urdidura das tramas e artimanhas políticas, sociais e cotidianas dos sujeitos envolvidos no conflito. Faz emergir mecanismos de organização e cumplicidade de elos de contestadores – diversidade étnica e de gênero – que identificaram na Cabanagem uma possibilidade de mudanças e transformações.

Outra maneira de participação política das mulheres das camadas populares identificada foi a estratégia de acompanhar seus pares nas incursões, famílias inteiras, levando, inclusive, crianças, a embrenharam-se nas matas, rios e igarapés. Em correspondência de dezembro de 1838, o comandante militar da vila de Chaves, na região do Marajó, Francisco Joaquim Ferreira, comunicava ao presidente da Província, Francisco Soares de Andréa, a apresentação do *rebelde* Manoel Antunes, tambor do Regimento de Milícias de Macapá, o qual desertou[8] das tropas legais para unir-se aos cabanos. Ele apresentou-se com a sua família composta de sua mulher e seis filhos menores de ambos os sexos. (...).[9]

Do outro lado do Pará, na Vila de Santarém, nos Rios Aritopera e Cabeça de Onça, foi preso um grupo de nove cabanos, 30 mulheres, fora as crianças que o

---

8     Rudé destaca a relevância do questionamento acerca da "eficiência das forças de repressão, ou da lei e da ordem, (...) uma vez que, o sucesso ou fracasso das atividades da multidão podem depender em grande parte da resolução ou relutância dos magistrados, ou do grau de fidelidade ou descontentamento dos guardas, da polícia ou dos militares". RUDÉ, George. *A multidão na História – estudos dos movimentos populares na França e na Inglaterra – 1730-1848*. Rio de Janeiro: Campus, 1991, p. 10. As fontes indicam ter ocorrido um alto índice de deserção de indivíduos integrantes das tropas legais durante a Cabanagem. Sobre isso ver NOGUEIRA, Shirley Maria Silva. "A soldadesca desenfreada": politização militar no GRÃO-PARÁ da Era da Independência (1790-1850). Tese (Doutorado). Centro de Filosofia e Ciências Humanas da Universidade Federal da Bahia, 2009.

9     Fundo: Secretaria da Presidência da Província. Séries Ofícios. Ano 1838-1839. Caixa 45. Documento depositado no APEP.

documento não especificou o número. Também foram apreendidas vinte armas de fogo e "huma grande porção de farinha, de cuja avia grande falta".

Um ponto inquietante em relação à leitura e reflexão sobre o documento refere-se ao número de armas encontradas em poder do grupo preso: eram vinte (20) armas de fogo para nove (9) homens. As outras onze (11) armas restantes, presume-se, poderiam ser manejadas pelas mulheres integrantes da fileira cabana.

O que motivou essas mulheres a seguirem os cabanos na contestação direta ao Governo Imperial? A Cabanagem já não é entendida como um movimento homogêneo, monolítico, pois, comporta em seu interior trajetórias diversas, tensões pluriétnicas, culturais e sociais. Foi um movimento multifacetado abrigando em seu interior e sendo expressão de antagonismos profundos, significativos, gestados em longo prazo no Grão-Pará.

As mulheres negras escravas ou livres, não estavam imunes aos acontecimentos que se desenrolavam na Província. Elas também se posicionaram politicamente frente à Cabanagem, aderindo às hastes cabanas, compondo com os agentes do governo Imperial – tropas legais –, ou mesmo fugindo ao turbilhão cabano, movidas pelo instinto de sobrevivência. Tais inferências emanam de documentos de setembro de 1839, em que o Tenente Domingos José da Costa, Comandante Militar de Monte Alegre, enviou ofício ao Comandante da Expedição comunicando a prisão de mulheres após "diligências" realizadas no rio Curuá.

> No numero das Mulheres aprezionadas pela ultima partida q' d' esta Villa foi ao Rio Curuá veio Maria Lira Mulata, e desconfiando eu pelos indicios d'ella ser captiva a mandei conservar em depozito até verificar=se se com effeito era, ou não: agora sei pela boca propria ser Escrava de Fernando de tal por autonomia = Bolóta = morador em Macapá [...].[10]

O comandante refere-se "No numero de Mulheres aprezionadas pela ultima partida", ou seja, eram várias mulheres ainda vagando pelas matas e rios e sozinhas, pois, não há referências a prisões de cabanos no momento do aprisionamento delas. A mulata despertou a suspeita de ser cativa, uma vez que a Cabanagem era também vista como uma ameaça à propriedade privada, portanto, a cativa devia ser restituí-

---

10 Fundo: Secretaria da Presidência da Província. Série Ofícios. Caixa 52. Ano 1839. Ofícios dos Comandantes Militares. Documento depositado no APEP. A expedição mencionada foi realizada pelos rios Amazonas, Rio Negro e Tapajós, em combate e perseguição aos cabanos.

da ao seu proprietário, senhor Fernando, morador em Macapá. Em direção oposta, pelas bandas do rio Cayrari, tem-se a notícia da prisão de nove cabanos além de duas escravas que pertenceriam a João Rodrigues Martins.[11]

Esses documentos nos permitem inferir que as mulheres participaram das frentes de combates; bem como na retaguarda, que se constitui numa frente relevante de combate para o sucesso de uma luta. As relações de gênero,[12] construídas culturalmente, designam a esfera do poder político e do conflito como apanágios dos homens. O combate assume também a divisão sexuada dos papéis e do espaço político dos sujeitos.

A presença da mulher emergiu da documentação coeva produzida pela administração e burocracia repressora do governo imperial durante a Cabanagem. Nos acervos do APEP encontrou-se um documento notificando a incursão das tropas legais nas matas da localidade de Jaguarary, em julho de 1836, onde teria sido encontrado um número significativo de cabanos. Desse confronto sangrento saíram alguns feridos e mortos. Dentre os feridos, achava-se uma mulher da fileira dos cabanos, ou seja, notícia de uma cabana ferida. Ela estava no *front* direto de batalha, se encontrava no espaço de conflito armado. O comandante militar da expedição informou que

> Apartida que avia mandado explorar as Cabiceiras d'Itapicurú, incontrou hum Coito de Cabanos na madrugata de Ontem, edesse incontro teve dois soldos firidos, ehum delles graveme, e dos cabanos morrerão dois e huma Cabana firida. Segundo aparticipação do Sagento Comme da Partida consta aver pr ali mais algum Coito delles, eseconcentrado nas mattas [...].[13]

"Huma Cabana firida". Houve espaço para mulheres no epicentro dos confrontos. Pensa-se numa possibilidade de feminização do espaço de luta do processo da Cabanagem, uma vez que são evidentes mulheres envolvidas no confronto direto entre as fileiras cabanas e os contingentes das tropas legais, pois elas estavam também na linha de frente.

---

11 Fundo: Secretaria da Presidência da Província. Série Ofícios. Ano 1837-1839. Caixa 42. Depositado no APEP.

12 Perrot afirma que "A ideia de gênero [é a] de uma diferença dos sexos baseada na cultura e produzida pela história", *op. cit.*, p. 133.

13 Fundo: Secretaria da Presidência da Província. Série Ofícios. Ano 1836-1837. Caixa 42. O documento está depositado no APEP.

O 1º Tenente Joaquim Manoel d'Oliveira e Figueiredo, comandante da Escuna "Bela Maria", recebeu do presidente da Província Francisco José Soares de Andréa, em maio de 1836, a missão de fazer uma varredura no rio Carnapijó atrás de cabanos e de "salvar" as famílias que por ventura estivessem ali refugiadas. Dentre os presos capturados, de acordo com a relação apresentada pelo dito Tenente, havia uma mulher de nome Margarida de Jesus, juntamente com o marido e o filho, todos integrantes das fileiras cabanas. De acordo com a relação enviada, Raymundo Hilario, chefe dos cabanos, era filho de Margarida, foi preso armado, ferido, faleceu 48 horas depois; Pedro da Cunha, era o pai de Raymundo Hilario e, segundo clamor geral, Margarida de Jesus era tanto ou mais ferina do que o Marido e filho.[14] Todos foram presos em ferros e conduzidos a Belém.

***

Será que Margarida de Jesus era de fato mais "ferina" que seus familiares? O documento denota a ferocidade da perseguição aos cabanos pelas tropas legais. Os considerados mais perigosos seguiam presos em ferros para Belém, onde, geralmente, eram recolhidos na mais temível prisão para os cabanos: os porões da Corveta Defensora. Outra perspectiva do documento referido consiste em que se ser cabano era depreciativo e sinônimo de perigoso criminoso que deveria ser mantido e escoltado para a cidade em ferros, o que dizer de uma mulher considerada tão ou mais ferina que seus pares? Teria espaço, dentro da Cabanagem, para uma mulher imaginada cordata e de comportamento recatado?

No rol de presos rebeldes, as Relações Nominais de Rebeldes Presos, 1836 – Bordo da Corveta Defensora, no Códice 1131, consta o registro de uma mulher presa: Maria Rita, natural do Pará, índia, viúva, parteira, de 40 anos de idade, não tinha culpa formada, explicitada, contudo, foi presa em 14 de maio de 1836 na cidade e solta no dia 30 de novembro de 1836.[15]

O que terá sido considerado motivo para efetivação da prisão não há como saber. Talvez, mesmo sem culpa formada, o fato de ser índia[16] tenha sido motivo

---

14   Documento transcrito por HURLEY, Jorge. *Traços Cabanos*. Belém: Off. Graphicas do Instituto Lauro Sodré, 1936, p. 197.

15   Relação Nominal dos Rebeldes Presos. Ano: 1836. Códice 1131. Documento depositado no APEP. O número atual do códice é 1024, devido a reordenação que está sendo feita pelos técnicos do APEP.

16   O antropólogo Moreira Neto afirma que "A participação maciça dos tapuios na Cabanagem, determinada em certa medida pelas dificuldades de relacionamento e de integração com a

suficiente para ser presa, por um período de 6 meses – isso porque não tinha culpa formalizada.

Por outro lado, não era comum a prisão de mulheres a bordo da Corveta Defensora.[17] Mas quando presas, isso em qualquer ponto da Província, havia um princípio oficial de decência que norteava a reclusão da presa, ou seja, a integridade (corpo, honra, privacidade?) das mulheres era salvaguardada, implicando na separação de homens para um lado e mulheres para outro. Mesmo em momento de conflito, havia uma vigilância sobre a mulher. Pelo menos é o que se pode denotar de correspondência de agosto de 1838, do presidente Francisco José Soares d'Andréa ao Juiz de Paz de Muaná "(...) e quando tratar de prizões de Mulheres deve haver attenção as regras da descencias, e não as prender com homens e o comandante Militar não preciza saber das culpas (...)".[18] Contudo, isso não equivale a afirmar que tal orientação fosse cumprida por todos, haja vista o número expressivo de informações sobre estupros cometidos contra mulheres tanto pelas tropas legais quanto pelos cabanos.

Dentre os delitos cometidos pelos cabanos,[19] implicando em uma maior severidade na punição, era o ato de violência sexual contra mulheres. Em correspondência de junho de 1837, o presidente Soares d'Andréa, objetivando a seleção de presos para serem recrutados, informou ao Ministro e Secretário de Estado dos Negócios da Justiça que havia recebido ordens para recrutar presos de culpas menos graves.

> [...] mas desde já decláro que deve produzir muito pouca gente, por que eu não recebo prezo algum semlhe saber dos crimes, e só recomendo a prizão de matadores, incendiarios, dos que tem feito violencia a mulheres honestas, e dos ladrões conhecidos por taés; e estes não devem ser soldados.[20]

---

    sociedade regional, tornou o nome *tapuio* um sinônimo frequente para cabano". MOREIRA NETO, C. A., *op. cit.*, p. 66.

17    Mas também não encontramos referências a um lugar específico de prisão para mulheres.

18    Série Correspondência dos Presidentes com Diversos. Códice 1083. Ano: 1838. Documento depositado no APEP.

19    No presente momento, vislumbrar-se-á, brevemente, a violência sexual cometida contra a mulher. Para uma melhor apreciação sobre os delitos cabanos, ver PINHEIRO, *op. cit.*, p. 310-352

20    Documento depositado no ANRJ. Códice da Série Interior – Ij1 – 787. Denota-se do documento a preocupação dos agentes da legalidade, em não deixar esvair-se da memória dos indivíduos as marcas deixadas pela Cabanagem, até mesmo para executar as punições.

Alguns quesitos dos crimes selecionados, que não eram considerados menos graves, são bastante significativos: dois implicam na integridade física e moral das vítimas (matadores e os que cometeram violência a mulheres "honestas"), enquanto os outros dois referidos são pertinentes à propriedade (incendiários e ladrões). Por outro lado, a violência cometida contra a mulher devidamente reforçada com o adjetivo de honesta, ou seja, a restrição e punição não era extensiva aos violentadores de qualquer mulher; mas àqueles que atacaram as mulheres honestas que correspondiam aos ideais de comportamento normatizado pela sociedade paraense da primeira metade do século XIX.[21]

As tropas legais também recorriam aos mais diversos graus de violência contra as mulheres,[22] como a psicológica, a física e sexual, (ao estupro, manifestação do ato de violação da honra) para forçar a pronúncia da cumplicidade através da revelação do paradeiro de seus pares, parentes e amigos – pai, maridos, irmãos, filhos. Rayol numa passagem de sua narrativa dos "Motins Políticos ...", sobre as atrocidades e violências que norteavam as ações de repressão das tropas legais, principalmente as das chamadas expedições, coloca que

> Nem as mulheres deixavam de sofrer! Encontradas em seus sítios ou em quaisquer outros lugares, eram prêsas e interrogadas com ameaças sôbre os seus pais, maridos e parentes varões com quem moravam, e poucas livraram-se das palmatoadas e castigos com que as amedrontavam para obterem declarações! Algumas foram até violentadas na sua honestidade pela soldadesca desmoralizada![23]

Mesmo sendo alvo de diversos níveis e ações de violências, simbólicas, físicas e morais, as mulheres estavam envolvidas no movimento enquanto protagonistas. Participaram, por exemplo, através da ação de dar cobertura e abrigo aos cabanos

---

21 Rayol informa que o incêndio e a violência às mulheres, aos menores, aos velhos e aos prisioneiros eram crimes punidos com todo o rigor da lei, contudo, um número elevado de cabanos morreram a bordo da Corveta Defensora por falta de cuidados médicos, de higiene, além dos maltratos físicos sofridos. RAYOL. *op. cit.*, p. 987.

22 Os cabanos também utilizaram do mesmo artifício, conforme indícios encontrados tanto em documentos coevos depositado no APEP, Códice 854, quanto na obra de Rayol, notadamente ao longo do 3º volume. *op. cit.*,

23 RAYOL, *op. cit.*, p. 1000.

em suas casas.[24] Por serem consideradas pertinências da esfera privada e, portanto, delineadas para o espaço da casa, contrariavam essa premissa agindo, muitas vezes sub-repticiamente, convertendo tal representação numa possibilidade de intervenção e cooperação na luta. Assim, dar abrigo a cabanos e esconder armas em casa eram formas de solidarizar-se com o movimento cabano.

Em novembro de 1838, o capitão da Corveta Defensora, José Manoel da Costa, informa ao presidente da Província Soares d'Andréa a situação do prisioneiro José Luís, "[...] malvado que tem entrado em todas as revoluçoens desta Provincia e consta que ainda conserva muitos roubos em caza de Maria da Conceição [...] onde tem estado acoitado, e onde foi prezo".[25]

O material encontrado nas casas de cabanos ou de quem os abrigava deveria ser recolhido ao depósito sob a guarda do quartel-mestre geral até que a justiça se manifestasse a respeito.

O documento referido não indica o tipo de roubo encontrado na casa de Maria da Conceição, todavia, percorrendo as linhas de outro documento onde cabanos são supostamente acobertados por mulheres, de julho de 1836, denota-se os tipos de armas – uma lazarina, uma riuna e porção de balas – escondidas na casa de uma determinada mulher nas redondezas de Jaguarary.[26]

O recrutamento compulsório por parte do governo legal dos varões das famílias, também, gerou muita polêmica, tensão e recursos jurídicos (requerimentos e petições) impetrados pelas mulheres junto ao governo legal – geralmente, eram recrutados os filhos, desde que não fosse arrimo de família, ou seja, filho único responsável pela existência material da mãe. Em setembro

---

24  Na cidade, as mulheres deram abrigo também a portugueses que fugiam dos cabanos, conforme registra Rayol ao narrar, de sua ótica claro, a ferocidade da ação dos cabanos ao entrarem na cidade: "Nem as mulheres escaparam! Algumas foram vítimas dos seus próprios atos de caridade por um ou outro desses desgraçados! Vivia na rua do Norte uma respeitável matrona de nome Mariana de Almeida, maior de setenta anos: era viúva do negociante português Joaquim de Almeida. (...) costumava esconder os portugueses que eram perseguidos nos motins populares desde o tempo de Jales. (...)", *op. cit.*, p. 923.

25  Fundo: Secretaria da Presidência da Província. Série Ofícios. Período: 1831-1839. Caixa n.º 38. Ofícios do Arsenal de Marinha. Documento depositado no APEP. Apreende-se do documento a ênfase dada pelo comandante militar responsável pela Corveta Defensora, aos delitos cometidos pelo cabano, inclusive o de acompanhar os consagrados (pela historiografia) líderes cabanos.

26  Fundo: Secretaria da Presidência da Província. Série Correspondência de Diversos com o Governo. Códice 1015. Documento depositado no APEP.

de 1840, a senhora Juliana Maria do Rozario impetrou requerimento solicitando que fosse desconsiderado o recrutamento do seu filho João Correa, por ela encontrar-se na velhice e ele ser seu único filho.[27]

Nesta ação, desnuda-se alguns critérios e normas que delineiam esfumaçadamente uma representação da mulher paraense na primeira metade do século XIX. Pela Constituição Imperial Brasileira as mulheres não eram consideradas cidadãs, elas dependiam da égide masculina, pois na ausência do pai e/ou do marido, o filho assumia a responsabilidade e o papel de mantenedor da família. Deslocando-se da frente de batalha ou da retaguarda, o conflito desenrola-se em outras instâncias, e as mulheres também estavam presentes nesses palcos, onde eram protagonistas.

### FAZENDEIRAS E VIÚVAS DE MILITARES: MULHERES DA ELITE E A CABANAGEM

Talvez escudada nessa imagem idealizada e normatizada de ser a mulher um ser frágil e dependente da égide masculina foi que D. Barbara Prestes,[28] viúva do 1º Tenente da Armada Alexandre Rodrigues, ingressou a bordo da Fragata Campista, fundeada na Baía do Guajará, em frente a cidade, com a importante missão de libertar o líder cabano Francisco Pedro Vinagre preso em ferros nos porões da dita fragata. Não foi possível a transcrição do documento por ser um pouco longo, mas é datado de setembro de 1835, quando a cidade estava em poder dos cabanos e o governo legal instalado nas fragatas e corvetas fundeadas nas águas que banham Belém, num cerco naval à cidade. Quem poderia suspeitar de uma viúva de um militar, fugindo da desordem instalada na cidade pelos "intrusos" cabanos? Muitas

---

27  Fundo: Secretaria da Presidência da Província. Série Ofícios. Ano: 1840. Caixa 54. Ofícios dos Comandantes Militares. Documento depositado no APEP. O requerimento da senhora Juliana do Rozario, é seguido por outros 'atestado' de autoridades civil e religiosa da vila de Cintra, corroborando ser João Correa filho único da referida senhora: do juiz de Paz, tenente da 4ª companhia, do vigário.

28  Correspondência Militar – 1835/1838. Registro Particular da Correspondência do Presidente Manuel Jorge Rodrigues com Diversos Ministérios do Império. Biblioteca Nacional do Rio de Janeiro. Seção de Manuscritos. Outro documento ligado a esse fato foi localizado no Arquivo Nacional do Rio de Janeiro, identificado na Série Interior – Ij1 – 787. O documento impele a uma série de reflexões como a rede de informação e contrainformação que se efetivou durante a Cabanagem. Contudo, ficar-se-á com a ação da mulher.

pessoas, famílias inteiras,[29] estavam em fuga, buscando abrigo junto às forças legais aquarteladas nos navios. D. Bárbara seria mais uma viúva em fuga, necessitada de proteção contra o avanço dos cabanos, portanto, não despertaria suspeitas a bordo.

A percepção de mulher construída no século XIX serviu de camuflagem, pois quem iria desconfiar de uma mulher com tão importante missão e ousadia em meio a um conflito das dimensões da Cabanagem? Libertar um dos líderes do movimento pressupunha um planejamento de estratégias e ações militares e de resgates que, normalmente, caberiam aos homens. No entanto, coube a uma mulher: D. Bárbara, guardiã de uma significativa soma de dinheiro em ouro e prata, que deveria ser utilizada para recompensar os auxiliares e facilitadores da fuga de Francisco Pedro Vinagre, o qual já havia tentado diversas fugas infrutíferas. Uma mulher poderia triunfar onde outros tentaram e falharam, não tivesse sido a rede de informação e contrainformação do governo, estabelecido no âmago do processo da Cabanagem que permitiu a ação dos agentes legais a bordo da Fragata Campista.

Contudo, as mulheres das elites da Província Paraense posicionaram-se politicamente contrárias à Cabanagem e favoráveis ao Estado Imperial Brasileiro. As mulheres da elite formaram um grupo diligente, colocando à disposição da ordem imperial seus recursos econômicos e influências para conseguir a "pacificação da Província". Elas temiam perder os seus privilégios e propriedades.

Fazendeiros e fazendeiras colocaram seus bens e propriedades a "serviço da Pátria". Eles disponibilizaram não só os barcos mas também outros recursos, como o gado cavalar.[30] Mulheres também posicionaram-se politicamente a favor das tropas legais, ou seja, contra os cabanos, como vemos em destaque na lista de

---

29    Conforme correspondência de Manuel Jorge Rodrigues ao Ministro e Secretário de Estado dos Negócios da Guerra, Sr. Barão de Itapicuru Mirim, havia mais de 5.000 pessoas a bordo da esquadra, "a maior parte proprietários, negociantes e pessoas bem estabelecidas". Registro Particular da Correspondência do Presidente Manuel Jorge Rodrigues com Diversos Ministérios do Império. BNRJ. Correspondência Militar – 1835/1838. Seção de Manuscritos.

30    Sabe-se que o gado cavalar tinha uma importância fundamental para as tropas militares, fossem elas cabanas ou legais. O esquadrão montado possuía maior mobilidade e poder de combate. Sobre a temática do recrutamento militar no Pará Provincial ver NUNES, Herlon Ricardo Seixas. *A guarda nacional na província paraense: representações de uma milícia para militar (1831-1840).* Dissertação (Mestrado em História Social). São Paulo: Pontifícia Universidade Católica, 2005. Ver também: KRAAY, Hendrik. "Repensando o recrutamento militar no Brasil Império". Diálogos. vol.3. n.3. DHI/UEM, 1999. p. 113-51. Disponível em: <http://www.dhi. uem.br/ publicacoesdhi/dialogos/volume01/vol03_atg3.htm>. Acesso em: 06/02/2009.

dezembro de 1836. Cinco mulheres aparecem como tendo "prestado" 36 animais. Do total de 62 acordados, ficaram por marchar 14 cavalos e 3 éguas. Em um tempo de insegurança e necessidade, esse gesto de auxiliar à nação revelava politicamente fidelidade e o nível de riqueza dos fazendeiros.

**TABELA 3 – "RELLAÇÃO DE CAVALARIA QUE FORÃO PRESTADOS P. A NAÇÃO GRATIS PELOS FAZENDEIROS"[31]**

| Nomes dos Fazendeiros da Sobservição grátis | N.º prestado | | N.º dos que marcharão | | N.º dos que falta de marchar | |
|---|---|---|---|---|---|---|
| | Cavallos | Egoas | Cavallos | Egoas | Cavallos | Egoas |
| D. Catharina de Oliveira e Souza | 5 | 5 | = | 3 | 5 | 2 |
| D. Lizarda Maria de Oliveira e Souza | 3 | 3 | = | 2 | 3 | 1 |
| D. Zeferina Maria de Oliveira e Souza | 5 | 5 | 4 | 5 | 1 | = |
| D. Thomazia Belumia Gemaque | 5 | 5 | 2 | 5 | 3 | = |
| João Austríaco | 3 | 3 | 1 | 3 | 2 | = |
| Antonio de Lacerda de Chermont | 5 | 5 | 5 | 5 | = | = |
| Manoel José Gemaque de Albuquerque | 5 | 5 | 5 | 5 | = | = |
| Somma | 31 | 31 | 17 | 28 | 14 | 3 |

No meio da comoção social provocada pela Cabanagem, onde as garantias individuais ficaram momentaneamente suspensas, aumentavam as incertezas quanto à segurança da propriedade privada e havia uma crescente demanda de recursos materiais. Esses agentes econômicos disponibilizavam recursos fundamentais ligados à rede de transportes, como o barco e os cavalos, estes últimos extremamente preciosos do ponto de vista militar, pois o cavalo potencializa a força de ataque. Nesse ano de 1836, multiplicaram-se os atos de cessão de cavalos e éguas[32] como o

---

31   Arquivo Público do Pará. Fundo: Secretaria da Presidência da Província. Serie Correspondência de Diversos com o Governo. Códice: 853. Documento 114. 1836–1837. "Na d.a occazião que ouver e estiverem promptos farei remeça de quartorze cavallos e 3 egoas que faltarão para a sobservição que os proprietarios oferecerão. Quartel do Comm.o Militar da Vila de Chaves 31 de Dezembro de 1836."

32   Os animais ficavam na cavalaria da fazenda Nacional Arary. Em documento de 23 de dezembro de 1836, o tenente-comandante do Quartel Militar da Vila de Chaves informou ao general Andréas que enviava a "Rellação Nominal dos Fazendeiros que se prestarão com Cavallos e Egoas para omancio da Fazenda Nacional Arary, num total de 18 cavalos e 18 éguas". Arquivo Público do Pará. Fundo: Secretaria da Presidência da Província. Série Correspondência de Diversos com o Governo. Códice: 853. Documento 109, Anexo 01. 1836–1837.

registrado no município de Muaná. Tudo indica que ocorreu o confisco de animais entre os fazendeiros de Chaves e Muaná, porém, houve aqueles "que se prestarão com Cavalaria gratuitamente para omancio da Fazenda N. do Arary".[33]

Ao engajamento dessas fazendeiras/os do Marajó subjaz o posicionamento de classe, uma vez que na região havia uma grande concentração de propriedades/fazendas especializadas na criação de gado cavalar, vacum e bubalinos, revelando significativo lastro de riquezas. Assim, ao disponibilizarem os recursos materiais e financeiros em favor da ordem imperial, eles estavam defendendo os seus bens e propriedades (móveis, imóveis e semoventes) do perigo de um "tempo cabanal", onde o afrouxamento das relações sociais e o direito a propriedade foram questionados. Fornecer meios e recursos às tropas legais eram também defender os seus interesses políticos e suas bases materiais.

Historiograficamente há quase que um consenso de que a economia foi duramente atingida, de tal maneira que ocasionou certa paralisação das atividades econômicas.[34] De fato, os resultados foram desastrosos, mas as atividades econômicas não cessaram de todo. Mesmo fragilizada pelos confrontos e assaltos, não estavam enrijecidas, paralisadas completamente. Os documentos citados revelam que havia, sim, atividade produtiva em diferentes pontos da província paraense.

As atividades econômicas seguiam seu curso, talvez com menos intensidade. Assim, José Francino Alves, morador de Igarapé-Miri, da comarca da capital, fazendeiro e senhor de escravo, utilizava os recursos de que dispunha para pessoalmente reprimir os cabanos. Já os fazendeiros/fazendeiras cediam gado cavalar ao Estado Imperial, com o intuito de fortalecer as tropas que atacavam os cabanos. Em lugares distantes, as ações tinham propósito semelhante.

Contudo, em meio a essas ações e aos impactos do movimento cabano no cotidiano da província, havia aqueles que procuraram melhorar a sua existência material

---

33  Ofício do Comandante do Quartel do Comando Militar de Villa de Chaves, em 31 de Dezembro de 1836, ao presidente da província Francisco José de Souza Soares d'Andreas. Arquivo Público do Pará. Fundo: Secretaria da Presidência da Província. Série: Correspondência de Diversos com o Governo. Códice: 853. Documento 114. 1836–1837.

34  Ver MOREIRA NETO, Carlos de Araújo. *Índios da Amazônia: de Maioria a Minoria (1750-1850)*. Petrópolis: Vozes, 1988 e SANTOS, Roberto. *História econômica da Amazônia – 1800-1920*. São Paulo: T. A. Queiroz, 1980. RAYOL, Domingos Antônio. *Motins políticos – ou história dos principais acontecimentos políticos da Província do Pará desde 1821 até 1835*. 3 v. Belém: UFPA, 1970.

com a ampliação dos seus negócios. Em fevereiro de 1837, por exemplo, D. Julha Martinha de Vilhena contraiu dívida no valor de setecentos mil réis junto a Vicente Antonio de Miranda, "provenientes de humas moendas[35] de ferro com todos os seus pertences pª o meu Engenho, e me obrigo a pagar no prazo de hum anno, contando da data deste [...]".[36] A moenda de ferro aumentava a capacidade produtiva de um engenho e ela comprou com os acessórios, conjunto completo, ou seja, com todos *os seus pertences*. E os resultados não demoraram a aparecer. A produção do engenho melhorou consideravelmente.

D. Julha Martinha de Vilhena continuou investindo na ampliação de sua unidade de produção, tanto que, em novembro de 1838, adquiriu uma pipa de cachaça com capacidade para 23 frasqueiras[37] e quatro frascos, além de um casco para a referida pipa, importando tudo em cento e quarenta e quatro mil, cento e setenta réis, que somados aos setecentos mil anteriores totalizavam uma dívida de oitocentos e quarenta e quatro mil, cento e setenta réis.

D. Julha estava fazendo uma ampliação razoável no seu engenho, pois aumentou a capacidade de armazenamento da cachaça em 928,6 litros. Ela contraiu dívidas relativamente significativas para equipar seu engenho, buscando o aumento da produção no momento em que a Cabanagem recrudescia nos interiores da província. E os indícios dos documentos são de que os resultados foram satisfatórios.

Tanto a elite quanto os ditos anônimos da história, como as mulheres na mata fazendo farinha, estavam inseridos numa dinâmica de conflito social que exigia

---

35 ANTONIL, André João. *Cultura e Opulência do Brasil*. Belo Horizonte: Itatiaia; São Paulo: Edusp, 1982, p. 107-14. Antonil faz uma minuciosa descrição da casa de moer e de uma moenda com todos os seus pertences de um engenho real, de Sergipe do Conde, na Bahia do século XVIII. Outro trabalho também interessante sobre a moenda e os avanços tecnológicos para melhorar a produtividade é SCHWARTZ, Stuart B. *Segredos Internos – engenhos e escravos na sociedade colonial*. São Paulo: Cia. das Letras, 1988, p. 95-121.

36 Arquivo Público do Pará. Fundo: Juízo do Comércio da Capital. Série: Autos de Ação Ordinária. 1857. D. Julha estava sendo cobrada vinte anos depois, na justiça, do empréstimo que fez em fevereiro de 1837. Os suplicantes, ou seja, os que moveram a ação contra D. Julha Martinha de Vilhena, moravam na Freguesia do Rio Capim, Comarca da Capital.

37 SAMPAIO, Patrícia Maria Melo. *Espelhos Partidos: etnia, legislação e desigualdade na Colônia. Sertões do Grão-Pará – 1755–1823*. Tese (Doutorado em História). Universidade Federal Fluminense, 2001. Ver também definição de "frasqueira" em: HOUAISS, Antônio. *Dicionário Houaiss*. Disponível em: <http://houaiss.uol.com.br/busca.jhtm?verbete=frasqueira&stype=k>.

outras estratégias de organização de vida das pessoas, que as levavam a construir caminhos de existência material em meio aos intensos conflitos.

O presente trabalho propôs-se a enveredar por matas, rios e cidade "nunca antes percorridos", procurando singelamente seguir os rastros e encontrar filamentos das ações das mulheres que, antes de qualquer coisa, mesmo subsumidas pela supremacia masculina do/no conflito, não estiveram ausentes. Muito pelo contrário, posicionaram-se politicamente ante às contradições profundas da sociedade paraense da primeira metade do século XIX.

Os documentos ora apresentados denunciam indícios de que as mulheres enfrentaram diversos desafios, seja na frente de batalha embrenhando-se nas matas e rios acompanhando seus pares, seja mediante os canais jurídicos competentes reivindicando dispensa de filhos do serviço público via recrutamento compulsório, dissimulando refúgio nos navios do governo imperial, abrigando cabanos, passando informações, as mulheres participaram ativamente da Cabanagem.

As mulheres, apesar de silenciadas pela história e historiografia, representaram um segmento relevante no desenrolar dos acontecimentos da Cabanagem e para a reorganização da sociedade paraense na afirmação da nação brasileira.

### REFERÊNCIAS BIBLIOGRÁFICAS

ANTONIL, André João. *Cultura e Opulência do Brasil*. Belo Horizonte: Itatiaia; São Paulo: Ed. da Universidade de São Paulo, 1982.

FOUCALT, M. "A vida dos homens infames". In: _____. *Estratégia, poder-saber. Ditos e escritos IV*. Rio de Janeiro: Forense Universitária, 2003. Disponível em: <http://xa.yimg.com/kq/groups/24805135/947292515/name/Foucault>. Acesso em: 12 set. 2013.

Hurley, Jorge. *Traços Cabanos*. Belém: Off. Graphicas do Instituto Lauro Sodré, 1936.

KRAAY, Hendrik. *Repensando o recrutamento militar no Brasil Império. Diálogos*. vol.3. n. 3. DHI/UEM, 1999. Disponível em: <http://www.dhi.uem.br/ publicacoesdhi/dialogos/volume01/vol03_atg3.htm>. Acesso em: 06/02/2009.

NETO, Carlos Araújo. *Índios da Amazônia de maioria a minoria (1750-1850)*. Petrópolis: Vozes, 1988.

NOGUEIRA, Shirley Maria Silva. *"A soldadesca desenfreada": politização militar no GRÃO-PARÁ da Era da Independência (1790-1850)*. Tese (Doutorado). Centro de Filosofia e Ciências Humanas da Universidade Federal da Bahia, 2009.

NUNES, Herlon Ricardo Seixas. *A guarda nacional na província paraense: representações de uma milícia para militar (1831-1840)*. Dissertação (Mestrado em História Social). São Paulo, Pontifícia Universidade Católica, 2005.

PERROT, Michelle. "Práticas da Memória Feminina". In: *A Mulher e o Espaço Público*. São Paulo. Revista Brasileira de História. ANPUH/Marco Zero, vol. 9, n.º 18, Agosto-Setembro, 1989.

PERROT, Michelle. *Mulheres Públicas*. São Paulo: UNESP, 1999.

RAYOL, Domingos Antônio. *Motins políticos – ou história dos principais acontecimentos políticos da Província do Pará desde 1821 até 1835*. 3 v. Belém: UFPA, 1970.

RICCI, Magda. "Um morto, muitas mortes: a imolação de Lobo de Sousa e as narrativas da eclosão cabana". In NEVES, Fernando Arthur de Freitas (org.). *Faces da história da Amazônia*. Belém: Paka-Tatu, 2006.

RUDÉ, George. *A multidão na História – estudos dos movimentos populares na França e na Inglaterra – 1730-1848*. Rio de Janeiro: Campus, 1991.

SAMPAIO, Patrícia Maria Melo. *Espelhos Partidos: etnia, legislação e desigualdade na Colônia. Sertões do Grão-Pará – 1755–1823*. Tese (Doutorado em História). Universidade Federal Fluminense, 2001.

SCHWARTZ, Stuart B. *Segredos Internos – engenhos e escravos na sociedade colonial*. São Paulo: Companhia das Letras, 1988.

# Flores do sertão

## Mulheres das Capitanias do Norte e suas estratégias para assegurar seu quinhão de terras (1650-1830)

Carmen Alveal

Marcos Arthur Fonseca

Ao longo do período colonial, as mulheres fizeram parte do processo colonizador, juntamente com os homens. Pretende-se, nesse ensaio, analisar as estratégias de mulheres para solicitarem terras em sesmarias, examinando as justificativas
utilizadas por elas, nas quatro Capitanias do Norte, Ceará, Rio Grande do Norte,
Paraíba e Pernambuco, entre os anos de 1650 e 1830. As sesmeiras participaram
da ocupação do sertão, contribuindo para uma ocupação mais efetiva da colônia,
porém não apenas no sentido de ampliar o patrimônio familiar, tendo em vista que
muitas solicitavam também terras em sesmarias, para que os diversos pedidos de
uma mesma família, ao serem agregados, tornassem-se uma imensa propriedade.
Muitas pensaram em si próprias, tentando garantir um pedaço de terra, inclusive como possibilidade de dote, e a consequente garantia de um bom casamento.
Ademais, algumas mulheres acabavam transmitindo seus bens para outras, principalmente para possibilitar a manutenção ou mesmo ascensão social, já que acabavam sendo preteridas nas partilhas e/ou decisões familiares, consequência de sua
função social, quando a família não seguia a legislação. Assim, tais sesmeiras tentavam obter certa autonomia em suas decisões, no sentido de serem agentes de sua
própria história.

O primeiro ponto a ser destacado é quanto ao número de pedidos em sesmarias realizados por mulheres nas quatro capitanias, ao longo dos 180 anos estu-
dados. A colonização das Capitanias do Norte foi iniciada a partir da capitania de
Pernambuco, já no século XVI, quando os colonizadores, aliados a alguns grupos

indígenas e mestiços, passaram a tentar ocupar o litoral. Este processo de ocupação litorânea que rumaria para o interior foi interrompido pela ocupação holandesa, retornando de forma gradual após a expulsão dos flamengos.

Assim, após 1650, começaram a ser concedidas sesmarias para aqueles que se dispunham a habitar regiões consideradas inóspitas e ainda habitadas por índios "selvagens". Certamente, a maioria das sesmarias eram concedidas a homens, mas as mulheres estavam presentes. Durante a segunda metade do século XVII, uma quantidade significativa de moradoras das Capitanias do Norte requereu sesmarias, povoando o interior e desenvolvendo a economia, na medida em que algumas pretendiam criar gado ou cultivar lavouras. Porém, ao longo das décadas do século XVIII, a quantidade de sesmeiras diminuiu. Percebe-se assim que a importância das mulheres como possuidoras de terras reduziu gradativamente ou ao menos que a participação delas nos pedidos foi reduzida. Este trabalho, portanto, tem por objetivo analisar e, sobretudo, entender o processo histórico que culminou em uma gradual redução de mulheres nos pedidos de sesmarias e as suas justificativas para a concessão de terras nas Capitanias do Norte ao longo do período 1650-1830, para uma melhor compreensão da importância desse segmento no povoamento e na economia dessas capitanias.

A recente historiografia sobre gênero vem revendo o papel e a atuação feminina no período colonial. Recentes trabalhos têm demonstrado a capacidade da mulher de lutar por sua autonomia, tomando, por exemplo, o controle masculino e da Igreja sobre a sexualidade, embora as mulheres encontrassem formas de resistir a esse controle.[1] O papel da mulher que não aceitava ser submissa e que se rebelava perante a sociedade masculina, porém, deve ser relativizado, uma vez que boa parte delas aceitou o controle social, político e moral da sociedade, como por exemplo, a reclusão em conventos. Contudo, essa historiografia, segundo Leila Mezan Algranti, tende a polarizar as análises em dois extremos da sociedade: a passiva obediente e a rebelde transgressora da ordem.[2] Algranti critica essa dicotomia da historiografia porque "[...] ao desmontarem os estereótipos da reclusão, da passividade e da religiosidade feminina, os estudiosos acabaram criando outros: o

---

1 ARAÚJO, Emanuel. "A arte da sedução: sexualidade feminina na Colônia". In: DEL PRIORE, Mary (org.).; BASSANESI, Carla (Coord. de texto). *História das mulheres no Brasil.* 9. ed. 2. reimp. São Paulo: Contexto, 2009, p. 45-77.

2 ALGRANTI, Leila Mezan. *Honradas e devotas: mulheres da Colônia: Condição feminina nos conventos e recolhimentos do Sudeste do Brasil, 1750-1822.* 2. ed. Rio de janeiro: José Olympio, 1999.

*Flores do sertão*

da mulher rebelde ou vítima".[3] Essa historiografia tende a generalizar as mulheres coloniais ou em submissas, obedientes ao poder patriarcal, ou em transgressoras da ordem, geralmente associando-as às suas posições sociais: a mulher rica, de maior posição, tenderia a ser mais obediente ao poder patriarcal, pois estava sob intenso controle da família, da igreja e do marido; já as escravas seriam as transgressoras, pois estavam sempre a todo momento tentando subverter a ordem, principalmente quando tentavam conquistar a alforria e recorriam à prostituição para isso. Algranti refere-se a essa generalização da seguinte maneira:

> O que se nota, algumas vezes é que a construção binária senhora e escrava [...] foi substituída por outras: ricas e pobres, aristro-cratas e trabalhadoras. O casamento continuou a ser considerado uma instituição marcante, mas apenas para as mulheres de elite: a mulher era reclusa e submissa, nas camadas dominantes. A multi-plicidade dos comportamentos femininos tornou a mergulhar em imagens opostas nitidamente delimitadas.[4]

Para um estudo do papel e da atuação da mulher colonial, portanto, deve--se atentar para os riscos que a generalização pode trazer. A mulher colonial não era um ser homogêneo, mas heterogêneo, cujos desejos e ações estavam ligadas à região onde viviam, a sua riqueza ou possibilidades de acumulação, posição social e desejos internos.

Alguns autores buscaram analisar esses variados comportamentos femininos em diversas situações da realidade colonial. Maria Beatriz Nizza da Silva analisou, por meio de inúmeras fontes, a família colonial, tentando descobrir as suas diversas varia-ções regionais. A autora classificou estas famílias em diversos tipos, e não encontrou uma homogeneidade.[5] Luciano Figueiredo analisou a situação e atuação das mulheres em Minas, desde o trabalho no comércio até a prostituição. Estudando ricas ou po-bres, esse historiador verificou a tensão social causada pelo gênero feminino, fosse em atividades lícitas ou ilícitas, rebelando-se contra a ordem ou obecedendo-a.[6] Já Eliana Goldschmidt estudou os casamentos entre escravos e forros ou livres em São Paulo,

---

3    ALGRANTI, Leila Mezan, *op. cit.*, p. 59.

4    *Idem, ibidem.*

5    SILVA, M. B. N. *História da Família no Brasil Colonial*. Rio de Janeiro: Nova Fronteira, 1998.

6    FIGUEIREDO, Luciano R. A. *O avesso da memória: cotidiano e trabalho da mulher em Minas Gerais no século XVIII*. 2. ed. Rio de Janeiro: José Olympio,1999.

percebendo um pouco mais da intimidade das escravas à luz da moral religiosa, já que estas são sempre e imeditamente associadas à prostituição, uma transgressão da moral.[7] Myriane Carla Oliveira de Albuquerque estudou a presença das mulheres nos espaços públicos de Natal. Estas, que em sua maior parte pertenciam a uma camada inferior da sociedade, eram constantemente vigiadas pelo poder régio local, o Senado da Câmara de Natal, segundo a historiadora, e eram toleradas somente por causa de suas atividades econômicas.[8] Não obstante, estas mulheres lutaram pela sua sobrevivência, por causa de sua precária situação econômica, e não se importaram em invadir o espaço tido como masculino. Em meio a uma diversidade de comportamentos femininos na colônia, o estudo das sesmeiras torna-se importante para se compreender a situação das mulheres por um denominador comum: a posse de um título de sesmaria.

A sesmaria era uma concessão de terras feita pela Coroa portuguesa para os moradores, com a condição de que estes a povoassem e a tornassem produtiva, desenvolvendo uma atividade econômica, como criação de gado ou plantações. Para se conseguir uma sesmaria, o requerente deveria solicitar a terra requerida no governo da capitania onde morava e posteriormente solicitar a confirmação real em Lisboa. Muitas vezes tais pedidos eram feitos em conjunto, no qual um número de sesmeiros solicitavam a mesma terra. Pode inferir-se que tal fato fosse uma estratégia dos requerentes para diminuir o ônus de um requerimento de sesmaria, já que estes deveriam pagar os Novos Direitos e o direito do selo.[9]

Em princípio, as mulheres não estavam proibidas de solicitar sesmarias, já que um dos grandes interesses da Coroa era povoar a terra. Porém, em algumas regiões as concessões de terras podem ter sido condicionadas, sendo possível somente a doação às mulheres que apresentassem consentimento de seu pai. Segundo Luciano Figueiredo, isso seria um reflexo da "mentalidade patriarcal que orientava o processo de transferência de propriedade".[10] Essa peculiariedade, entretanto, não foi veri-

---

7   GOLDSCHMIDT, Eliana Maria Rea. *Casamentos mistos: Liberdade e escravidão em São Paulo colonial*. São Paulo: Annablume; Fapesp, 2004.

8   ALBUQUERQUE, M.C.O. *As mulheres no espaço público colonial de natal: "daninhas" e "mal procedidas"*. Monografia (Graduação). Departamento de História – Universidade Federal do Rio Grande do Norte, Natal, 2007.

9   ALVEAL, Carmen Margarida Oliveira. *Converting Land into Property in the Portuguese Atlantic World, 16th-18th Century*. Tese (Doutorado). Departamento de História – John Hopkins University, Baltimore, 2005, p. 164-168.

10   FIGUEIREDO, Luciano R. A., *op. cit.*, p. 192.

ficada para o caso das Capitanias do Norte. Trabalho preliminar sobre a presença feminina no povoamento do interior da capitania do Ceará setecentista, observou a independência das mulheres ao requererem sesmarias.[11]

Não obstante, a mulher era um importante meio de aumento do patrimônio familiar. Nos pedidos coletivos, ou seja, quando os requerentes abrangiam homens e mulheres, a participação delas enquanto sesmeiras servia para ampliar o tamanho do lote total. Foram encontrados 119 pedidos coletivos de sesmaria que envolvem ao menos uma mulher entre os suplicantes. As petições coletivas apresentaram até 14 suplicantes. Analisando-se as petições que tiveram acima de nove requerentes, 14 requerimentos apresentaram 26 mulheres, variando a presença de 1 a 4 sesmeiras no recorte temporal de 1664 a 1717,[12] evidenciando a presença delas na ocupação do interior nesse período.[13] Mais importante é que sua frequência era relevante no sentido de aumentar o número de peticionários no intuito de poder adicionar proporcionalmente a quantidade de léguas a serem concedidas.[14] Assim, a utilização de sesmeiras era estratégico para o grupo e era legítimo pois havia justamente o interesse em povoar o maior território possível.

Segundo o Código Filipino, cada membro do casal tinha direito à metade dos bens.[15] Logo, quando uma mulher solicitava uma sesmaria, a terra requerida diretamente aumentava o patrimônio familiar. Destarte, os requerimentos de terra que incluíam mulheres podem ser entendidos como uma estratégia dos moradores para o aumento de suas posses.

---

11   VIANA JÚNIOR, Mário Martins; ALENCAR, Ana Cecília Farias de. "Identidades de gênero: (re) formulações no Ceará Colônia e Império". In: VIANA JÚNIOR, Mário Martins; SILVA, Rafael Ricarte da; NOGUEIRA, Gabriel Parente (org.). *Ceará: Economia, Política e Sociedade (Século XVIII e XIX)*. Fortaleza: Instituto Frei Tito de Alencar, 2011. p. 95-113.

12   A partir de 1720 as mulheres não figuram em quantidade nos pedidos coletivos. E no século XIX apenas um pedido com nove requerentes contou com 4 mulheres, em 1815 (RN 0737). A Plataforma SILB (Sesmarias do Império Luso-Brasileiro) é uma base de dados que pretende disponibilizar *online* as informações das sesmarias concedidas pela Coroa Portuguesa no mundo atlântico. Disponível em: <www.silb.cchla.ufrn.br>. Acesso em: 27 mar. 2013:

13   CE 0030, PE 0355, PE 0362, CE 0009, PE 0022, RN0089, PE 0350, CE 0011, PE 0038, CE 0105, CE 0301, CE 0818, CE 0074, PE 0019. Disponível em: <www.silb.cchla.ufrn.br>.

14   Ao invés de se pedir a medida usual de 3 léguas por 1 de sesmaria, solicitava-se por sesmeiro, multiplicando a extensão pelo número de sesmeiros.

15   *Código Filipino ou Ordenações e leis do Reino de Portugal.* Lv.4., tít. 48, p. 833.

Entre os anos de 1650 e 1830, foram 3567 cartas de sesmarias concedidas, envolvendo homens e mulheres, para as Capitanias do Norte. Assim, as mulheres representaram cerca de 7,10 % do total de sesmeiros.

**TABELA 1 – QUANTIDADE DE SESMEIROS NAS CAPITANIAS DO NORTE (1650-1830)**

| | PERÍODO | 1650-1700 | 1700-1750 | 1750-1800 | 1800-1830 | TOTAL |
|---|---|---|---|---|---|---|
| **HOMENS** | RN | 110 | 351 | 228 | 157 | 846 |
| | PE | 315 | 144 | 102 | 101 | 662 |
| | PB | 53 | 499 | 832 | 183 | 1567 |
| | CE | 150 | 1431 | 100 | 122 | 1803 |
| | Total do Período | 628 | 2425 | 1262 | 563 | 4878 |
| | Porcentagem | 93,18% | 91,65% | 95,54% | 92,30% | 92,90% |
| **MULHERES** | RN | 7 | 40 | 12 | 14 | 73 |
| | PE | 16 | 9 | 1 | 7 | 33 |
| | PB | 1 | 46 | 44 | 18 | 109 |
| | CE | 22 | 126 | 2 | 8 | 158 |
| | Total do Período | 46 | 221 | 59 | 47 | 373 |
| | Porcentagem | 6,82% | 8,35% | 4,46% | 7,70% | 7,10% |

Fonte: Elaboração dos autores baseadas nas cartas de sesmarias disponíveis na Plataforma SILB. Disponível em: <www.silb.cchla.ufrn.br>.

As mulheres poderiam figurar nos pedidos coletivos, ou seja, juntamente com homens ou mesmo com outras mulheres, mas também em pedidos individuais. Foram 77 mulheres a pedirem sesmarias para si e 277 nomes femininos aparecem em pedidos coletivos. Ao longo do período 1650-1830, nas Capitanias do Norte, não se verificou nenhuma exigência condicional de autorização paterna para a concessão de terras às mulheres, como ocorreu na área de Minas Gerais. Isso talvez tenha sido resultado do estado de guerra em que se encontravam as capitanias. Ao final do seiscentos e início do setecentos, contra os índios rebelados na chamada *Guerra dos Bárbaros*, o povoamento do sertão voltou a ser priorizado, inclusive com a participação feminina.

Uma concessão do período ilustra estes fatos históricos. Em 25 de julho de 1711, Dona Flávia de Barros e Paula Barbosa de Abreu alegaram ao capitão-mor André de Nogueira, da capitania do Rio Grande, que já haviam solicitado conjuntamente três léguas de comprimento e uma légua de largura no rio Curu, porém não conseguiram povoar por causa da guerra contra o *gentio bárbaro* e depois, cinco anos após a primeira concessão, solicitavam a ratificação da mesma terra.[16]

Outra doação possui a mesma estrutura. Em 8 de julho de 1717, o capitão Caetano de Melo de Albuquerque e a viúva Maria Fernandes de Araujo alegaram ao capitão-mor do Rio Grande, Domingos Amado, que já haviam solicitado conjuntamente três léguas de comprimento e uma légua e meia de largura para cada um no rio Assu, porém não conseguiram tomar posse da terra por causa dos *gentios bárbaros* e agora, 11 anos após a primeira concessão doada em 03 de maio de 1706, solicitavam a mesma terra mais uma vez.[17]

Uma doação na capitania do Ceará ilustra este movimento de povoamento no fim da *Guerra dos Bárbaros*. Em 16 de janeiro de 1708, João Alves Leitão e Ana Maria Assunção alegaram ao capitão-mor do Ceará, Gabriel da Silva Lago, que tiveram gastos com o *gentio* nas descobertas das terras, e por isso solicitaram uma sesmaria no rio Sita.[18]

Em um período de 180 anos, a quantidade de concessões de sesmarias a mulheres foi muito inferior à quantidade concedida a homens, como se pode observar nos dados da tabela abaixo:

**TABELA 2 –QUANTIDADE DE SESMEIROS NAS CAPITANIAS DO NORTE (1650 – 1830)**

|  | Quantidade | Porcentagem |
|---|---|---|
| Homens | 4878 | 92,90% |
| Mulheres | 373 | 7,10% |
| TOTAL | 5251 | 100% |

Fonte: Elaboração dos autores baseado nas cartas de sesmarias disponíveis na Plataforma SILB. Disponível em: www.silb.cchla.ufrn.br

Foram concedidas nas Capitanias do Norte ao longo do periodo 1650-1830, 297 cartas de sesmarias a mulheres. Caso se considere as concessões feitas unicamente a mulheres, esse número cai para 77.

---

16   Carta de sesmaria doada a Paula Barbosa de Abreu e Dona Flávia de Barros em 25 de julho de 1711. *Plataforma SILB* – RN 0104.

17   Carta de sesmaria doada a Caetano de Melo de Albuquerque e a Maria Fernandes de Araujo em 08 de julho de 1717. *Plataforma SILB*– RN 0385.

18   Carta de sesmaria doada a João Alves Leitão e a Ana Maria de Assunção em 16 de janeiro de 1708. *Plataforma SILB* – CE 0286.

A quantidade de sesmarias doadas às mulheres não foi insignificante, chegando a 7,1% em 180 anos. Seu número torna-se mais interessante quando as cartas são analisadas a cada 50 anos. O período entre 1650 e 1750, grande *boom* da entrada para os sertões, foi a época em que houve um maior número de concesssões e também o de maior representividade feminina. Os requerimentos nesse período chegaram a 71,6% do total em cada um dos períodos de 1650-1700 e 1701-1750, mais da metade do total. O grande número de doações neste período coincidiu com o *post bellum*, a *Guerra dos Bárbaros* e o início do povoamento e da expansão pecuária nos sertões das Capitanias do Norte.

O período inicial do *post bellum* mostrou-se atrativo para uma boa parte da sociedade colonial, que do ponto de vista dos moradores passaram a ocupar aquele espaço naquele momento, após vários anos sendo castigados pelas consequências dos conflitos contra os holandeses e em seguida contra grupos indígenas. Após o fim dos embates, o interior das capitanias encontrava-se praticamente despovoado e arruinado. Mais do que nunca, o interior precisava ser povoado. A concesssão de terras às pessoas que pretendessem ocupar o sertão ou desenvolver uma atividade econômica foi a política dos capitães-mores e governadores por meio das doações de sesmarias. Segundo Tavares de Lira, o capitão-mor do Rio Grande, Antonio de Carvalho e Almeida (1701 – 1705) empenhou-se em povoar o sertão, datando da época de sua administração uma carta régia que informava sobre aproximadamente 60 famílias que já estavam estabelecidas na região do Assu.[19]

A Coroa também tentou facilitar a concessão de sesmarias aos moradores, para que o interior fosse ocupado e a economia da pecuária fosse desenvolvida. A capitania do Ceará tornou-se subordinada a de Pernambuco em 1655, já a do Rio Grande em 1701 e cabia ao governador, como capitão-general das capitanias anexas, o direito e a autoridade de doar sesmarias. No entanto, os capitães-mores do Rio Grande e do Ceará continuaram a doar terras. O governador de Pernambuco, Felix Jose Machado (1711-1715), relatou ao rei o que se passava.[20] O capitão-mor do Rio Grande respondeu em sua defesa, mostrando documentos alegando que se ele doava terras era porque todos os seus antecessores assim o fizeram.[21] A Coroa aproveitou a situação para apoiar a política de povoamento do sertão *post bellum*. Por meio da carta régia de 22 de dezembro

---

19  LYRA, Augusto Tavares de. *História do Rio Grande do Norte*. 3. ed. Natal: Edufrn, 2008.

20  ALVEAL, Carmen, *op. cit.*, p. 151-185.

21  ROCHA POMBO. *História do Rio Grande do Norte*. Rio de Janeiro: Editores anuários do Brasil, 1922, p. 169.

de 1715, a Coroa confirmou a autoridade do capitão-mor de doar terras, baseado no costume de que seus antecessores possuíam e, principalmente, por causa dos prejuízos e do desânimo que os moradores poderiam ter ao se deslocar para Pernambuco, para obter sesmarias.[22] Desse modo, o poder régio apoiou explicitamente a política de povoação do sertão, ao facilitar o acesso às doações de sesmarias. Estas concessões atraíram os ocupadores que queriam criar seus gados, e entre eles as mulheres, que requereram sesmarias do litoral ao interior.

Uma característica interessante dessas mulheres era a soliticitação das terras como mercês aos serviços prestados pelos seus pais ou esposos e como manutenção de um *status* "nobre". Dona Inácia Machado, Dona Vitória Rodrigues da Câmara, Dona Inês Pacheco, Dona Ursula da Câmara, Dona Maria Gaga e Dona Josefa Machado solicitaram seis léguas de comprimento e uma légua de largura no rio Una ao capitão--mor do Ceará, Gabriel da Silva Lago, em 9 de dezembro de 1706, alegando que eram *nobres*, orfãs e naturais do Estado do Brasil e que requeriam aquela terra pelos serviços prestados pelos seus pais e avós a *Sua Majestade*.[23] No mesmo dia, as suplicantes Dona Inácia Machado e Dona Inês Pacheco solicitaram 18 léguas de comprimento e duas de largura no riacho Ibitiruna ao capitão-mor do Ceará, Gabriel da Silva Lago, alegando que seus pais e avós haviam servido ao rei na capitania do Ceará e que as terras solicitadas iriam ajudar em seus dotes e na manutenção da sua *nobreza*. As suplicantes também tinham o desejo de dividir as terras com suas duas filhas, Dona Maria Gaga e Dona Josefa Machado.[24] Outra suplicante utilizou o mesmo argumento. Dona Isabel Pereira de Almeida alegou que seu marido havia falecido e tinha deixado muitos filhos, e que estes precisavam ser tratados com decência por serem *nobres*. Ela solicitou três léguas de comprimento e uma de largura no rio Paraíba ao capitão--mor da Paraíba, João da Maia da Gama, em 12 de fevereiro de 1716, com o desejo de construir um engenho e alegando que seu marido, Antônio de Oliveira Ledo, havia participado da conquista do sertão mas não havia recebido nada em troca.[25] Assim,

---

22 *Idem*, p. 169.

23 Carta de sesmaria doada a Dona Inácia Machado, Dona Vitória Rodrigues da Câmara, Dona Inês Pacheco, Dona Ursula da Câmara, Dona Maria Gaga e Dona Josefa Machado em 9 de dezembro de 1706. *Plataforma SILB* – CE 0182.

24 Carta de sesmaria doada a Dona Inácia Machado e Dona Inês Pacheco em 9 de dezembro de 1706. *Plataforma SILB* – CE 0183.

25 Carta de sesmaria doada a Dona Isabel Pereira de Almeida em 12 de fevereiro de 1716. *Plataforma SILB* – PB 0126.

percebe-se que as sesmeiras não se furtaram em se apoiar no passado de seus parentes no sentido de garantir um quinhão de terras ou mesmo a manutenção da posse da terra, principalmente para manter seu *status* diferenciado.

Outra característica interessante dessas mulheres era a sua posição social. Das mulheres que tiveram sua filiação identificada, algumas eram *donas* e outras eram filhas de militares, como mostra a tabela abaixo.

**TABELA 3 – FILIAÇÃO DAS MULHERES SESMEIRAS DA CAPITANIA DO NORTE (1650-1830)**

| Mulheres | Capitania | Filiação | Ocupação do pai |
|---|---|---|---|
| (Dona) Isabel Pereira de Almeida | PB | Agostinho Pereira Pinto | Tenente Coronel |
| (Dona) Maria Joana | RN | Antônio da Rocha Pita | NA |
| (Dona) Clara Espínola | PB | Antônio de Mendonça machado | Capitão |
| Maria Gomes Pereira | RN | Antônio Dias Pereira | Coronel |
| Floriana de Morais | CE | Bento Coelho de Morais | Capitão-mor |
| Vitoria Pereira | PE | Bento Vaz da Costa | NA |
| (Dona) Antonia Xavier Cavalcante | PB | Casemiro da Rocha Coelho | NA |
| Januaria Gomes de Abreu | RN | Cosme de Abreu Maciel | NA |
| Maria Pereira da Silva | CE | Cosme Pereira Facanha | Almoxarife |
| Lourenca Escocia | CE | Domingos Escocio | NA |
| Francisca | PE | Manuel Antunes da Costa | NA |
| (Dona) Vicencia de Arruda Camara | PB | Francisco de Arruda Camara | NA |
| (Dona) Rosa Ferreira de Oliveira | PE | Francisco Ferreira Ferros | NA |
| Eugenia Marques | CE | Francisco Marques | NA |
| (Dona) Adriana de Oliveira Ledo | PB | Isabel Paes | NA |
| Rosa de Santa Maria | PB | Isidoro de Pereira Jardim | Alferes |
| Agostinha Maria de Jesus | PB | Jacinto Pereira do Prado | NA |
| (Dona) Maria Guedes Alcoforado | RN | Dona Jeronima Alcoforado | NA |

| Maria do Rosario | RN | João da Rocha Freire | NA |
|---|---|---|---|
| Rosa Maria | PB | João Gonçalves Seixas | NA |
| Joana da Costa e Sousa | CE | Jorge da Costa Gadelha | Coronel |
| Filipa Rodrigues de Oliveira | RN | Jose de Oliveira Velho | Comissário Geral |
| (Dona) Joana de Gois e Vasconcelos | PB | Lourenço de Gois e Vasconcelos | Coronel |
| (Dona) Ana Cavalcante de Albuquerque | PB | Luis Xavier Bernardes | Tenente General |
| (Dona) Florencia Inacia da Silva e Castro | PB | Luis Xavier Bernardo | NA |
| Inocencia Leite | CE | Manuel Leite | NA |
| Isabel | PB | Manuel Correia de Lima | NA |
| Placida da Silva Freire | RN | Manuel da Silva Queiros | Sargento |
| Francisca Araujo | CE | Manuel Araujo de Carvalho | Capitão |
| Eugenia da Fonseca Pereira | RN | Manuel Fonseca Pereira | NA |
| (Dona) Rosa Maria de Paiva | RN | Manuel Gomes Ferraz | Coronel |
| Teodosia da Rocha | RN | Manuel Pinto da Rocha | Tenente |
| Antonia Rodrigues Bulhões | CE | Manuel Rodrigue Bulhões | NA |
| Maria Rosa | RN | Manuel Teixeira Casado | Tenente |
| Agueda Maria de Jesus | RN | Maria de Jesus | NA |
| (Dona) Ana Teresa de Morais | PB | Matias Soares Taveira | Coronel |
| Florencia da Mota | RN | Paulo Coelho | Escrivão da Fazenda Real |
| Rosa Maria Josefa | RN | Roque da Costa | Alferes |
| Inacia de Jesus | RN | Salvador de Araujo | NA |
| (Dona) Teodosia de Oliveira | RN | Teodosio da Rocha | Capitão |
| Maria da Silva | PB | Urbano de Silva e Vasconcelos | NA |
| (Dona) Maria dos Prazeres Ponce de Leon | PB | Valentim Dias de Melo | Sargento-mor |

Fonte: Elaboração dos autores baseado nas cartas de sesmarias disponíveis na Plataforma SILB. Disponível em: <www.silb.cchla.ufrn.br>.

É possível perceber que quase a metade das sesmeiras com filiação identificável pertenciam às famílias cujos pais eram considerados "homens de armas" por fazerem parte das tropas de ordenanças. Dezoito dessas sesmeiras eram filhas de pais com importantes postos militares, como por exemplo Maria Gomes Pereira que era filha do coronel Antonio Dias Pereira.[26] Dona Rosa Maria de Paiva era filha do coronel Manuel Gomes Ferraz.[27] Rosa Maria Josefa era filha do sargento-mor Roque da Costa Gomes.[28] Placida da Silva Freire era filha do sargento-mor Manuel da Silva Queiroz.[29] Dona Isabel Pereira de Almeida era filha do tenente coronel Agostinho Pereira Pinto.[30] Dona Ana Teresa de Morais era filha do coronel Matias Soares Taveira.[31] Das 41 sesmeiras com pais conhecidos, 15 eram donas, ao contrário de 26 que não o eram. O termo dona não existia juridicamente e era reconhecido socialmente pelo grupo ao qual a mulher pertencia, revelando que essas mulheres detinham posições significativas na sociedade colonial.

Um exemplo de alta posição social da mulher é o de Dona Jeronima Cardim Frois. A suplicante era casada com o mestre de campo Domingos Jorge Velho, participante e restaurador da Guerra dos Palmares. Ela solicitou uma sesmaria de três léguas de comprimento por três de largura no rio Parnaíba em conjunto com 14 membros do terço de seu marido ao governador de Pernambuco, Dom Francisco de Castro Morais, em 3 de janeiro de 1705, alegando ser uma restauradora de Palmares e que as terras que solicitavam eram ocupadas pelo marido, mas foram abandonadas momentaneamente quando este foi chamado para a Guerra dos Palmares. Por este motivo, ela solicitava a sesmaria para si, quando já era viúva.[32]

---

26   Carta de sesmaria doada a Maria Gomes Pereira em 05 de maio de 1745. *Plataforma SILB* – RN 0390.

27   Carta de sesmaria doada a Dona Rosa Maria de Paiva. *Plataforma SILB* – RN 0078.

28   Carta de sesmaria doada a Rosa Maria Josefa em 16 de agosto de 1706. *Plataforma SILB* – RN 0067.

29   Carta de sesmaria doada a Antonia Placida de Silva Freire em 22 de fevereiro de 1712. *Plataforma SILB* – RN 0332.

30   Carta de sesmaria doada a Dona Isabel Pereira de Almeida em 12 de fevereiro de 1716. *Plataforma SILB* – PB 0126.

31   Carta de sesmaria doada a Dona Ana Teresa de Morais em 18 de agosto de 1757. *Plataforma SILB* – PB 0456.

32   Carta de sesmaria doada a Dona Jeronima Cardim Frois e demais suplicantes em 3 de janeiro de 1705. *Plataforma SILB* – PE 0038.

Em um requerimento, os moradores da Paraíba capitão Manuel Freire Machado e Dona Maria Freire de Sá solicitaram três léguas de comprimento para cada um e uma légua de largura no Rio Grande. O capitão Manuel Freire era ainda o arrematador dos dízimos reais da capitania do Ceará e Rio Grande.[33] Esse requerimento torna-se interessante ao se levantar a possibilidade de que Maria Freire e Manuel Freire possuíam uma relação de parentesco, ou mesmo de casamento, explicando assim o interesse em terem solicitado terras em conjunto em uma capitania vizinha.

O número de mulheres sesmeiras, porém, foi diminuindo gradativamente com o passar das décadas, o que leva a crer que as mulheres, como povoadoras e ocupadoras do sertão *post bellum* já não eram mais tão necessárias. O período 1750-1800 apresentou apenas 45 concessões envolvendo mulheres nas quatro capitanias.

É possível atribuir a diminuição dos pedidos de mulheres a alguns fatores. O primeiro deles pode ter sido o fim da urgência de povoamento do interior. No fim da primeira metade do século XVIII, o sertão das Capitanias do Norte já se encontrava ocupado por novos moradores, membros da sociedade colonial que acabaram por inserir os índios que sobreviveram à guerra dos Bárbaros e com uma economia pecuária cada vez mais crescente, capaz de abastecer as feiras e açougues da Paraíba e de Pernambuco além da indústria de carnes secas de Mossoró, Assu, na capitania do Rio Grande,[34] Campina Grande e Pombal, na Paraíba, e Aracati e Ribeira do Jaguaribe, no Ceará.[35] Desse modo, a importância das mulheres nos requerimentos de sesmarias diminuiu. Elas não eram mais necessárias, pois o interior já se encontrava relativamente povoado na segunda metade do século XVIII.

Outro fator pode ter sido a própria criação de gado. Tal atividade econômica, para render lucros a quem a praticava, requeria uma quantidade de cabedal. Segundo Tavares de Lyra, um cavalo custava de 12 a 15 mil réis; se este fosse de fábrica, de oito a dez mil réis; uma égua parideira, sete a oito mil réis; uma vaca, cinco a seis mil réis; um boi capado, seis mil réis; e um boi de carro, oito mil réis.[36]

---

33  Carta de sesmaria doada a Manuel Freire Machado e a Maria Freire de Sa em 24 de novembro de 1711. *Plataforma SILB* – RN 0141.

34  LYRA, Augusto Tavares de. *op. cit.*, p. 172.

35  OLIVEIRA, Almir Leal de. A força periférica da operação comercial das carnes secas do Siará Grande no século XVIII. In: VIANA JÚNIOR, Mário Martins; SILVA, Rafael Ricarte da; NOGUEIRA, Gabriel Parente (org.). *Ceará: Economia, Política e Sociedade (Século XVIII e XIX)*. Fortaleza: Instituto Frei Tito de Alencar, 2011. p. 13-34.

36  LYRA, Augusto Tavares de. *op. cit.*, p. 195. Cavalo de fábrica era o cavalo utilizado na tração.

Percebe-se assim que a criação de gado era uma atividade que não era acessível aos grupos sociais mais baixos. Pois além de arcar com os custos da criação e a perda do gado nos períodos de estiagem ou de enchente, o criador deveria arcar com os tributos pagos à Coroa, se quisesse adquirir uma sesmaria.

Levando em consideração as despesas da criação pecuária e essa ser a principal atividade econômica praticada nos interiores das Capitanias do Norte, é possível inferir que o preço total dos custos afastou as mulheres que não possuíam muitas posses dessa atividade e do requerimento de sesmarias. Logo, as terras que eram requeridas para a criação do gado, eram solicitadas por mulheres que possuíam um certo cabedal e, consequentemente, pertenciam às camadas mais altas da sociedade. Essas mulheres, geralmente possuidoras de um certo prestígio, eram chamadas algumas vezes de *donas,* como já mencionado, enfatizando assim a sua posição social. Quando estas mulheres tornavam-se viúvas adquiriam o direito de administrar como bem quisessem os seus bens e os do marido que lhe cabiam pela partilha da herança, pois eram consideradas cabeça do casal segundo o Código Filipino, embora um número de 43 viúvas requereram o título de sesmaria, talvez com medo de que o título anterior não tivesse validade.[37] Segundo Albuquerque, as posses dessas *donas* também podem ter vindo de doações de membros da família, com a finalidade de dar uma melhor condição de vida e uma chance de conseguir um bom marido.[38] Neste caso, uma motivação para a solicitação de sesmarias pode ter sido a acumulação de bens que pudessem formar um dote atraente, e assim conseguir um bom casamento. Alguns casos ilustram a doação de sesmarias como uma forma de se obter o dote. O sesmeiro Inacio da Cunha Souto Maior, ao solicitar uma sesmaria na Freguesia da Luz, alegou ter recebido a terra por dote de seu sogro, Jose Martins Leitão, em razão do seu casamento com Vicencia Maria da Câmara.[39] João Fernandes Lisboa alegou que era possuidor de um sítio de criar gado chamado Capivara, o qual recebeu por dote da sua sogra, Dona Josefa Coelho.[40] Tais exemplos mostram como a terra tornava-se elemento de composição de dote.

---

37 *Código Filipino ou Ordenações e leis do Reino de Portugal.* Lv.4., tít. 48, p. 837.

38 ALBUQUERQUE, M.C.O. *As mulheres no espaço público colonial de natal: "daninhas" e "mal procedidas".* Monografia (Graduação). Departamento de História – Universidade Federal do Rio Grande do Norte, Natal, 2007.

39 Carta doada a Inacio da Cunha Souto Maior em 9 de abril de 1788. *Plataforma SILB*– PE 0184.

40 Carta doada a João Fernandes Lisboa e Dona Josefa Coelho em 18 de novembro de 1757. *Plataforma SILB* – PB 0465.

Já as mulheres de posições sociais mais baixas não tinham condições financeiras que permitissem a sua participação na economia de gado. Tendo que ajudar no sustento da família, quando muitas vezes elas próprias eram as que chefiavam a família, essas mulheres sobreviviam de trabalhos urbanos, encontrados sobretudo nas cidades e vilas. A Câmara procurava oferecer às mulheres que precisavam trabalhar para sustentar a sua família algumas ocupações e delimitar os trabalhos específicos dessas mulheres à casa. Segundo Luciano Figueiredo, as mulheres estavam excluídas de funções políticas nas Câmaras Municipais, cargos na administração e dos ofícios mecânicos.[41] Segundo Albuquerque, as atividades lícitas mais exercidas pelas mulheres da capitania do Rio Grande eram as de comerciantes, costureiras, doceiras e lavadeiras.[42] Sendo essas atividades principalmente de caráter urbano, estas mulheres não estavam ligadas a atividades econômicas do sertão, como o gado, e consequentemente não requeriam doações de terras. Logo, a redução do requerimento de sesmarias esteve ligado à diminuição de solicitações de terras feitas pelas mulheres das camadas mais altas da sociedade, pois eram estas mulheres que tinham condições financeiras de participar na atividade pecuária.

As justificativas das sesmeiras, em pedidos individuais, comprovam que as mesmas possuíam certas rendas e que participavam da economia pecuária durante a primeira metade do século XVIII, como mostra a tabela abaixo:

**TABELA 4 – JUSTIFICATIVA DOS 77 PEDIDOS INDIVIDUAIS DE MULHERES NAS CAPITANIAS DO NORTE (1650–1830)**

| Justificativas | Pedidos | Porcentagem |
|---|---|---|
| Possuía gado | 52 | 67,53 % |
| Era moradora da Capitania | 32 | 41,55% |
| As terras eram devolutas | 27 | 35,06% |
| Alegou que já ocupava a terra requerida | 26 | 33,76% |
| Solicitou as terras para si e seus herdeiros | 19 | 24,67% |
| Não possuía as terras com justo título | 17 | 22,07% |
| Solicitou pagar somente o dízimo | 12 | 15,58% |

---

41  FIGUEIREDO, Luciano R. A. *op. cit.*, p. 184.

42  ALBUQUERQUE, M.C.O. *op. cit.*, p. 29.

| Era descobridora das terras | 12 | 15,58% |
|---|---|---|
| Pretende criar gado | 11 | 14,28% |
| Solicitou isenção de pagamento de foro | 7 | 9,09% |
| Solicitou isenção de pagamento de pensão | 7 | 9,09% |
| Não tinha terras | 6 | 7,79% |
| Esperava evitar contendas | 5 | 6,49% |
| Pretendia aumentar as rendas reais | 5 | 6,49% |

Fonte: Elaboração dos autores baseado nas cartas de sesmarias disponíveis na Plataforma SILB. Disponível em: <www.silb.cchla.ufrn.br>.

As justificativas dos requerimentos que envolvem apenas mulheres atestam a participação feminina no povoamento e na expansão da economia pecuária. A justificativa de que possuíam gado teve 52 ocorrências (67,53%), sendo a mais utilizada, juntamente com ser moradora da capitania, 32 (41,55%), e que eram terras devolutas, 27 (35,06%).[43] Essas justificativas estão claramente interligadas, pois na medida em que as terras pedidas não eram aproveitadas, o requerente as pedia para si afirmando que não possuía uma sesmaria para poder criar seus gados. Estes pedidos permitem analisar que a maior motivação de requerimento de terras nas Capitanias do Norte era de fato a economia pecuária. Além de algumas já possuírem gado, a justificativa alegando que pretendia criar gado apareceu 11 vezes (14,28%), aumentando as motivações que envolvem essa economia para 81,81%, ou seja, a cada cindo pedidos, quatro eram para criar gado. Isso permite visualizar qual era a atividade econômica majoritariamente desenvolvida pela maior parte dessas mulheres e inferir que, de acordo com os preços dos gados *vacum* e *cavalar* aqui já mencionados, que a maioria delas eram senhoras de posses.

Outras justificativas menos recorrentes também permitem explorar outros aspectos das motivações das suplicantes. Doze (14,28%) alegaram ser "descobridoras das terras", em comparação com os pedidos coletivos, 123 ocorrências, representando 36% das sesmarias requeridas em conjunto. Esse dado evidencia que as mulheres se autoproclamavam também como conquistadoras daquelas terras, a despeito de não terem maridos.

---

43 Terras devolutas eram as terras consideradas desaproveitadas ou que não estavam sendo utilizadas e que não pertenciam a nenhum sesmeiro ou instituição.

Algumas justificativas não puderam ser contabilizadas em uma tabela, dadas as suas particularidades. No ano de 1712, três mulheres fizeram novas solicitações de duas sesmarias já concedidas a elas. Primeiro, Antonia da Silva Freire e Maria Silva Freire requereram novamente uma légua de comprimento e uma légua de largura no rio Pirangi, porque não conseguiram povoar pois faltaram com algumas cláusulas e condições.[44] Do mesmo modo pediu outra suplicante, Placida da Silva Freire, novamente uma légua de comprimento e uma légua de largura no rio Pirangi, porque não conseguiu cumprir a legislação sesmarial devido às cláusulas e condições.[45] Infelizmente essas condições e cláusulas não são explicitadas. Acredita-se que estas três sesmeiras fossem da mesma família, pois possuem o mesmo sobrenome e solicitaram terras fronteiriças no mesmo dia. Nesses casos, evidencia-se o zelo que tinham em legalizar sua situação.

Em outra carta, Filipa Rodrigues de Oliveira solicitou uma nova sesmaria ao capitão-mor João de Teive Barreto e Menezes de um sítio de terras na ribeira do Assu, que herdou do pai, o comissário Jose de Oliveira Velho, na decisão da partilha com os outros herdeiros.[46] É possível perceber o medo de que as mulheres tinham de perder as suas terras, porque mesmo herdando a sesmaria de seu pai, Filipa solicitou-a mais uma vez, semelhante ao caso das viúvas. As mulheres que eram viúvas solicitavam novamente as sesmarias que já possuíam. Sua alegação mais frequente era o medo de perder as terras que possuíam após a morte do marido. Um exemplo é a solitação de Dona Florencia Pereira de Jesus. Havia cerca de 70 anos que Florencia era moradora no sítio Alagoa Grande Pau com o seu falecido marido, Isidoro Pereira Gondim. Contudo, soube que algumas pessoas pretendiam solicitar terras próximas às suas e requereu novamente o título de sesmaria do seu sítio.[47] Assim como Florencia, mais cinco casos de mulheres foram encontrados, nos quais elas esperavam evitar contenda, e outras cinco alegavam não possuir o justo título, mostrando a preocupação dessas sesmeiras em garantir legalmente a posse.

---

44 Carta de sesmaria doada a Antonia da Silva Freire e Maria Silva Freire em 22 de fevereiro de 1712. *Plataforma SILB* – RN 0331.

45 Carta de sesmaria doada a Antonia Placida de Silva Freire em 22 de fevereiro de 1712. *Plataforma SILB* – RN 0332.

46 Carta de sesmaria doada a Filipa Rodrigues de Oliveira em 06 de novembro de 1738. *Plataforma SILB* – RN 0469.

47 Carta de sesmaria doada a Dona Florencia Pereira de Jesus em 8 de feveiro de 1780. *Plataforma SILB* – PB 0775.

Além das justificativas, as cartas às vezes também permitem conhecer o estado civil em que se encontravam algumas mulheres. Sobre a maior parte delas não é possível ter certeza se eram casadas ou solteiras, pois não aparecem referências a isso nos requerimentos. Quanto às viúvas, é possível fazer uma análise melhor sobre elas, já que a condição destas é referenciada nas cartas. Ao longo dos 180 anos analisados, as 43 viúvas possuíam certo cabedal e *status* na sociedade, além de alguma liberdade pois lhes era permitido por lei administrar os seus bens após a morte do seu marido. Também é possível atribuir aos requerimentos de sesmarias que estavam em posse dos falecidos maridos dessas mulheres ao medo de perderem as terras. Como já mencionado anteriormente, havia a possibilidade de alguém solicitar as sesmarias herdadas alegando que estavam devolutas. Assim, essas viúvas sentiam a necessidade de solicitar novamente a terra para obter o título de posse da terra, e afastarem essa possibilidade.

Uma destas viúvas, Dona Ana da Fonsenca Gondim, requereu uma sesmaria na ribeira do Apodi, capitania do Rio Grande, no local em que seu falecido marido, o coronel Manuel Araujo de Carvalho, possuía um sítio, em 1745.[48] Antes disso, ela já havia pedido outra sesmaria em um outro sítio de seu cônjuge, em 1739, na Paraíba.[49] Em outra carta, a sesmaria na Paraíba é reclamada por Manuel Araújo de Carvalho, cônego da Catedral de Olinda, que afirmou ser filho e herdeiro de Manuel Araújo e Ana Fonseca.[50] Segundo Rodrigo Ceballos, o falecido marido de Ana da Fonseca, havia participado de uma expedição de conquista do sertão da Paraíba, junto com Teodósio de Oliveira Ledo e foi juíz ordinário de Piancó, em 1711.[51] Esta sesmeira comprova a alta posição social das mulheres que solicitavam terras e a maior liberdade que as viúvas possuíam em contraste com as outras sesmeiras. Segundo Albuquerque, essas ricas mulheres viúvas "[...] tinham autonomia para gerir seus negócios, administrar suas fazendas e ainda estabelecer relações

---

48  Carta de sesmaria doada a Ana da Fonsenca Gondim em 14 de abril de 1745. *Plataforma SILB* – RN 0568.

49  Carta de sesmaria doada a Ana da Fonsenca Gondim em 20 de abril de 1739. *Plataforma SILB*– PB 0263.

50  Carta de sesmaria doada a Manuel Araujo de Carvalho em 06 de março de 1760. *Plataforma SILB* – PB 0528.

51  CEBALLOS, R. "Veredas Sertanejas da Parahiba do Norte: a formação das redes sociais, políticas e econômicas no Arraial de Piranhas (século XVIII)". In: XXVI Simpósio Nacional de História – ANPUH: 50 anos, 2011, São Paulo. Anais do XXVI Simpósio Nacional de História – ANPUH: 50 anos. São Paulo: ANPUH, 2011.

comerciais. [...]".[52] Também é possível perceber que Ana da Fonseca requereu novamente duas sesmarias que eram de marido. Pelo direito da partilha, estas terras lhe pertenciam. O que pode explicar essas novas solicitações era o medo de que as viúvas tinham de perder essas terras. Desse modo, requeriam novamente o título, para que com o mesmo, tivessem segurança sobre a sua posse.

Outro caso de viúva com posses foi Dona Rosa Maria Josefa. A sesmeira requereu junto com o seu pai, o sargento-mor Roque da Costa Gomes, uma sesmaria que se estendia do rio Paneminha até a praia Ponta do Mel, em 1706.[53] Novamente requereu outra sesmaria, no rio Jundaí em 1711, conjuntamente com o sargento-mor Estevão Velho de Moura.[54] Segundo Albuquerque, Rosa Maria casou-se com o coronel Manuel Teixeira Cazado, não sendo possível saber o ano de seu casamento ou de sua viúvez.[55] Ela teria vindo de uma família abastada, sendo seu pai um dos oficiais do Senado da Câmara de Natal, tendo ocupado a posição de juíz ordinário no ano de 1709 e de 1741.[56] Durante o momento de seu testamento, alegou possuir:

> [...] 13 escravos, um sítio de terras na ribeira do Seridó onde criava gados, com uma légua e meia de comprimento e meia légua de largura, [...] um sítio chamado Pedra Branca, na ribeira do Potengi, com três léguas de criar gados, próximo ao rio, e uma légua de largo; [...] além disso possuíam cento e vinte cabeças de gado fêmeas, quarenta e cinco machos, quinze novilhas, onze garrotes e uma cavalo de fábrica, distribuídos nos sítios citados acima. Possuia ainda no Ceará-Grande, na ribeira do Xoró e na Fazenda de Senhora S.Ana, gado vacum [...] quarenta cabeças de fêmeas, entre grandes e pequenas, e trintas machos [...].[57]

Contabilizadas apenas as criações de gado e de outros tipos de animais de Rosa Maria, elas chegam ao valor de um conto e quinhentos e vinte oito mil réis.

---

52  ALBUQUERQUE, M.C.O. *op. cit.*, p. 45.

53  Carta de sesmaria doada a Roque da Costa Gomes e Rosa Maria Josefa em 18 de julho de 1706. *Plataforma SILB* – RN 0067.

54  Carta de sesmaria doada a Estevão Velho de Moura e Rosa Maria Josefa. *Plataforma SILB* – RN 0098.

55  ALBUQUERQUE, M.C.O. *op. cit.*, p. 47.

56  *Idem*, p. 44.

57  *Idem*, p. 43.

Para Albuquerque, esses casos demonstram que "[...] as mulheres ricas, algumas vezes, conseguiam melhor *status* na sociedade [...]. Contudo, apesar de todas as dificuldades [...] essas mulheres [...] conseguiram manter-se independendes e com autonomia para administrarem suas posses".[58] Deve-se salientar que tais situações ocorreram com viúvas ricas, porque viúvas pobres "[...] tinham que trabalhar mais, pois já não contavam com a ajuda de seus companheiros".[59]

Destarte, é possível perceber que o universo feminino na colônia não era homogêneo, mas heterogêneo segundo o período de tempo e um local específico. Mesmo entre as mulheres que requeriam terras, não havia uma uniformidade sobre as suas motivações. Algumas requeriam as terras de seus falecidos maridos, o caso das viúvas, com receio de que aquelas terras pudessem ser requeridas por outros sesmeiros. Outras sesmeiras solicitaram sesmarias que haviam herdado de seus pais, para poder obter o título de posse. Outras podem ter requerido terras para construir, ou para aumentar seu dote a fim de conseguirem arranjar um bom casamento. Já outras mulheres podem ter solicitado sesmarias apenas para aumentar os seus próprios bens e investir em uma atividade econômica, como a criação de gado.

Nesse ponto, é importante destacar o papel que as mulheres tiveram na segunda metade do XVII e início do século XVIII ao povoarem o sertão *post bellum*. O requerimento de sesmarias por parte delas ajudou no projeto colonizador da Coroa do interior das Capitanias do Norte. Também deve ser destacada a sua importante participação na economia pecuária, que esteve estreitamente ligada ao movimento de povoação das capitanias. A grande quantidade de recorrências da justificativa de criação de gado ainda permite analisar que uma boa parte dessas mulheres eram senhoras de certas posses e por isso podiam desenvolver a atividade da pecuária. Além disso, 18 dessas mulheres eram filhas de militares, o que reforça o fato de que não pertenciam às camadas mais baixas da sociedade.

Ao longo dos 180 anos, a importância da mulher como sesmeira foi diminuindo gradativamente. Vários fatores causaram essa redução, como por exemplo um sertão relativamente povoado por moradores e os custos econômicos da atividade pecuária. Desse modo, as mulheres foram importantes no processo de ocupação da Capitanias do Norte no *post bellum*, mas que com o passar das décadas perderam a sua serventia.

---

58   *Idem*, p. 43.

59   *Idem*, p. 43.

Vale salientar, porém, que tais sesmeiras constituíram-se como agentes sociais, que ao requererem terras para si, desenvolveram um importante papel na economia das capitanias. As suas solicitações de sesmarias não devem ser vistas apenas como parte da conjuntura favorável ocasionada pela incremento do processo colonizador, mas também como uma forma de atuação em busca de uma melhor posição dessas mulheres perante a sociedade. Ao mesmo tempo em que elas ajudavam no processo de ocupação do interior e no desenvovimento da pecuária, e eram reconhecidas por isso, essas mulheres também aumentavam os seus próprios bens. Portanto, essas mulheres que tinham diversos motivos para solicitarem sesmarias para si torna-ram-se partes importantes no processo de colonização das Capitanias do Norte.

### REFERÊNCIAS BIBLIOGRÁFICAS

ALBUQUERQUE, Myrianne Carla Oliveira de. *As mulheres no espaço público colonial de natal: "daninhas" e "mal procedidas"*. Monografia (Graduação). Departamento de História – Universidade Federal do Rio Grande do Norte, Natal, 2007.

ALGRANTI, Leila Mezan. *Honradas e devotas: mulheres da Colônia: Condição feminina nos conventos e recolhimentos do Sudeste do Brasil, 1750-1822*. 2. ed. Rio de janeiro: José Olympio, 1999.

ALVEAL, Carmen Margarida Oliveira. *Converting Land into Property in the Portuguese Atlantic World, 16th-18th Century*. Tese (Doutorado) – Departamento de História – John Hopkins University, Baltimore, 2005.

ARAÚJO, Emanuel. "A arte da sedução: sexualidade feminina na Colônia". In: DEL PRIORE, Mary (org.).; BASSANESI, Carla (Coord. de texto). *História das mulheres no Brasil*. 9. ed. 2. reimp. São Paulo: Contexto, 2009, p. 45-77.

CEBALLOS, Rodrigo. "Veredas Sertanejas da Parahiba do Norte: a formação das redes sociais, políticas e econômicas no Arraial de Piranhas (século XVIII)". In: XXVI Simpósio Nacional de História – ANPUH: 50 anos, 2011, São Paulo. Anais do XXVI Simpósio Nacional de História – ANPUH: 50 anos. São Paulo: ANPUH-SP, 2011.

*Código Filipino ou Ordenações e leis do Reino de Portugal*.

FIGUEIREDO, Luciano R. A. *O avesso da memória: cotidiano e trabalho da mulher em Minas Gerais no século XVIII*. 2. ed. Rio de Janeiro: José Olympio, 1999.

GOLDSCHMIDT, Eliana Maria Rea. *Casamentos mistos: Liberdade e escravidão em São Paulo colonial*. São Paulo: Annablume; Fapesp, 2004.

LYRA, Augusto Tavares de. *História do Rio Grande do Norte*. 3. ed. – Natal: Edufrn, 2008.

OLIVEIRA, Almir Leal de. "A força periférica da operação comercial das carnes secas do Siará Grande no século XVIII". In: VIANA JÚNIOR, Mário Martins; SILVA, Rafael Ricarte da; NOGUEIRA, Gabriel Parente (org.). Ceará: *Economia, Política e Sociedade (Século XVIII e XIX)*. Fortaleza: Instituto Frei Tito de Alencar, 2011. p. 13-34.

ROCHA POMBO. *História do Rio Grande do Norte*. Rio de Janeiro: Editores anuários do Brasil, 1922, p. 169.

SILVA, Maria Beatriz Nizza. *História da Família no Brasil Colonial*. Rio de Janeiro: Nova Fronteira, 1998.

VIANA JÚNIOR, Mário Martins; ALENCAR, Ana Cecília Farias de. "Identidades de gênero: (re)formulações no Ceará Colônia e Império". In: VIANA JÚNIOR, Mário Martins; SILVA, Rafael Ricarte da; NOGUEIRA, Gabriel Parente (org.). Ceará: *Economia, Política e Sociedade (Século XVIII e XIX)*. Fortaleza: Instituto Frei Tito de Alencar, 2011, p. 95-113.

# O dote é a educação

## A instrução feminina como dote simbólico em São Luís republicana

Elizabeth Sousa Abrantes

### A CESTA DA NOIVA: O DOTE NOS ARRANJOS MATRIMONIAIS

Antes de analisar como a educação feminina tornou-se um "dote simbólico", ressignificando esse costume na sociedade brasileira, é importante considerar o que o dote representou para as mulheres e suas famílias ao longo dos séculos em que foi considerado como obrigação social e uma prática legal.

No Brasil colonial, o casamento foi apresentado às mulheres como a grande realização das suas vidas, um meio de valorizá-las socialmente na condição de esposas e mães, uma vez que a maternidade estava ligada à conjugalidade. O dote[1] era um meio de viabilizar a união conjugal, sendo raro uma moça com dote que não se casasse.

O dote era uma instituição fundamental na sociedade colonial, servindo tanto para formar novas unidades produtivas como para proteger as mulheres da penúria. Por isso, era uma obrigação legal dos pais no matrimônio feito a *facie eclesiae*, sendo exigido também nos casos de rapto, como forma de indenização pelo mal ocasionado à honra feminina. Na sociedade colonial brasileira, herdeira dos costumes portugueses e da legislação metropolitana,[2] o dote era uma peça-chave no contrato matrimonial das famílias de posses.

---

1    Etimologicamente a palavra "dote", de origem latina, significa os bens que uma noiva (ou noivo) leva para a vida em comum iniciada com o casamento.

2    O dote era entregue para a administração do esposo administrar, para ajudar na sustentação dos encargos do matrimônio e manter a mulher com dignidade em caso de viuvez.

Embora houvesse uma distinção entre o dote e os demais bens, havia o costume no Brasil de considerar como dote todos os bens que a mulher levava para a sociedade conjugal, independente do regime de casamento. No entanto, o verdadeiro regime dotal era aquele estipulado num contrato antenupcial, ou seja, num contrato dotal. Essas distinções sobre o bem dotal são importantes para se compreender o significado do dote na sociedade brasileira colonial, em que a mulher era igualmente um bem de troca das famílias, vista como incapaz de manter-se por si própria e necessitando de uma garantia para seu futuro. Essa mentalidade levava as famílias a considerarem suas filhas como um dote, como parte do patrimônio, assim como a virgindade feminina era vista como outro "dote" valioso. Sendo assim, "o dote era mais do que uma quantia em dinheiro, possibilitando que o casal iniciasse a vida com certo capital: era o símbolo que valorizava a noiva, sua família e o novo casal".[3]

O casamento implicava em muitos interesses materiais, como herança e administração dos bens do casal, entre os quais estava o dote, por isso, entre as famílias de posses, o casamento era considerado primeiro como um negócio e, secundariamente, como um assunto sentimental. Devido às poucas opções que restavam à mulher numa sociedade onde sua imagem estava associada às de esposa e mãe, o casamento tinha a função específica de torná-la útil na sociedade, responsável pela garantia da prole legítima e pelo futuro geracional das famílias representadas no consórcio.[4]

O casamento era entendido como um meio de "proteção" e sobrevivência econômica da mulher, pois era da competência do marido zelar pela segurança da esposa e dos filhos, incluindo a administração dos bens do casal. Para as mulheres, desde que suas famílias tivessem boas condições econômicas, teriam a certeza do dote e de um pretendente.

Sob essa aparência de proteção e amparo, o costume do dote, cuja prática dependia do casamento, expressava uma forma sutil de dominação, fazendo com que fosse interiorizado pelas mulheres os dispositivos que asseguravam sua submissão, mantendo-as em permanente estado de insegurança econômica, corporal e moral caso não estivessem sob a tutela masculina.

O dote levado pela mulher ao casamento contribuía decisivamente para o sustento do novo casal, uma vez que a família nesse período era vista como uma

---

3   YALOM, Marilyn. *A História da Esposa: da virgem Maria a Madona*, 2ª ed. Rio de Janeiro: Ediouro, 2002, p. 109.

4   SAMARA, Eni de Mesquita. *A Família Brasileira*. São Paulo: Brasiliense, 1986, p. 50.

estrutura por onde se realizava a atividade econômica. O casamento era um negócio de família, um meio de se formar uma nova unidade produtiva, e o dote era a instituição econômica que viabilizava esse objetivo.

A prática costumeira dos casamentos de conveniência nas famílias proprietárias no período colonial colocava a mulher como elemento de troca relevante. "A associação entre casamento e dote da mulher imprimia a dinâmica ao regime das alianças, perpetuando a reprodução de patrimônios materiais e humanos".[5]

Nas famílias de posses da sociedade brasileira colonial, a dotação constituiu-se no mecanismo privilegiado de alianças matrimoniais, funcionando como uma peça importante na barganha pelas melhores alianças e representando uma contribuição de peso na formação de uma nova unidade doméstica. Para esse fim, dotava-se principalmente com bens de produção, como escravos, terras, cabeças de gado. As famílias com menos posses se restringiam a peças de enxoval ou a animais de serviço. Entre os mais pobres prevaleciam as uniões consensuais que, mesmo condenadas pela moral católica vigente, eram toleradas pela sociedade, especialmente nesse meio social.

## DE MÃOS ABANANDO: O DECLÍNIO DA PRÁTICA DO DOTE

A sociedade brasileira passou por mudanças que tiveram consequências na organização das famílias, do pacto matrimonial e da prática dotal. No século XIX, o modelo de casamento ainda vigente no meio das famílias de elite funcionava como um sistema de "mercado matrimonial" para preservar a pureza étnica e a manutenção da classe social, em que os cônjuges nem sempre tinham os seus sentimentos afetivos respeitados, a fim de resguardar os interesses das famílias envolvidas no consórcio.

As novas ideias sobre o casamento, baseadas no ideal do amor romântico, provocaram críticas a esses arranjos matrimoniais tradicionais, mesmo sem provocar transformações radicais que abalassem totalmente o costume, especialmente no meio da elite. As novas condições que se implantavam no país, com mais oportunidades para os rapazes seguirem uma carreira e para as jovens ampliarem sua sociabilidade e instrução, contribuíam para reforçar o ideal do casamento por amor,

---

5   GONÇALVES, Margareth de Almeida. "Dote e Casamento: as expostas da Santa Casa de Misericórdia do Rio de Janeiro". In. COSTA, Albertina de Oliveira; BRUSCHINI, Cristina (orgs.). *Rebeldia e Submissão: estudos sobre condição feminina*. São Paulo: Edições Vértice, 1989, p. 61.

muito embora as mudanças de mentalidade e de práticas costumeiras fossem lentas e esbarrassem na resistência de alguns segmentos mais conservadores.

As inovações como maior conhecimento e contato dos nubentes, por meio do namoro e noivado, a escolha do cônjuge baseada no interesse pessoal e afetivo, a crítica ao casamento por conveniência, encontravam resistência nas famílias de elite e contavam com o apoio do clero católico. O momento era de transição para uma nova política do casamento, onde as novas práticas eram vistas como desagregadoras, com mais permanências que rupturas nos arranjos matrimonias dessas famílias de posse, indicando que o ideal do amor romântico estava mais no discurso do que na prática.

Apesar do discurso em prol do amor romântico como ponto de partida para o casamento, continuaram os casamentos arranjados, a procura de um bom partido a fim de trazer vantagens financeiras. Mas, ao longo do século XIX cresceram as críticas aos casamentos por interesses financeiros, bem como diminuíram os casamentos endogâmicos e por conveniência econômica, embora a igualdade étnica e social tenha se mantido como um princípio essencial para as famílias de elite. A disseminação dos ideais do amor romântico ajudava a libertar o vínculo conjugal de laços de parentesco, fortalecendo os valores burgueses, especialmente entre os grupos urbanos.

O costume do dote passou por um processo de declínio, que foi acompanhado também por novos arranjos dotais. As mudanças na constituição das famílias e educação da prole possibilitavam maior liberdade aos filhos, mesmo que para as mulheres essa liberdade não se efetivasse na prática, pois com o casamento passavam para a dependência e tutela dos maridos.

Com o crescente desuso da prática costumeira do dote, que era uma forma da esposa contribuir para o sustento do casal, deixando o marido numa situação de devedor, a esposa tornava-se agora inteiramente dependente do marido para seu sustento. Para Muriel Nazzari,[6] como uma das funções do dote era prover materialmente o futuro da mulher, este bem se tornava fonte de orgulho da esposa, pois mesmo que não controlasse o próprio dote, sabia que havia colaborado com a maior parte para os bens do casal, fazendo com que o pacto matrimonial pesasse mais em favor da esposa e da sua família de origem.

Para a historiadora Teresa Marques, o desuso do dote, como parte das mudanças nos arranjos familiares, "não foi favorável às mulheres, pois, sem o dote, elas

---

6   NAZZARI, Muriel. *O Desaparecimento do Dote: mulheres, família e mudança social em São Paulo – Brasil, 1600-1900*. São Paulo: Companhia das Letras, 2001, p. 57-59.

passaram à condição de esposas sem uma contribuição formal para o patrimônio familiar, exceto, como vimos, na eventual herança paterna".[7]

> Como ainda permaneciam excluídas, em grande parte, do mercado de trabalho, as esposas tornaram-se vulneráveis aos maridos, seus tutores de fato, e de direito. Sem dúvida, surgiram claros desequilíbrios de poder dentro da relação matrimonial, ao contrário da situação anterior, quando as mulheres gozavam da proteção de seu pai e irmãos, ainda que arcassem com os custos dessa proteção.[8]

Segundo Teresa Marques, a explicação para o desuso da prática do dote desde o século XIX não deve ser buscada, apenas, nas transformações econômicas e de costumes que estavam ocorrendo na sociedade brasileira, mas deve-se acrescentar nessa análise uma outra variável, da evolução dos direitos de propriedade no quadro institucional do país.

> Assim, ao invés de dotar filhas antes do casamento, os pais preferiam lhes legar herança na forma de títulos, ações e imóveis. (...) Podemos argumentar, contudo, que a herança paterna entrava no rol do patrimônio familiar da herdeira, que, em face do estatuto da mulher dentro do casamento, normalmente celebrado sob o regime de comunhão de bens, passava a ser administrado pelo marido, mesmo se o casal vivesse separado. Embora houvesse a possibilidade de divórcio, a mudança da condição de dotadas para a de herdeiras não favoreceu a posição das mulheres na sociedade conjugal.[9]

Se na prática social começava a haver o enfraquecimento do dote, no âmbito legal esse patrimônio ainda era protegido como forma de assegurar a sobrevivência futura da mulher em caso de desamparo. A mentalidade de que as mulheres constituíam o *fragilitas sexus* justificava a permanência legal do bem dotal como um patrimônio inalienável, livre dos riscos de mercado.

Ao longo do século XIX a estratégia das famílias pertencentes às camadas sociais médias e altas foi de investir mais em capital humano, na instrução dos seus

---

7 MARQUES, Teresa. "Dote e falências na legislação comercial brasileira, 1850 a 1890". *Econômica*, n. 2, v. 3, dez de 2001, p. 180.

8 *Ibidem*, p. 180.

9 *Ibidem*, p. 179.

filhos, direcionando-os às carreiras liberais como um meio de garantir-lhes um futuro, enquanto o futuro das filhas ainda dependia do casamento ou da caridade dos irmãos ou parentes, caso não encontrassem um marido que as sustentasse.

O investimento na instrução das mulheres, especialmente das camadas médias urbanas, que não podiam contar com o peso da tradição de um nome de família ou influências políticas para continuar fazendo arranjos matrimoniais vantajosos financeiramente, tornava-se um atrativo para valorizá-las no mercado matrimonial. Nesse sentido, Muriel Nazzari apontou para a perspectiva de que, no tocante ao futuro para suas filhas, "o impulso para a educação e a alfabetização femininas pode ser compreendido como um substituto do dote".[10]

As mudanças sociais que afetavam as famílias alteravam também o pacto matrimonial, pois o casamento com uma herdeira rica já não era a principal via para um homem se estabelecer, muito embora "um belo dote" não fosse um negócio para se recusar facilmente. No entanto, a mudança maior era que a escolha sobre casar e com quem casar tornava-se cada vez mais uma opção pessoal, uma questão de foro privado, além do maior orgulho do homem em ser o provedor do lar e não ser devedor da esposa e de sua família de origem.

No século XIX, muitas moças começaram a ir para o casamento de "mãos abanando", pois o dote já não era considerado um dever e sim uma opção. Com as mudanças na sociedade e no pacto matrimonial, na medida em que se desenvolviam os setores secundários e terciários da economia, que dava aos filhos e genros novas opções em termos de profissões, o dote já não era mais um obstáculo aos homens das classes médias e altas que desejassem se casar. No entanto, a permanência da prática do dote, mesmo com novas adaptações, parecia indicar que entre as famílias de elite continuava a convicção de que a mulher só tinha um futuro através do casamento, com um marido que as protegesse e um dote que ajudasse a encontrar um noivo à altura.

Os "farejadores de dote" ou "caçadores de fortunas", como eram denominados os homens que se casavam pelo interesse do dote, eram bastante criticados no final do século XIX, mostrando que esses homens interesseiros não seriam bons maridos, pois não valorizavam as qualidades pessoais das noivas, seus "dotes nativos". O amparo por meio de um casamento abastado, ainda possível de ser negociado por um dote, servia muito para as mulheres da elite, já que o dote das pobres era sua

---

10 Nazzari, *op. cit.*, p. 164.

capacidade de trabalho. Na posição intermediária entre as afortunadas e as desvalidas, restava enorme proporção de moças das camadas médias urbanas, sem dotes materiais, cuja educação começava a ser vista como seu dote simbólico, para obter uma profissão que garantisse seu sustento honesto ou para conseguir ainda um casamento promissor.

### A EDUCAÇÃO FEMININA COMO DOTE SIMBÓLICO EM SÃO LUÍS

No contexto de mudanças sociais e de costumes das primeiras décadas republicanas, a prática do dote em bens materiais era cada vez mais criticada, caindo em desuso pelas famílias de posses, ao mesmo tempo em que era valorizada a aquisição de "capital escolar" pelas moças.

O declínio do costume do dote, deixando de ser entendido como uma obrigação social das famílias ricas para promoverem o casamento de suas filhas, implicou em mudanças de comportamento na constituição da família, uma vez que o marido não dependia mais dos bens da esposa para começar ou ampliar o patrimônio do novo casal, conquistando maior liberdade para usar sua própria iniciativa. As mulheres também puderam ter uma participação maior na escolha do cônjuge, uma vez que diminuía os poderes do pai sobre sua prole adulta e crescia a demanda social pelos "dotes pessoais".

O objetivo dessa análise sobre a educação feminina como dote simbólico é apresentar os sentidos dessa educação que pretendia preparar melhor as mulheres para seus papéis de esposa e mãe, ao mesmo tempo em que criava brechas para sua emancipação pela educação escolar. O enfoque central está nas mudanças ocorridas nos discursos e nas práticas sobre educação feminina em São Luís, capital do Estado do Maranhão, bem como nas novas representações para o costume do dote, com um maior investimento na educação da mulher, para que a instrução fosse seu símbolo moderno de dote no limiar do novo século.

A virada para o século XX foi um momento de transição. Na política, com a implantação e consolidação do regime republicano, nos aspectos socioeconômicos com a derrocada do modelo agroexportador escravista, abolição da escravidão, urbanização e intensas correntes migratórias para algumas regiões do país. A transição também ocorria nos costumes, nas inovações que possibilitaram novos comportamentos e também novas ideias.

O projeto republicano de modernização era representado tanto pelas reformas urbanas, nos novos símbolos do progresso, como em mudanças nos costumes dos homens e mulheres. A cidade do Rio de Janeiro, capital da república e também metrópole cultural do país, foi o carro-chefe dessas mudanças, ditando "novas modas e comportamentos, mas acima de tudo os sistemas de valores, o modo de vida, a sensibilidade, o estado de espírito e as disposições pulsionais que articulam a modernidade como uma experiência existencial e íntima".[11]

A cidade de São Luís, nas primeiras décadas republicanas, vivia um momento menos otimista com relação aos ares do progresso, mas nem por isso deixou de querer modernizar-se. O fim do modelo escravista agrário-exportador deixou a economia maranhense numa crise que se arrastou pelas primeiras décadas da República, com a diminuição das fontes de rendas do setor agrícola devido ao decréscimo de seus principais produtos, o algodão, o açúcar e o arroz.[12]

O principal símbolo do progresso de São Luís nesse momento eram as fábricas têxteis, instaladas nas duas últimas décadas do século XIX, favorecidas pelo contexto nacional de implantação de parques industriais e pelas condições locais, como a produção do algodão, principal matéria-prima dessa indústria. Os comerciantes, até então, os grandes financiadoras da mão de obra escrava, foram os principais investidores desse novo ramo, diversificando seus negócios ao aplicar capitais em bancos, investimentos imobiliários ou fábricas têxteis.

A virada do século em São Luís também foi marcada pelo sentimento decadentista, que buscava no passado os momentos de apogeu e glória da região, tanto na economia quanto na cultura, representada no mito da Atenas Brasileira.[13] A geração de intelectuais atuante em São Luís nas primeiras três décadas da república, os chamados "Novos Atenienses", tiveram como temática principal dos seus trabalhos a "decadência moral, intelectual e material" do Estado.[14]

---

11 Sevcenko, Nicolau. "A Capital Irradiante: técnica, ritmos e ritos do Rio". In: SEVCENKO, Nicolau (org.). *História da Vida Privada no Brasil: República – da Belle Époque à Era do Rádio*. São Paulo: Companhia das Letras, 1998, p. 522.

12 VIVEIROS, Jerônimo de. *História do Comércio do Maranhão*. São Luís: ACM, 1992, p. 1.

13 Denominação dada à capital maranhense devido a sua plêiade de escritores, romancistas, poetas, tradutores e jornalistas no século XIX. A primeira geração desses intelectuais, chamada de Grupo Maranhense, era composta por Odorico Mendes, João Lisboa, Sotero dos Reis, Gonçalves Dias, Alexandre Teófilo de Carvalho Leal, Antônio Henriques Leal, Luis Antônio Vieira da Silva, Gomes de Sousa, Garcia de Abranches.

14 MARTINS, Manoel Barros. *Operários da Saudade: os novos atenienses e a invenção do Maranhão*. São Luís: EUFMA, 2006, p. 22.

Nesse contexto de crise econômica, nostalgia e "febre industrial", que por sua vez já dava também seus sinais de crise, a cidade de São Luís vivia o dilema entre a modernidade e a tradição. O discurso das elites e autoridades era no sentido de seguir a marcha do progresso, mas as medidas práticas para a modernização, representadas nas reformas urbanas, foram muito acanhadas, com poucas transformações na *urbe* e em seus serviços ao público.

Com cerca de 60 mil habitantes, a cidade não sofreu mudanças significativas no início do século xx, mantendo seu traçado original de ruas estreitas e casarões coloniais. "Diferente de outras capitais brasileiras, como o Rio de Janeiro e São Paulo, onde os administradores fizeram de tudo para destruir qualquer referência espacial com o passado, a elite ludovicense procurava reavivar os seus laços com este".[15]

O menor investimento em reformas urbanas não impediu alguns melhoramentos, serviços e entretenimentos na cidade, bem como mudanças nos hábitos dos citadinos. Apesar de seu ritmo mais lento de desenvolvimento, a cidade orgulhava-se de possuir três grandes avenidas, algumas praças arborizadas e vários edifícios, como: o Palácio do Governo, o Tesouro, a Misericórdia, o Congresso, o Liceu Maranhense, o Teatro São Luís, a Intendência, a Escola Normal, o Hospital Português, o Fórum, o Instituto de Assistência, a Inspetoria de Higiene, a Imprensa Oficial, o Quartel do Corpo Militar, o Palácio Episcopal, as igrejas de Santo Antônio, dos Remédios, da Conceição, a Catedral, a Biblioteca Pública, o Centro Caixeiral, além de fábricas, escolas públicas, bancos, serviço telefônico, bondes, cinema.[16]

As mudanças dos hábitos femininos, como os passeios pelas avenidas, as *matinées* dos cinemas, as matrículas no curso normal, eram preocupações do momento. Por meio da imprensa local, e também das revistas femininas de outros centros urbanos que circulavam na cidade, as moças ludovicenses acompanhavam e participavam dos discursos e das lutas em defesa da educação, da profissão e do voto femininos. A característica dos discursos em prol da emancipação do sexo feminino como elemento do progresso era de que a mulher deveria ser preparada para o fim que lhe destinou a própria "natureza", e dessa forma não haveria receios em se lhe outorgar os mesmos direitos que eram cabidos ao homem.[17]

---

15 BARROS, Valdenira. *Imagens do Moderno em São Luís*. São Luís: Unigraf, 2001, p. 22.

16 PAXECO, Fran. *O Maranhão: subsídios históricos e corográficos*. São Luís: Tipografia Teixeira, 1912, p. 184.

17 Revista *A Mensageira*, São Paulo, n. 14, 30 abr 1898, p. 221.

Os pais eram aconselhados a protegerem as filhas e ao mesmo tempo prepará-las para que fossem capazes de se manter com honra e dignidade, caso se vissem sozinhas no mundo. No despertar do século xx, uma ideia que ganhava espaço entre as moças de São Luís era que tanto a mulher como sua educação tinham de ser outra. A escritora portuguesa Anna de Castro Osório,[18] conhecida do público feminino de São Luís por suas obras dedicadas à educação da infância, foi taxativa em relação ao comportamento feminino, não mais admitindo que se comportassem como na época do romantismo agudo, em que jovens recitavam ao piano com os olhos no infinito, dormiam de colete para adelgaçarem a cinta, defumavam o rosto para obterem a palidez interessante que a moda reclamava às heroínas tísicas, sonhavam com o menestrel choroso que por noites luarentas as viria buscar para um eterno duo de amor na cabana ideal.[19] Ainda segundo a escritora portuguesa, a educação moderna devia acabar também com o velho preconceito com as mulheres que gostavam de ler. Muitas mulheres deixavam de ler ou evitavam serem vistas com um livro nas mãos com medo de serem ridicularizadas como "sabichonas e doutoras", se por acaso entrassem em conversa que fossem além dos limites literários dos folhetins dos jornais ou da seção de modas.[20]

A resistência masculina em conceder às mulheres uma instrução mais elevada que as habilitasse às carreiras liberais era acompanhada de um discurso que expressava o temor pela concorrência, a independência econômica, a virilização da mulher e seu afastamento do lar. As críticas e elogios à mulher moderna eram geralmente seguidos de qualidades que lembravam a necessidade de manter a "essência feminina". As mudanças no comportamento feminino e sua maior inserção no espaço público eram sempre seguidas de discursos para que a mulher voltasse ao lar.

No tocante às famílias e suas estratégias matrimoniais, houve a conciliação entre a família e o indivíduo, em que as moças conquistaram o direito de externar à família suas paixões, necessitando, entretanto, negociar o consentimento dos responsáveis para oficializar o namoro, por isso, as alianças matrimoniais de interesse econômico frustravam as jovens apaixonadas. Essas mudanças nos costumes

---

18    OSÓRIO, Anna de Castro. *Às Mulheres Portuguesas*. Lisboa: Livraria Editora Viúva Tavares Cardoso, 1905.

19    O escritor maranhense Aluísio Azevedo, na crônica intitulada "Uma carta ao senhor cônego Mourão", publicada no jornal *O Pensador* de 10.03.1881, fez uma crítica à mulher maranhense em termos semelhantes.

20    OSÓRIO, *op. cit.*, p. 103.

tiveram impacto sobre a organização da família e do casamento, resultando numa "redefinição dos padrões de comportamento, graças à maior socialização da mulher no meio urbano e à introdução de novos valores éticos, como a relativa importância do amor romântico e a adoção de padrões morais mais permissivos".[21]

Com o modelo matrimonial evoluindo de um padrão de casamentos negociados, que visava interesses econômicos, para um novo modelo pautado no afeto e na escolha do cônjuge, eram mais valorizadas as fases que antecediam o enlace matrimonial, como o namoro e o noivado, embora com regras rígidas, pois eram consideradas fases importantes para o conhecimento do futuro casal.

A crítica ao casamento como a única carreira para a mulher era também uma maneira de denunciar a educação superficial que a tornava incapaz de sobreviver por seus próprios esforços, de maneira digna e honesta.[22] Por isso, a defesa da ampliação da educação formal como a principal bandeira da emancipação feminina, vista como uma necessidade daquela sucessão do século, do fim de uma época em que a mulher foi reclusa do convento ou da família, "tendo na vida o fim único de agradar, e quando se tornava esposa era a companheira só para a vida banal e mesquinha, que nem por sombras devia abordar os graves pensamentos que preocupavam o marido".[23]

A maior liberdade de escolha fazia com que a própria concorrência no mercado matrimonial ficasse mais acirrada, pois sem a interferência dos pais, que já não podiam fazer os acordos matrimoniais à revelia dos filhos e sem que estes conhecessem o cônjuge, caberia aos interessados mostrar suas qualidades. Apesar de continuar valorizando a beleza e juventude como os "dotes naturais" da mulher, as qualidades femininas não deviam ser reduzidas somente a esses aspectos da beleza e juventude, por serem considerados efêmeros.

Segundo Susan Besse,[24] os casamentos de conveniência que buscavam aumentar o poder econômico e político das elites tornaram-se inaceitáveis no pós-guerra diante das opções sociais e econômicas em expansão ao dispor das mulheres. Outra

---

21 ARAÚJO, Rosa Maria Barboza de. *A Vocação do Prazer: a cidade e a família no Rio de Janeiro republicano*. Rio de Janeiro: Rocco, 1993, p. 37.

22 O que significava não cair na prostituição ou mesmo em ocupações consideradas perigosas à moral, como o trabalho nas fábricas e nas ruas.

23 OSÓRIO, *op. cit.*, p. 13.

24 BESSE, Susan K. *Modernizando a Desigualdade: reestruturação da ideologia de gênero no Brasil, 1914-1940*. São Paulo: EDUSP, 1999, p. 58-59.

mudança desse período foi com a idade nupcial das mulheres das camadas média e alta, pois à medida que se matriculavam em escolas secundárias e profissionais e tinham condições de conseguir emprego remunerado respeitável durante alguns anos entre a escola e o casamento, sua idade nupcial se elevava. Por outro lado, os homens também postergavam o casamento para completar sua formação profissional e conseguir estabilidade financeira, mantendo a diferença de idade entre homens e mulheres.

Os discursos burgueses normativos veiculados através da imprensa, das obras literárias e pedagógicas, auxiliados pelo discurso religioso, exerciam grande influência sobre as famílias, e ao serem incorporados pelas moças das camadas médias, contribuíam para reforçar a necessidade de obtenção dos "dotes do espírito", além dos "dotes morais", para obterem maiores chances no mercado matrimonial. A intenção era convencer as moças solteiras do seu valor para a família e saberem que "não é o que possuem, mas o que são que determina o que valem", que uma "uma pessoa pode ser muito rica e não ter valor".[25]

Nesse sentido, a instrução feminina como um dote simbólico ganhava destaque como um instrumento importante na formação da mulher para o exercício dos seus papéis de esposa e mãe, preparando para o casamento e para a função social de educadora das futuras gerações (a "mãe educadora"), ao mesmo tempo em que propiciava uma brecha importante para autorrealização feminina independente do casamento.

A justificativa para legitimar a nova proposta de educação das moças era de que a instrução não as afastaria de seguirem seus papéis tradicionais de esposa e mãe, como temiam os conservadores, antes as habilitaria para um exercício consciente da função de esposa e da maternidade.

Anna Osório[26] partia do princípio de que os costumes precediam as leis. Por isso considerava mais lógico e sério educar a mulher solteira para a sua alta responsabilidade de esposa e mãe, com isso possibilitando a mudança das leis que governavam a família e tornando o casamento uma união legal e respeitável de duas criaturas que se juntavam por sua livre vontade para constituírem a família, com iguais encargos e direitos.

Era a ideia da mulher como colaboradora do homem, seu complemento. Assim como a ideologia do trabalho que fazia apologia ao homem provedor, e con-

---

25 *Revista Feminina*, São Paulo, n. 23, abr 1916, p. 30.

26 OSÓRIO, *op. cit.*

siderava uma desonra para o marido não poder arcar sozinho com as obrigações de sustento do seu lar, cabia à mulher, especialmente da classe média, o dever de gerenciar bem as economias domésticas e evitar o desperdício com luxo e futilidades. Mesmo que trabalhasse fora de casa, sua atividade era sempre vista como auxiliar e seu salário como complemento.

Com a diminuição dos casamentos realmente arranjados nos meios sociais mais elevados, os pais recorriam agora a formas indiretas para ajudar os filhos a conseguirem casamentos vantajosos, e mais do que nunca as moças precisavam adquirir atrativos sociais e educação básica para competir na busca de um marido. Nas classes altas, se os pais já não podiam efetivamente obrigar as filhas a casarem-se dentro dos limites estreitos da antiga elite, podiam tentar influenciar nas opções de casamento das filhas restringindo o âmbito do contato social permitido.[27]

Apesar da prática do dote ainda figurar em alguns arranjos matrimoniais e ter amparo jurídico na legislação republicana, a exemplo do Código Civil de 1916, crescia a oposição a essa prática, significando também que as famílias estavam perdendo o controle sobre o futuro de suas filhas, onde o padrão de vida delas dependia cada vez mais de suas qualidades pessoais para arranjar um "bom partido", a exemplo da instrução, e menos do dote material. "O novo interesse pela educação feminina era um tipo de proteção contra as consequências incertas do casamento sem dote; educar para torná-las mais atraentes como noivas; a educação da mulher tornou-se um substituto do dote".[28]

A permanência do dote nas relações matrimoniais era um mecanismo para garantir a distinção de classe nas relações de gênero na sociedade capitalista, pois ao mesmo tempo em que empurrava milhares de mulheres pobres para o mercado de trabalho, nas fábricas, setor de serviços e até no magistério, com salários extremamente baixos, mantinha mecanismos para assegurar a proteção financeira das mulheres das camadas médias e altas, dificultando assim, o possível abandono ou negligência das atribuições de esposa e mãe, garantindo a subsistência dessas mulheres por meio do casamento legal.

A educação superior feminina era incentivada, nesses casos, como adorno dos "dotes naturais", e não como instrumento de emancipação. As mulheres de classe média se situavam entre os discursos que apontavam a educação como seu novo

---

27   Besse, *op. cit.*, p. 56.

28   Nazzari, *op. cit.*, p. 256.

dote para "arranjar marido" ou para substituir o amparo marital em caso de necessidade. Já as mulheres pobres, precisavam lutar sozinhas pelo seu "dote de cada dia", pois sua sobrevivência dependia do seu trabalho físico.

As primeiras décadas republicanas marcaram uma ampliação do acesso feminino a educação e o trabalho, especialmente para as mulheres das camadas médias, dada a política educacional do governo republicano e a expansão do setor de serviços. As trabalhadoras pobres continuavam a ocupar os postos nas indústrias, no trabalho doméstico ou de ambulantes. O acesso aos cursos secundário e superior representava ascensão social para as moças de classe média e oportunidade de realizarem bons casamentos ou obterem melhores empregos.

Em São Luís, a oportunidade educacional para as mulheres das camadas médias e altas avançarem em seus estudos era a Escola Normal e as escolas secundárias particulares. O curso secundário do Liceu Maranhense, denominado de ginasial ou humanidades, continuou durante toda a Primeira República a ser exclusivo dos rapazes, preparando-os para o ingresso nos cursos superiores ou para empregos de médio escalão, especialmente no funcionalismo público.

O magistério feminino demonstrou ser uma importante via de expansão da escolarização feminina e de inserção no mundo do trabalho. Tornou-se um passo importante para a ocupação de novos espaços sociais. Além disso, o magistério tinha a vantagem de ser uma profissão aceita socialmente e que possibilitava a conciliação com as atividades domésticas de cuidado dos filhos e da casa.

Em São Luís, essa foi a principal via de acesso das mulheres das camadas baixas e médias para melhorar sua escolarização e obter uma profissão respeitável, a qual era exercida, preferencialmente, nas escolas públicas de primeiras letras da capital.[29] A partir da década de 1920, as jovens ludovicenses puderam ingressar também na Escola de Enfermagem, criada pelo Instituto de Assistência à Infância, e no curso de comércio do Centro Caixeiral, escola que tradicionalmente preparava os rapazes para trabalharem no comércio.[30]

A escolarização foi um instrumento nas estratégias de mobilidade social das classes trabalhadoras e de reprodução das famílias burguesas que "querem dotar as

---

29  Para ter acesso às profissões mais prestigiadas socialmente e melhor remuneradas, como medicina e direito, as mulheres precisavam fazer o secundário ginasial preparatório para o acesso aos cursos superiores, o que durante a Primeira República, em São Luís, só era possível nas escolas particulares.

30  Jornal *Centro Caixeiral*, São Luís, 02 mar 1924, p. 2.

suas filhas com uma bagagem escolar que possa superar a ausência de dote ou que permita aumentá-lo".[31]

> As classes laboriosas não são as únicas a desejar para as filhas uma profissão feminina. As suas aspirações unem-se às da pequena e média burguesia, que, para manterem ou melhorarem a sua posição, enviam as filhas para o ensino secundário e pensam que um dote profissional não fica deslocado entre as prendas de casamento.[32]

As "profissões femininas" desejadas eram aquelas denominadas de "colarinho branco", nos escritórios, bancos, serviço público, correios e telégrafos, além das profissões consideradas vocacionais para as mulheres, pelo seu caráter de cuidado, a exemplo do magistério e a assistência social (como enfermeiras e médicas).[33]

Essa marcha das mulheres para os escritórios, no início do século XX, foi favorecida tanto pela mecanização, com a criação das máquinas de escrever e calcular, pela telefonia e telegrafia, como pela elevação da educação formal. "Algumas delas, dotadas de um capital escolar mais elevado, aventuram-se, na esteira das suas predecessoras, em profissões masculinas".[34]

> Com efeito, mecanização e feminização caminham lado a lado. "O senhor não tem como dar dote para suas filhas? Mande-as para a escola Pigier", era o que se podia ler em cartazes publicitários. E a mensagem surtia efeito junto a uma pequena e média burguesias sem dinheiro, em busca de empregos convenientes e limpos para suas filhas, principalmente depois da Primeira Guerra Mundial.[35]

Por meio de discursos e propagandas veiculadas na imprensa brasileira, era cada vez mais difundida a ideia de que o dote feminino era o da educação que preparava para o trabalho. Em 1920, o *Jornal do Brasil* promoveu durante um mês um concurso de beleza, numa campanha diária chamada "Concurso do Dote",

---

31  LAGRAVE, Rose-Marie. "Uma emancipação sob tutela: educação e trabalho das mulheres no século XX". In: DUBY, Georges; PERROT, Michelle. *História das Mulheres no Ocidente*. Lisboa: Edições Afrontamento, 1991, p. 510.

32  *Ibidem*, p. 512.

33  PERROT, Michelle. *As Mulheres e os Silêncios da História*. São Paulo: Edusc, 2005, p. 245.

34  LAGRAVE, In: DUBY; PERROT, *op. cit.*, p. 514.

35  PERROT, Michelle. *Minha História das Mulheres*. São Paulo: Contexto, 2007, 2007, p. 124.

onde eram publicados cupons para os leitores votarem na sua candidata preferida. Além do prêmio em dinheiro, as mais votadas receberiam matrículas gratuitas em escola de datilografia e cursos de inglês e francês. O slogan do concurso era: "3.000$000 para uma moça pobre", e o cupom vinha ilustrado com o desenho de uma mulher na máquina de costura.[36]

A originalidade desse concurso de beleza estava no incentivo à emancipação da mulher pelo trabalho, estimulando a formação profissional ao fazer do típico ofício doméstico da costura uma profissão. O fato de ser um concurso de beleza também passava a mensagem que os "dotes físicos", sem educação e uma profissão que garantisse um trabalho digno, não eram uma garantia de futuro para as mulheres.

Durante a Primeira República, o debate sobre o trabalho feminino esteve atrelado aos discursos moralistas e maternalistas. Muitos acreditavam que o "mundo do trabalho" era uma ameaça à honra feminina e que o trabalho da mulher fora de casa destruiria a família, pois não seria mais uma esposa cuidadosa com a casa e o marido e muito menos uma mãe presente na criação e educação dos filhos. Além disso, apontavam o risco das mulheres se tornarem solteironas.

A defesa da compatibilidade da educação e do trabalho feminino com os deveres domésticos expressava a tentativa de ligação entre o discurso liberal capitalista e a mentalidade patriarcal, em que as atividades das mulheres de classe média e alta não deviam afastá-las de seus papéis sociais de mães e donas de casa, no máximo seu trabalho remunerado sendo um complemento, e em atividades que não prejudicassem o tempo dedicado à família. A preparação profissional das mulheres de classe média podia funcionar também como uma reserva para o mercado de trabalho, como uma força de trabalho mais barata para setores específicos como o de comércio e serviços.

Por isso, preparar as mulheres urbanas, por meio da instrução, para trabalharem e a ganharem honradamente a vida era considerado uma atitude nobre. A revista *A Mensageira* dizia que havia muitas moças, já habilitadas para professoras, que estavam "às moscas", em situações precárias, e que podiam entrever uma outra atividade profissional. Com esse trabalho digno, tais moças podiam dar adeus às "botinas rotas, saias esgarçadas, mesas quase sem comida, ajudando sua mãe velha ou seu pai enfermo".[37]

---

36  *Jornal do Brasil*, 1920, *apud.* ARAÙJO, Rosa Maria Barboza de. *op. cit*, p. 82.

37  Revista *A Mensageira*, São Paulo, n. 27, 15 abr. 1899, p. 65.

*O dote é a educação*

A escritora Anna de Castro Osório fazia a apologia ao trabalho feminino como meio de emancipação, não no trabalho esmagador, exercido como castigo, mas no trabalho que enobrecia o espírito.

> Não há pai que não aspire a deixar nas mãos de suas filhas, senão um dote em dinheiro – cada vez mais difícil de juntar honestamente, com as necessidades sempre crescentes da vida moderna – pelo menos um dote em educação e aptidões de trabalho que as ponha ao abrigo de toda a servidão.[38]

A educação profissional feminina era justificada como uma necessidade de sobrevivência, diante das características da vida moderna. A situação das moças de classe média era colocada como o grande problema social da questão feminina na sociedade moderna, pois sem educação profissional que as destinassem a um trabalho certo e aproveitável, perdiam os melhores anos da sua mocidade tentando "o que para a mulher de ontem era quase uma certeza e para a de hoje é mais do que problemático: o casamento como colocação estável na vida". O casamento, criticado como "asilo das classes inativas", representaria para essas moças de classe média, sem uma certeza econômica imediata, uma "pequena e dolorosa tragédia".[39]

O debate sobre trabalho, educação feminina e o declínio do dote ao longo das primeiras décadas republicanas está ligado a questão social que envolvia a cidadania restrita das mulheres nesse período, consideradas cidadãs de segunda classe, sem direito ao voto e participação política, com poucos direitos civis, se casadas, e sem direitos trabalhistas. Nesse sentido, o dote material em dinheiro ainda podia ser um recurso utilizado por algumas famílias para garantir a proteção da mulher, dada a ineficiência ou mesmo o não estabelecimento de outros mecanismos de proteção social que estavam relacionados ao direito do trabalho, à cidadania política e a plena capacidade civil. Por isso, o capital escolar era o investimento dos pais e, principalmente, a esperança das mulheres das camadas médias na busca de sua autonomia.

> As mulheres burguesas nascidas no início do século foram imprensadas entre a importância teórica do amor romântico e os mecanismos sociais ainda funcionando para perpetuar a socie-

---

38 Osório, *op. cit.*, p. 21.

39 *Revista Feminina*, São Paulo, n. 144, maio 1926, p. 42.

dade de classes: dote, separação dos sexos, ausências de lugares públicos de sociabilidade.[40]

Para o maranhense Antônio de Almeida Oliveira, autor da obra *O Ensino Público*, de 1874, os pais e a sociedade deviam estimular o conhecimento intelectual de suas filhas, pois o espírito culto tornava a beleza mais amável, e só a beleza do espírito substituía a do corpo quando esta desaparecia.[41] Ao indagar sobre as perfeições e os dotes que se requeriam no "sexo destinado a fazer a felicidade geral", criticava a péssima educação oferecida às mulheres maranhenses. Quanto às pobres ou sem meios de vida não havia muita escolha, ou cresciam na ignorância ou eram recebidas em algum asilo ou recolhimento, onde ficavam reclusas, separadas do mundo e confiadas aos cuidados de senhoras incapazes de as educarem. Quanto à educação da menina rica, nem sempre era muito melhor, pois não falando da leitura, da contabilidade e da escrita, que era partilha da rica e da pobre educada, alguns trabalhos de agulha, a música, a dança e o canto eram ordinariamente toda a ciência que coroava o escasso ensino que a escola lhe dava, resultando em muitos inconvenientes sociais, como o da péssima conversação.[42] Então fazia a defesa da elevação da educação feminina como seu novo dote: "Quem educa não é obrigado a dotar, porque dote é a educação".[43]

Esse discurso voltado especialmente para as mulheres das camadas médias e altas, responsáveis por serem o modelo feminino burguês de mãe, esposa e filha, ganhou força nas primeiras décadas do século XX, oportunizando novos espaços para as mulheres e possibilidades de novos usos do "capital escolar". Mas, se por um lado, essa expansão da escolarização da mulher não pretendia necessariamente avanços na condição feminina no sentido de alterar sua posição social, poderia ser um instrumento para passos mais ousados em busca do chamado "saber poder", do conhecimento com potencial de emancipação e autorrealização.

O investimento no "capital escolar" como um novo dote para as mulheres, mesmo com o objetivo conservador de valorizar a mulher no mercado matrimonial e na

---

40  FONSECA, Cláudia. "Solteironas de Fino Trato: reflexões em torno do (não) casamento entre pequeno-burgueses no início do século". *Revista Brasileira de História*. São Paulo, n. 18, v. 9, ago/set 1989, p. 118.

41  OLIVEIRA, Antônio de Almeida. *O Ensino Público*. 2ª ed. Brasília: Edições Senado, 2003, p. 344.

42  *Ibidem*, p. 341-343.

43  *Ibidem*, p. 187.

sua função maternal, foi abrindo brechas para a emancipação feminina. A instrução era vista como um meio das mulheres obterem um emprego digno em caso de necessidade, além de propiciar uma companhia mais agradável aos maridos. A ideia nesse momento era civilizar a nação por meio da mulher, sua educação vista como a pedra de toque da civilização. Quanto mais ilustrada e inteligente fosse a mulher, mais zelosa e cumpridora dos seus deveres, não bastando simplesmente saber a utilidade e os atrativos do espírito cultivado, mas fazer todo o esforço para instruir-se para o bem da pátria e da família.[44]

Os dotes elogiados eram os do espírito e não os materiais ou simplesmente os naturais (beleza). Para as futuras esposas, o conselho era "saber que o mais belo dote de uma dona de casa é o espírito de ordem, nisto se compreende o asseio, a economia, a boa direção nos negócios domésticos".[45]

Para as mulheres de classe média e baixa, sem dote, com poucas ofertas de instituições que as acolhessem, e que não se casavam, o conselho era que buscassem no trabalho um meio honesto de sobrevivência. O casamento, especialmente para as mulheres de camadas médias, era criticado como sendo pura e simplesmente uma "arrumação", um amparo, assim como o asilo para a pobre inválida, incapaz de ganhar pelo trabalho a subsistência e o conforto.

Portanto, se entre as ricas o dote material ainda valia como segurança de um bom casamento e garantia de um futuro próspero, e entre a mulher do povo a sua força de trabalho era o dote que ajudaria o marido ou a si própria a manter a sobrevivência da família, era para as mulheres de classe média, especialmente, que era recomendado o dote simbólico da educação. Para essas mulheres, sem a certeza de fortuna, nem a menor intenção de viver de um trabalho manual e estafante, a alternativa para um futuro melhor era a educação. A instrução representava seu dote para uma vida independente caso não se casasse, ao mesmo tempo em que esse "dote espiritual" aumentava também as chances de um "bom partido", ao valorizar a mulher de classe média nesse livre mercado matrimonial que vinha se constituindo desde o final do século XIX.

Segundo Anna de Castro Osório, não era, pois, à mulher pobre, habituada ao trabalho, que recomendava o profissionalismo como fonte de todas as alegrias e lícitas liberdades, mas sim, à mulher da classe média, onde até aquele momento

---

44    Revista *A Mensageira*, São Paulo, n. 4, 30 nov. 1897, p. 50.

45    Revista *A Mensageira*, São Paulo, n. 23, 15 set. 1898, p. 361.

a educação era menos útil e menos prática, e onde deveria ser mais cuidada e bem dirigida para um fim de segurança futura. Por isso, a situação angustiosa de muitos pais que viam crescer a família e pensavam com amargura nos filhos a "colocar", ou seja, conseguir um emprego, e nas filhas a quem era preciso "arranjar dote".

> Hoje é rara a menina de educação e família altamente colocadas que não se prepara para fazer o seu curso, ao contrário do que sucedia ainda há poucos anos em que só a pequena burguesia tinha a coragem de arrostar contra o preconceito e dar uma educação superior à mulher."[46]

O escritor maranhense Coelho Neto também defendeu a educação como dote. Em alguns contos defendeu a ideia de que a instrução era o dote que não se perde, ensinando que para as mulheres a educação deveria servir não como ornamento, mas como uma prevenção, como uma reserva para o que pudesse acontecer de surpresa. Que "os dotes melhores e mais seguros são os que dão o estudo, a experiência e o conhecimento da vida", e que uma "arte seria sempre distração aprazível se dela não tivermos necessidade, mas poderia servir de socorro no caso de sermos traídos por um revés".[47]

A educação era considerada uma "segunda natureza", e a mulher devia se tornar independente economicamente, não mais pela quantia de um dote, mas pela possibilidade de um trabalho remunerado, especialmente fruto de uma educação profissional.

### CONSIDERAÇÕES FINAIS

A educação como dote simbólico expressa como a instrução formal destinada às mulheres passou a ser valorizada como um componente fundamental na sua educação, tornando-se seu símbolo moderno de "dote", que semelhante ao antigo costume, objetivava "valorizá-las" no mercado matrimonial ou servir como uma segurança econômica, como uma forma de "proteção". Por outro lado, a educação feminina como "dote cultural" possibilitou às mulheres utilizar esses discursos e as novas oportunidades no campo educacional para conquistar mais espaços de autonomia, através do trabalho e de uma profissão, e não simplesmente reforçar os papéis tradicionais ligados à domesticidade e submissão, como era o objetivo do discurso dominante.

---

46   *Revisa Feminina*, São Paulo, n. 151, dez 1926, p. 24 e 25.

47   COELHO NETO, Henrique. "A Professora". In: LEANDRO, Eulálio. *A Mulher na visão humanista de Coelho Neto*. Imperatriz: Ética, 2004, p. 70.

## REFERÊNCIAS

ABRANTES, Elizabeth Sousa. *O Dote é a Moça Educada: mulher, dote e instrução em São Luís na Primeira República*. São Luís: Eduema, 2012.

ARAÚJO, Rosa Maria Barboza de. *A Vocação do Prazer: a cidade e a família no Rio de Janeiro republicano*. Rio de Janeiro: Rocco, 1993.

BARROS, Valdenira. *Imagens do Moderno em São Luís*. São Luís: Unigraf, 2001.

BESSE, Susan K. *Modernizando a Desigualdade: reestruturação da ideologia de gênero no Brasil, 1914-1940*. São Paulo: Edusp, 1999.

COELHO NETO, Henrique. "A Professora". In: LEANDRO, Eulálio de Oliveira. *A Mulher na Visão Humanística de Coelho Neto*. Imperatriz: Ética, 2004.

FONSECA, Cláudia. "Solteironas de Fino Trato: reflexões em torno do (não) casamento entre pequeno-burguesas no início do século". *Revista Brasileira de História*. São Paulo, n. 18, v. 9, ago/set 1989.

GONÇALVES, Margareth de Almeida. "Dote e Casamento: as expostas da Santa Casa de Misericórdia do Rio de Janeiro". In: COSTA, Albertina de Oliveira; BRUSCHINI, Cristina (orgs.). *Rebeldia e Submissão: estudos sobre condição feminina*. São Paulo: Edições Vértice, 1989.

LAGRAVE, Rose-Marie. "Uma emancipação sob tutela: educação e trabalho das mulheres no século XX". In: DUBY, Georges; PERROT, Michelle. *História das Mulheres no Ocidente*. Porto: Edições Afrontamento, 1991.

MARQUES, Teresa. "Dote e falências na legislação comercial brasileira, 1850 a 1890". *Econômica*, n. 2, v. 3, dez 2001, p. 173-206.

MARTINS, Manoel Barros. *Operários da Saudade: os Novos Atenienses e a invenção do Maranhão*. São Luís: EDUFMA, 2006.

NAZZARI, Muriel. *O Desaparecimento do Dote: mulheres, família e mudança social em São Paulo – Brasil, 1600-1900*. São Paulo: Companhia das Letras, 2001.

OLIVEIRA, Antônio de Almeida. *O Ensino Público*. 2ª ed. Brasília: Edições Senado, 2003.

OSÓRIO, Anna de Castro. *Às Mulheres Portuguesas*. Lisboa: Livraria Editora Viúva Tavares Cardoso, 1905.

PAXECO, Fran. *O Maranhão: subsídios históricos e corográficos*. São Luís: Typografia Teixeira, 1912.

PERROT, Michele. *As Mulheres e os Silêncios da História*. São Paulo: Edusc, 2005.

PERROT, Michele. *Minha História das Mulheres*. São Paulo: Contexto, 2007.

SAMARA, Eni de Mesquita. *A Família Brasileira*. São Paulo: Brasiliense, 1986.

SEVCENKO, Nicolau. "A Capital Irradiante: técnica, ritmos e ritos do Rio". In: _____. (org.). *História da Vida Privada no Brasil*: República – da Belle Époque à Era do Rádio. São Paulo: Companhia das Letras, 1998.

VIVEIROS, Jerônimo de. *História do Comércio do Maranhão*. São Luís: Associação Comercial do Maranhão, 1992.

YALOM, Marilyn. *A História da Esposa: da virgem Maria a Madona*. 2ª ed. Rio de Janeiro: Ediouro, 2002.

# Uma mulher professora na educação do Maranhão

Diomar das Graças Motta

Ao trazermos, no presente, a história da mulher, ambientada na região norte brasileira, com a inclusão do Estado do Maranhão, há quem considere não haver cabimento, pela produção aqui existente acerca da temática, desde o século vinte.

Na primeira metade daquele século, a escola dos Annales contribuiu para uma historiografia com novos campos, novos problemas e novos objetos, o que favoreceu a mulher. Na segunda metade, a emergência dos estudos feministas, em "estreita ligação com a ascensão do movimento feminista e com os estudos sociais e culturais da ciência",[1] também favoreceram a historiografia sobre a mulher.

Todavia este descabimento, por parte de alguns, é porque ignoram que as construções teóricas têm significado político e trazem embutidas normalizações culturais da discriminação de sujeitos, de locais e de ocupações, que depreendem dos acontecimentos. Configurações que orientam a opção deste tema, ao lado de algumas constatações:

– Entre os vários campos de investigação, na área de história, pouco se privilegia a história da educação. A exemplo da obra organizada por Cardoso e Vainfas[2] –*Domínios da história: ensaio de teoria e metodologia* –, que na Parte II (Campos de investigação e linhas de pesquisa), com dez capítulos, omite a educação, ainda que

---

1    LÖWY, Ilana. "Ciência e gênero". In: HIRATA, Helena *et al.* (orgs.). *Dicionário Crítico do Feminismo*. São Paulo: Editora UNESP, 2009, p. 40.

2    CARDOSO, Ciro Flamarion e VAINFAS, Ronaldo (orgs.). *Domínios da História: ensaio de teoria e metodologia*. Rio de Janeiro: Campinas, 1997.

justifique serem aqueles os campos da historiografia contemporânea, nos principais centros europeus e norte-americano.

– Ademais a produção historiográfica no campo da educação no Brasil, incide amplamente nas regiões sul e sudeste, contemplando-se os acontecimentos do litoral e omitindo-se os do sertão.

– A obra *Historia das Mulheres no Brasil*, organizada por Mary Del Priore, editada em 1997, pela Contexto, em São Paulo, tem como propósito a criação de um compêndio de referência, como alguns existentes em outras partes do mundo, sobre mulheres do passado e, através delas, sobre si mesmas. Os textos ali contidos procuram "refletir realidades: como o campo e a cidade; o nordeste, o sudeste e o sul; e múltiplos extratos sociais: escravas, operárias, sinhazinhas, burguesas, heroínas românticas, donas de casa, professoras e boias-frias".[3] As mulheres da região norte não se encontram presentes, no entanto há referência explícita sobre as Mulheres das Minas Gerais,[4] do Sertão Nordestino[5] e as do Sul.[6] As mulheres professoras integram o capítulo "Mulheres na sala de aula",[7] mas elas são das regiões sul e sudeste.

É compreensível, que nenhuma obra tem a pretensão de ser exaustiva, a ponto de abordar uma temática em sua totalidade, não só pela complexidade editorial, como pela questão de escolhas. Paradoxalmente, estas restrições contribuem para uma abordagem historiográfica parcial e lacunar.

O ensejo dessas constatações levou-nos a duas tomadas de posição:

– A primeira foi a construção de uma tese que resgatasse a participação da mulher professora, além da sala de aula (contrário do contido na obra de Priore), com o título: *Mulheres professoras na política educacional no Maranhão*. Nesta resgatamos a memória de quatro mulheres professoras, dilatando a representação desta ocupação para além do espaço de sala de aula.

– A segunda foi a implantação do GEMGe (Grupo de Estudos e Pesquisas sobre Mulheres e Relações de Gênero) no Programa de Pós-Graduação em Educação da Universidade Federal do Maranhão (UFMA), desde fevereiro de 2002. Seu objetivo precípuo é dar visibilidade à participação da mulher-pro-

---

3   DEL PRIORE, Mary (org.). *História das Mulheres no Brasil*. São Paulo: Contexto, 1997, p. 8.

4   FIGUEIREDO, Luciano. "Mulheres nas Minas Gerais". In: PRIORE, *Ibidem*, p. 141-188.

5   FALCI, Miridan Knox. "Mulheres do sertão nordestino". In: PRIORE, *Ibidem*, p. 241-277.

6   PEDRO, Joana Maria. "Mulheres do Sul". In: PRIORE, *Ibidem*, p. 278-321.

7   LOURO, Guacira Lopes. "Mulheres na sala de aula". In: PRIORE, *Ibidem*, p. 443-481.

fessora maranhense no campo educacional. Para tal, as categorias utilizadas são: *audácia*, emprestada por Vicki Léon,[8] que assinala a efetiva participação da mulher na sociedade, não apenas como musa ou criatura, mas, sobretudo, como criadora; *memória,* na perspectiva de Nunes,[9] enquanto experiências vividas, interiormente distintas do conhecimento, que é contingente, e é indissoluvelmente nossas (quando estas se fazem conscientemente partem de nós e podemos partilhá-las com outros); e *trajetória* com empréstimo de Bourdieu[10] é tomada como "uma série das posições sucessivas", ou seja, uma maneira singular de percorrer o espaço social.

Postas estas questões, nossa construção textual, ambientada no estado do Maranhão, dá destaque para a professora Rosa Martins Mochel (1929-1985), em cuja trajetória perpassam os dois níveis de ensino brasileiro atualmente (educação básica e educação superior), sempre numa perspectiva ecológica, com foco para conservação e difusão das espécies da flora maranhense.

Nesta construção, o exercício que nos propomos tem como intenção, através da historiografia, enfatizar a participação de mulheres professoras do norte brasileiro, contribuindo, para sua visibilidade e protagonismo, no espaço educacional, bem como pensar sua atuação para além do processo educativo institucionalizado, também denominado educação formal ou escolar, visto que a professora Rosa não se ateve aos limites da sala de aula.

Tanto que as nossas fontes de apoio estão compostas pela produção literária da e sobre a professora em questão; registros administrativos, decorrentes de seu desempenho em organizações públicas; complementadas por fontes sonoras, resultantes de depoimentos de familiares e amigos. A utilização dessa diversidade de fontes é propiciada pela Nova História, ao nos permitir resgatar os saberes, fazeres e táticas da mulher professora Rosa Mochel Martins.

Com isto operamos nossa construção com as apresentações do ambiente da temática e, também, da professora, sua prática docente, seus ensinamentos, iniciativas e reconhecimento de suas atividades, tanto em vida, como póstuma.

---

8    LÉON, Vicki. *Mulheres Audaciosas da Antiguidade.* Rio de Janeiro. Record: Rosa dos Tempos, 1997.

9    NUNES, Clarice. "Memória e História da Educação: entre práticas e representações". *Revista Educação em Foco* – História da Educação. Juiz de Fora, n. 2, v.7, set/fev., 2002/2003, p. 11-27.

10   BOURDIEU, Pierre. *As regras da arte: gênese e estrutura do campo literário.* São Paulo: Companhia das Letras, 1996, p. 242.

Diomar das Graças Motta

### APRESENTAÇÃO DO AMBIENTE

Não obstante o estado do Maranhão pertencer à região Nordeste é o único coberto, em parte, pela floresta Amazônica. Fato que instiga a sua inclusão, tanto em estudos sobre mulheres do norte como do nordeste brasileiro.

Em recuo histórico, ainda que resumido, convém ressaltar que a origem e significação do seu nome foram tomadas do capitão Marañon quando, no Peru, denominou o atual rio Amazonas.[11] A sua significação ora vem de enredado; teia de lã (na acepção portuguesa); ora vem de brigar e correr (acepção dos tupinambás). Para Fran Paxeco[12] é um vocábulo de formação fenícia, designativo da pororoca, pelos indígenas, que é fazer-se bulhento ou impetuoso, como um rio em um só leito longo. Logo "o nome da terra nos veio do rio".[13]

Esta "aparente" divagação serve-nos para mostrar que o ambiente da inserção deste texto, desde a sua denominação, é múltiplo em conotações. Prosseguindo, sua capital, inicialmente foi Upaon-Açu (pelos indígenas), depois Trindade (pelos portugueses), finalmente São Luís (pelos franceses). Fase em que a mulher indígena é presente na historiografia com a descrição de seu físico, hábitos e conhecimentos, isto a partir de 1612.[14]

Com mais de quatro séculos, este ambiente não fugiu a maioria das províncias, anteriormente, e dos estados, hoje, com o pouco caso dado a educação e, por conseguinte, à mulher professora.

A contribuição da mulher professora, enquanto analogia do "emaranhado", (como uma das significações do nome ambiente) esconde a pessoa e silencia seus feitos, mas a luta do GEMGe tem proporcionado reverter, em parte, esta ocorrência, daí a presença de Rosa Martins Mochel, em nossa pesquisa.

### APRESENTANDO A PROFESSORA

Nossa professora nasceu em 19 de janeiro de 1929, na então Vila Miritiba de São José do Periá. Esta vila, pelo Decreto-lei estadual n. 743 de 13 de dezembro de 1936, passou a categoria de município, alterando sua denominação para Humberto de Campos, em homenagem a este escritor e jornalista maranhense, seu conterrâneo.[15]

---

11  SILVEIRA, Simão Estácio da. *Relação Sumária das Coisas do Maranhão*. São Luís: s/ed, 1979.

12  PAXECO, Fran. *Geografia do Maranhão*. São Luís: s/ed, 1923.

13  MEIRELES, Mário M. *História do Maranhão*. São Paulo: Siciliano, 2001, p. 31.

14  *Ibidem*.

15  CARDOSO, Manoel Frazão. *O Maranhão por dentro*. São Luís: Lithograf, 2001.

Professora Rosa foi a oitava filha do Major da Polícia Militar José Augusto Mochel e de Ercilia Rodrigues Mochel. É oportuno registrar que o Major foi também chefe da Delegacia de Polícia no Estado. A perda da mãe, ainda jovem, fez com que fosse criada pelos irmãos mais velhos, que ajudaram o pai viúvo nessa nova situação. Os irmãos eram Eline, Giordano, Arcelina, Dinah, Neline, Joaquim e Inah. O sobrenome Mochel é de descendência alemã.[16]

Seus estudos iniciais foram realizados no Colégio Rosa Castro, em São Luís, que atendia a clientela feminina e oferecia os então curso primário e o curso normal. Esta instituição contribuiu de forma expressiva, nas décadas de 1930 e 1940 para a formação da professora primária maranhense.[17]

Ela bacharelou-se em Geografia e História, na então Faculdade de Filosofia de São Luís, na segunda metade da década de 1950 e, em seguida, matriculou-se na Escola de Agronomia do Pará, tornando-se a primeira mulher maranhense a se formar em engenheira agrônoma.[18] A complementação dos estudos de agronomia foi realizada no Rio de Janeiro. Depois de formada não se descuidou dos estudos e participou de vários cursos de aperfeiçoamento, dentre eles Análise Econômica, com financiamento do Ministério da Educação, assim como em congressos e eventos concernentes à formação, onde apresentava trabalhos de sua vivência no Maranhão, demonstrando ser uma mulher que enfrentava a igualdade de condições, enquanto profissional no campo da agronomia.

Conseguindo, portanto, dar visibilidade à participação da mulher em atividades como agricultura, fora dos lugares em que a dominação masculina estabeleceu, institucionalizou e legitimou, como plantio e colheita para a subsistência familiar. Com isto ela é burlada pela historiografia, que desde seus primeiros instantes, tornou a mulher e muitas das suas ações invisíveis.

### PRATICANDO A DOCÊNCIA

O seu exercício profissional era considerado pelos seus alunos como leve, pontual, com uma postura sempre sorridente em sala de aula. Este testemunho é uma constante entre os que receberam aulas de Geografia Geral e do Brasil, no Colégio

---

16  Jornal *Estado do Maranhão*, São Luís, 16 julho 1979.

17  MOTTA, Diomar das Graças. *As mulheres professoras na política educacional no Maranhão*. São Luís: Edufma, 2003.

18  SEGUINS, José Ribamar. *Mulheres no Comando*. São Luís: s/ed, 2003.

de São Luís, no Instituto Rosa Castro, no SESC – SENAC, no Liceu Maranhense e na Escola Técnica Comercial do Maranhão.

Sua preocupação com a educação de crianças e jovens fez com que se tornasse professora de Geografia no então Artigo 99, que na época era veiculado pela TV – Difusora, Canal 4, em São Luís, e, também, orientadora da CADES (Comissão de Aperfeiçoamento e Desenvolvimento do Ensino Secundário) para a disciplina de Geografia. Nesta época, década de 1960, o contingente de professores e professoras licenciados (as), nesta disciplina era bastante reduzido. O seu trabalho junto à CADES foi relevante para a multiplicação e o desempenho desses profissionais.

Os governos militares (1964 – 1985), não pouparam a Prof.ª Rosa Mochel, tanto que extrapolou o espaço maranhense, atuando nas regiões Centro Oeste, Norte e Sudeste do país. Nesta locomoção contou com a companhia do marido, engenheiro-agrônomo Ezelberto Martins, que era funcionário do Ministério da Agricultura e, também, professor de Matemática e Estatística. Em São Luís, ele lecionou no Colégio Maranhense dos Irmãos Maristas, que era exclusivo da clientela masculina, até a década de 1960.

Fora do Maranhão foi admitida como chefa do Núcleo de Agricultura das escolas de Iniciação Agrícola "Gustavo Dutra" em Mato Grosso e da Escola "Manoel Barata" no Estado do Pará. A transferência para o sudeste ensejou o convite e desempenho do cargo de engenheira agrônoma da Seção de Genética da Universidade Rural do Rio de Janeiro.

Apesar de a atividade docente ser a sua "grande paixão", era, constantemente, assediada por convites para cargos técnicos, entretanto a sua argúcia e astúcia, conforme Certeau, (1994) faziam com que usasse estratégias a fim de conciliar administração, assessoramento e docência, mas não perdia a centralidade dessa última nas suas práticas.

Tanto que ao retornar para o Maranhão tornou-se professora de Geografia Econômica da então Faculdade de Ciências Econômicas da Universidade Federal do Maranhão, recém-implantada. Paralelamente assumiu o cargo de Assistente Técnica do Ministério da Agricultura. Logo a seguir foi convidada e empossada como Secretária de Educação e Ação Comunitária do Município de São Luís. Concluída a sua gestão na municipalidade, foi nomeada Assessora Técnica do Centro Rural Universitário de Treinamento e Ação Comunitária (CRUTAC) na UFMA; chefe do campo de sementes, nos municípios de Codó e Coroatá; e do Setor de Agronomia da Granja Barreto de São Luís.

Em todas essas atividades os alunos estavam presentes, ora como estagiários, ora como colaboradores, ora como integrantes de projetos de extensão. Embora suas disciplinas oferecessem créditos teóricos, mas a astúcia de sua prática se configurava como se todas fossem teórico-práticas, pois não concebia conhecimentos geográficos e nem de agronomia que se esgotassem na sala de aula. Para ela, saberes práticos e teóricos eram elementos da mesma moeda.

Por tudo isto, com os alunos, foi a responsável pelos estudos de linhas divisórias e demarcações dos municípios de Buriti, Coelho Neto, Colinas, Humberto de Campos, Mirador, Pastos Bons, Pedreiras, Urbanos Santos e muitos outros no Estado do Maranhão, sempre registrando a co-autoria dos mesmos nestas atividades.

### OUTROS ENSINAMENTOS

A prática docente, para ela, não se restringia à sala de aula ou aos campos de aplicação dos conteúdos ensinados, como registramos anteriormente. Cumprir programa da disciplina e a carga horária a esta destinada não lhe eram satisfatórios. O trabalho docente deveria exigir sempre e ter mais extensão.

Daí a sua preocupação com a educação em todos os níveis e como não podia atender a todos de modo presencial utilizou a produção de obras para minimizar sua ausência. Merece destaque:

– *Conheça o Maranhão* (1971), obra destinada aos alunos do curso fundamental e editada pelo Serviço de Imprensa e Obras Gráficas do Estado (SIOGE). Esta foi e ainda é amplamente adotada no sistema de ensino maranhense, embora decorridos mais de quarenta anos de sua primeira edição, devido à sua atualidade.

Sobre esta obra, a Prof.ª Dr.ª Odaléia Alves da Costa, em sua dissertação de mestrado intitulada *A disciplina "Estudo Regional do Maranhão e os escritos em torno dela"*, defendida em 2008, na Universidade Federal do Piauí, apresenta a seguinte análise:

> A autora escolheu uma forma bastante peculiar para escrever sua obra. Destacou uma palavra-chave com cada uma das letras do alfabeto e assim, vai narrando os diversos aspectos da vida econômica do Maranhão. As palavras-chave escolhidas foram: agricultura, babaçu, costa, descobrimento, energia, frutas, Gonçalves Dias, hidrografia, Itaqui, jaborandi, lugar, mapa, novo, omissão, população, quebranto, rádio, São Luís, transporte, universidade, verdade, xisto e zona.

Dessa forma, Martins (1971) apresenta uma visão de Maranhão, centrada mais nos aspectos econômicos e culturais do que políticos. Conforme já mencionado, os capítulos são escritos a partir de uma palavra geradora e os questionários fogem ao modelo de perguntas e respostas, se aproximando mais a um instrumento de pesquisa, motivando os discentes a pesquisarem dados sobre a realidade do estado que não constam naquele livro. Além de textos, dispõe ainda, de imagens (desenhos) que reforçam as ideias da autora. Destaca-se o desenho de uma mulher quebradeira de coco, quando a autora fala sobre o babaçu. A mulher encontra-se sentada ao chão dentro de um cocal, de pernas cruzadas, com a cabeça amarrada com um pano, o braço direito em punho, a segurar um cacete que serve para bater fortemente no coco junto ao machado, até que o mesmo seja partido ao meio, para assim, retirar as amêndoas. A imagem é de uma mulher forte, batalhadora que aguenta o sol e se dispõe a realizar um trabalho tão árduo.[19]

Estas considerações tecidas por Odaléia registram fragmentos da mulher professora que, discretamente, em um material didático procura refletir o meio e questões sociais concernentes a mulher. No caso, a quebradeira de coco, de trabalho árduo, sem reconhecimento, porém o seu único meio de sobrevivência. Imagem pouco apresentada já que muitos de nossos livros didáticos privilegiam a mulher de elite, sempre bem vestida e se posicionando elegantemente.

Além desta obra ela produziu, anteriormente, para o ensino médio e educação superior as seguintes:

– *Notas sobre forrageiras* (1995)

– *A agropecuária Maranhense* (1960)

– *Cálculo dos Rumos* (1962). Este em co-autoria. As três últimas obras são específicas do campo agropecuário, ou seja, de abrangência mais minuciosa de cada conteúdo.

Nos intervalos das atividades docentes e agronômicas ela retratava o cotidiano, através da literatura, mas sempre se atendo às suas atividades profissionais, a exemplo, do que diz a quadra do poema: "O globo e a primavera".

---

19 COSTA, Odaléia Alves da. *A disciplina "Estudo Regional do Maranhão" e os escritos em torno dela*. Dissertação (Mestrado) – Universidade Federal do Piauí, Teresina, 2008, p. 87.

*Uma mulher professora na educação do Maranhão*

Outras primaveras virão
Porque o globo gira, gira e caminha sempre
Para onde não sei.
Estou nele, ando com ele
E sei que é só uma vez.

Nesta a professora de Geografia e a mulher se inserem na realidade e a vivem a cada instante. Ela não trata a mulher como um ornamento ou principal expressão da primavera, que são flores, muito usual entre os poetas do sexo masculino. É uma mulher presente e partícipe no globo.

Outro poema, que a faz lembrar e é bastante recitado, diz respeito a sua terra natal, intitulado "Miritiba sempre". Este é composto de 12 quadras, variando de cinco a nove versos em cada uma. Nestas perpassam a sua história e a do município; a geografia e a cultura; e seus conhecimentos de agronomia. Vejamos:

...
Nas noites de lua, estórias de assombração
A contagem difícil de estrelas no céu claro de luar
As certezas de que ainda há riquezas enterradas
Nas velhas casas invadidas e saqueadas pelos balaios

Mirim... vocábulo de origem indígena,
Que dá nome à minha terra
Respeitando a toponímia e, também, a nossa memória
Miritiba – terra mirim: Mirim – fruto gostoso
Mirim – madeira de lei
Mirim derramando frutos e sementes
Que contemplarão as matas equilibrando o meio ambiente
Para as necessidades humanas

Lembrarei Miritiba sempre o mar, o igarapé
As areias, as serestas no morro
Os pastores e os reisados. As frutas, os peixes, os camarões
Cresci e compreendi que um povo só poderá ter sua memória
Se guardar zelosamente o seu passado.

Estas três quadras são um pequeno fragmento, que testemunham o comprometimento da mulher-professora que sabia valorizar tudo o que usava. Outros poemas permanecem inéditos. Mas de certo, ao resgatarmos a trajetória da Professora Rosa estaremos revelando suas práticas e a pessoa-mulher criativa e sensível, que merece ter outras obras publicadas, ainda que póstumas, especialmente, no campo literário, pouco explorado no campo acadêmico, porque a agrônoma e a bacharel em geografia se sobrepõem, contribuindo para sua tênue visibilidade no processo ensino-aprendizagem no espaço maranhense.

### INICIATIVAS E RECONHECIMENTO

A professora Rosa Mochel, além se ater à literatura, contribuiu com iniciativas sempre direcionadas para a educação, com respeito e conservação da flora maranhense, como:

– *Casa de Alice*

Tratava-se de um horto concebido em seu sítio no distrito do Maracanã, localizado na periferia de São Luís, com uma variedade de plantas e aberto a visitação pública, sobretudo de crianças e jovens, a fim de que pudessem conhecer um pouco da flora brasileira, em especial, a maranhense. Neste empreendimento contava com a colaboração do marido, também professor e engenheiro agrônomo Ezelberto Martins. O nome Alice foi uma homenagem a tia querida, que apreciava as plantas como ela. Atualmente, a Casa de Alice encontra-se em completo abandono. Foi depredada, depois da morte do marido, ocorrida seis meses após a sua.

– *Festa da Juçara*

Celebração que faz parte do calendário de festividades maranhenses, realizada no distrito do Maracanã, entre os meses de outubro e novembro, época de sua safra expressiva. O fruto da juçara é oriundo de uma palmeira própria da Amazônia, conhecida como açaí.

O reconhecimento de suas iniciativas fez com que se tornasse a primeira mulher a ingressar no Instituto Histórico e Geográfico do Maranhão. Instituição fundada em 20 de novembro de 1925. Ela pertenceu a cadeira n. 9, que foi patroneada por Antônio Pereira de Berredo e seu primeiro ocupante foi Rubem Ribeiro de Almeida. Este último foi um eminente professor de Grego, Latim e Língua Portuguesa no Maranhão e foi, também, membro da Academia Maranhense de Letras sendo o fundador da cadeira n. 29.[20]

---

20 MORAES, Jomar. *Perfis Acadêmicos*. 4. ed. São Luís: Edições AML, 1999, p. 93.

Seu esforço e prática docente, distinguidos em vida, fizeram com que fosse agraciada com comendas, a saber:

– Medalha do Mérito Agronômico concebida pela Sociedade de Engenheiros Agrônomos do Maranhão.

– Medalha Comemorativa do nascimento de Alberto Santos Dumont, pelo Ministério da Agricultura.

– Medalha Gonçalves Dias concedida pela Academia Maranhense de Letras.

– Diploma de Honra ao Mérito pelo MEC – Fundação Mobral.

O reconhecimento póstumo foi expresso, através da:

– Edição do *Prêmio Rosa Mochel de Monografia*, que é um concurso científico promovido pelo Conselho Regional de Economia do Maranhão (CORECON-MA), com a finalidade de estimular a busca pelo conhecimento e a pesquisa científica, entre futuros economistas. O concurso é realizado anualmente desde 2005, e são premiadas as monografias produzidas como trabalho de conclusão do Curso de Ciências Econômicas das instituições de ensino público e privado da educação superior maranhense, o tema é livre, no entanto deve abordar a realidade socioeconômica e política nacional, estadual e municipal.

– Criação da *Unidade Integrada Rosa Mochel Martins*, em São Luís. É uma unidade escolar da rede de ensino público estadual, que atende alunos e alunas da educação básica.

– *Herbário Rosa Mochel, SLUI* – órgão da Universidade Estadual do Maranhão – UEMA, com um acervo de cerca de 4500 exsicatas, uma xiloteca (com 174 exemplares), uma carpoteca (35 exemplares) e uma palinoteca. (UEMA, 2013). A Atual curadora do Herbário é a Prof.ª Dr.ª Francisca Helena Muniz, que também é membro da Rede Brasileira de Herbários – RBH, com mandato no biênio 2012-2013. A RBH integra a Sociedade de Botânica do Brasil (SBB) e foi criada em 9 de janeiro de 1950.

Na qualidade de defensora da ecologia maranhense, o reconhecimento da sua dedicação aos estudos de agronomia e educação encontra-se visível em sua trajetória.

## CONSIDERAÇÕES FINAIS

A constituição de trajetória é, sem dúvida, uma possibilidade, que tem proporcionado em nossos estudos, no GEMGe, a consecução do seu objetivo precípuo, que é contribuir para que a mulher professora tenha maior espaço na historiografia da educação.

Esta contribuição tem nos propiciado alargar e aprofundar a participação da mulher professora na sala de aula e para além da mesma. Haja vista o exemplo da Prof.ª Rosa Mochel, que ao lado de outras professoras maranhenses tem dividido suas experiências e conseguido, ainda que timidamente, ressignificarem a prática docente com seus saberes e fazeres, como profissionais e mulheres em cada época.

Desta perspectiva elas nos ajudam a trazer a compreensão das mulheres a um mundo, que sempre precisa delas. Agora mais do que nunca, quer ele a reconheça ou não, quer ele a consagre ou não.

Pois o que aqui registramos, através de uma única mulher professora é, também, uma expressão da luta, pela sua autonomia, individualização e participação mais explícita no espaço público, rompendo com o confinamento no espaço privado, concebido como o de prevalência da mulher, durante muito tempo e, ainda hoje, em muitas sociedades.

A ocorrência do falecimento da Prof.ª Rosa, em 1985, faz com que sua lembrança, nesta trajetória, abra mais um espaço de reflexão, sobre a presença e a participação da mulher em campos, que usualmente não se encontrava presente. Estes registros servem de estímulo na e para a luta da emancipação feminina, já que a "memória não é repetição, é aquisição do novo", segundo Giordano Bruno (1548-1600). Logo, esse exemplo merece ser referência nos estudos historiográficos sobre a educação e, em especial, sobre as mulheres professoras no espaço maranhense.

#### REFERÊNCIAS

BOURDIEU, Pierre. *As Regras da Arte: gênese e estrutura do campo literário*. São Paulo: Companhia das Letras, 1996.

CARDOSO, Ciro Flamarion e VAINFAS, Ronaldo (orgs.). *Domínios da História: ensaio de teoria e metodologia*. Rio de Janeiro: Campinas, 1997.

CARDOSO, Manoel Frazão. *O Maranhão por dentro*. São Luís: Lithograf, 2001.

CERTEAU, Michel de. *A Invenção do Cotidiano: artes de fazer*. Petrópolis, RJ: Vozes, 1994.

COSTA, Odaléia Alves da. *A disciplina "Estudo Regional do Maranhão" e os escritos em torno dela*. Dissertação (Mestrado) – Universidade Federal do Piauí, Teresina, 2008.

Depoimento da Prof.ª Dr.ª Elba Gomide Mochel.

Depoimento da Prof.ª Therezinha Rocha de Moraes Rego.

*Jornal Estado do Maranhão*. São Luís, 16 jul. 1979.

LÉON, Vicki. *Mulheres Audaciosas da Antiguidade*. Rio de Janeiro: Record: Rosa dos Tempos, 1997.

LÖWY, Ilana. "Ciência e Gênero". In: HIRATA, Helena *et al.* (orgs.). *Dicionário Crítico do Feminismo*. São Paulo: Editora Unesp, 2009.

MEIRELES, Mário M. *História do Maranhão*. São Paulo: Siciliano, 2001.

MOCHEL, Rosa Martins. *Conheço o Maranhão*. São Luís: SIOGE, 1971.

MORAES, Jomar. *Perfis Acadêmicos*. São Luís: Edições AML, 1999.

MOTTA, Diomar das Graças. *As Mulheres Professoras na Política Educacional no Maranhão*. São Luís: EDUFMA, 2003.

NUNES, Clarice. "Memória e História da Educação: entre práticas e representações". *Revista Educação em Foco* (História da Educação). Juiz de Fora, n. 2, v.7, set/ fev., 2002/2003, p. 11-27.

PAXECO, Fran. *Geografia do Maranhão*. São Luís: s/ed, 1923.

PRIORE, Mary Del (org.). *História das Mulheres no Brasil*. São Paulo: Contexto, 1997.

SEGUINS, José Ribamar. *Mulheres no Comando*. São Luís: s/ed, 2003.

SILVEIRA, Simão Estácio da. *Relação Sumária das Coisas do Maranhão*. São Luís: s/ed, 1979.

UNIVERSIDADE ESTADUAL DO MARANHÃO. *SLUI – Herbário Rosa Mochel*. São Luís: CRIA, 2013.

# *"Sem um fio de cabelo fora do lugar" e com terços nas mãos*

As "meninas das freiras" e a reconfiguração de papéis sociais femininos no Nordeste brasileiro ao longo do século XX

Samara Mendes Araújo Silva

### CONSIDERAÇÕES INICIAIS

Os Colégios Católicos participaram decisivamente para reconfigurar os papéis sociais, especialmente, os femininos, porque apresentaram e representaram para as mulheres (mesmo para as que não fizeram parte de seu alunado) a possibilidade de uma formação intelectual e profissional, a ampliou e diversificou a inserção e atuação social destas, antes restrita ao ambiente doméstico e aos papéis de esposa e mãe.

Sob o aparente silêncio, respeito e manutenção da configuração social vigente as alunas dos Colégios Confessionais Católicos – as "meninas das freiras" – contribuíram sem estardalhaços e, de forma decisiva, para a alteração da posição e papéis sociais das mulheres na sociedade nordestina – e por extensão brasileira – manifestaram formas de insubordinação, produziram estratégias que, por vezes, desembocaram na transformação (em geral lenta, progressiva e decisiva) da figuração social ao longo do século XX.

Para compreender a atuação da Igreja Católica – instituição conservadora e tradicionalmente mantenedora de um *status quo* inalterado de uma sociedade – é preciso rememorar o contexto geral do último século. Onde ocorreu revogação do Padroado Real, as disputas ideológicas entre maçons e clérigos pelo controle da sociedade, conflitos políticos e ideológicos entre a Igreja e os Estados europeus, fundação de novas ordens e congregações na Europa e no Brasil, instituição de novas Dioceses e Bispados no Brasil, fundação de novos seminários em várias cidades do Brasil, dentre outros acontecimentos.

Neste cenário a expansão das atividades educacionais da Igreja Católica em território brasileiro é vista como uma continuidade do processo de evangelização, ou seja, educar é um dos veículos alternativos para a preservação da fé cristã e da posição social, prestígio e influência política da Igreja enquanto instituição norteadora das práticas cristãs no Brasil. Porque educar para Igreja Católica é educar cristãmente.

Neste processo de constituição da educação confessional no século XX, a Igreja Católica brasileira, teve a necessidade de definir o público o que "torna as mulheres um alvo privilegiado"[1] e passou a desenvolver ações e projetos específicos dirigidos à população feminina católica, tais como as associações femininas de piedade, escolas para meninas, dentre outras.

Tais ações da Igreja visavam tornar mais aceitável as ideias reformistas e a preservação dos espaços político-religiosos daquela instituição, através da ação feminina, pois "na educação religiosa familiar, as mulheres estavam presentes influindo na formação do espírito religioso de seus filhos e filhas",[2] então, educar as mulheres brasileiras conforme os preceitos do catolicismo emanados do Concílio de Trento[3] era assegurar a "manutenção do modelo familiar cristão tradicional".[4]

Para empreender esta tarefa de educar os jovens na fé cristã, a Igreja Católica brasileira solicitou o apoio de religiosos estrangeiros, por isto, neste período, é crescente o número de Ordens e Congregações Religiosas que vieram fixar-se no país.

> No Império, duas congregações femininas iniciam aqui suas atividades: as Filhas da Caridade, em 1849, e as Irmãs de São José de Chambéry, em 1858. A partir de 1891, intensifica-se a vinda de religiosas estrangeiras, em sua maioria francesas e italianas. Entre 1872 e 1920, cinqüenta e oito congregações européias se estabelecem em

---

1   NUNES, Maria José Rosado. "Freiras no Brasil". In: DEL PRIORE, Mary. *História das mulheres no Brasil*. 3. ed. São Paulo: Contexto, 2000, p. 491.

2   NUNES, Maria José Rosado, *op. cit.* p. 490.

3   Reunião de bispos e cardeais da Igreja Católica, ocorrida de 1545 a 1563, na cidade italiana de Trento. Definiu as principais ações da Igreja Católica contra a expansão do movimento da Reforma Protestante. As principais definições deste Concílio foram: estabelecer a idade mínima para o sacerdócio (25 anos); instituição de seminários destinados à formação dos clérigos; definição dos sete sacramentos; fortalecimento da autoridade pontifical; adoção do latim como língua litúrgica; determinação do celibato clerical.

4   NUNES, Maria José Rosado, *op. cit.*, p. 495.

*"Sem um fio de cabelo fora do lugar" e com terços nas mãos*

terras brasileiras; outras 19 também são fundadas no Brasil por essa época. O trabalho educativo nos colégios, o cuidado com os doentes, das crianças e dos velhos em orfanatos e asilos constituirão suas principais atividades.[5]

Neste momento de abertura de novos espaços de atuação social,[6] chegaram, em 1903, as Irmãs Pobres de Santa Catarina de Sena,[7] atuando inicialmente na cidade de Belém (PA), onde seis irmãs fundam o Colégio Santa Catarina de Sena dando "início às atividades de formação cristã, alfabetização e trabalhos manuais para as crianças pobres".[8] E, em 1906, passaram a atuar no Piauí com a inauguração dos Colégios Sagrado Coração de Jesus, em Teresina, e Nossa Senhora das Graças em Parnaíba, este iniciou suas atividades em 1907.

A Igreja, enquanto instituição socioeducativa visava atender e ofertar seus ensinamentos a crianças e jovens oriundos de todas as classes sociais, porém o fez pautando-se em preceitos diferenciados. Para aqueles de famílias ricas, a educação nas escolas católicas significava socialmente acesso a instrução intelectual e científica de qualidade e a formação de caráter irretocável, assegurando-lhes os ensinamentos necessários à manutenção do *status quo* e para o desempenho das funções e cargos de destaque na administração pública e privada.

Enquanto, para os filhos de famílias de classes pobres, a educação proveniente das escolas confessionais católicas era sinônimo de doação, obtida graças a prática da caridade cristã. Segundo Manoel (1996), a oferta de ensino gratuito também era uma estratégia, adotada pela Igreja, para colaborar com a manutenção da estrutura social

---

5    NUNES, Maria José Rosado, *op. cit.*, p. 492.

6    Na Europa, em consequência da difusão dos ideais da Revolução Francesa e de sua ideologia laicizante, ocorreram conflitos políticos e ideológicos entre a Igreja e os Estados europeus, o que dificultou e, em alguns momentos, impediu a atuação social de religiosos e religiosas. "As Congregações encontram então na vinda para o Brasil uma solução para esse problema, mostrando-se motivadas pela idéia da 'missão' em terra estrangeira e legitimando, oportuna e religiosamente, o êxodo da Europa" (NUNES, 2000, p. 492).

7    A Congregação das Irmãs Pobres de Santa Catarina de Sena foi fundada em Sena na Itália, em 08 de setembro de 1873, pela Bem Aventurada Savina Petrilli, seu carisma fundamenta-se na espiritualidade de assemelhar-se a Cristo como Sacerdote e Vítima, servindo aos irmãos na educação da infância e juventude pobre e abandonada.

8    Histórico dos 100 anos de fundação "Colégio Santa Catarina de Sena". Disponível em: <http://www.cscs.com.br/historico.htm>. Acesso em: 3 nov. 2005.

conservadora e tradicionalista do país, sempre dotada de um "toque" de paternalismo, a lembrar aos seus beneficiários o "favor" e a benevolência que lhes era concedida.

Algo que se denota, apesar da distinção socioeconômica feita entre os discentes ao que atualmente nomeamos de conteúdo programático, nos colégios católicos não haviam distinção entre os diferentes tipos de alunos – pagantes e gratuitos – ao contrário exigiam dos docentes igual competência, dedicação, rigor e aplicação em todas as classes sob pena de demissão.

Assim, analisar a contribuição das "meninas das freiras" para a reconfiguração dos papéis sociais femininos no Nordeste brasileiro ao longo do século XX, é, em última instância, verificar o processo de constituição das mulheres, enquanto sujeitos sociais, a partir dos espaços, aprendizagens e sociabilidades vivenciadas e variadas nos Colégios. Tendo em vista a influência social das instituições de ensino confessionais católicas na sociedade na qual se inseriram e repercutiram.

Compreendendo como um mesmo espaço sócio-educativo comportou e agregou diferentes possibilidades de formação das mulheres enquanto sujeitos sócio-históricos, as quais pretensamente seriam contraditórias e inconciliáveis, mas que as escolas confessionais conseguiram articular estes componentes de modo que suas alunas tiveram a oportunidade de frequentar diferentes cursos e ampliar seus anos de estudos. Possibilitando as mulheres inserção no mercado de trabalho em diferentes atividades e funções, o que poderia promover a ruptura com os padrões conservadores sociais. E, em contrapartida promoviam algumas atividades curriculares e extra-curriculares, impunham regras disciplinares e outras rotinas escolares reforçadoras da aprendizagem e internalização dos papéis tradicionais femininos e das práticas do catolicismo tradicional.

## COLÉGIOS DAS IRMÃS: "FORMADOR INTELECTUAL, HUMANO, SOCIAL E RELIGIOSO"[9] NO TERRITÓRIO PIAUIENSE

Em território piauiense em 1906, os Colégios confessionais católicos destinados a educação feminina iniciaram suas atividades, tendo as religiosas italianas da Congregação dos Pobres de Santa Catarina de Sena como diretoras e professoras.

---

9    Dom Rufino (Bispo Emérito da cidade de Parnaíba) escreveu texto analisando a importância do Colégio Nossa Senhora das Graças (Colégio das Irmãs de Parnaíba) para o desenvolvimento educacional e religioso da cidade, o título deste texto é "CNSG: formador intelectual, humano, social e religioso". O referido texto foi publicado em 2007 na edição especial da *Revista Raios de Luz* (Parnaíba).

*"Sem um fio de cabelo fora do lugar" e com terços nas mãos*

A escolha dos nomes dos colégios atendeu ao pedido feito pelo Bispo Dom Joaquim, responsável pela vinda da Congregação italiana para o Piauí. Em Teresina, o Colégio fundado em outubro de 1906 recebeu o nome e foi consagrado ao Sagrado Coração de Jesus. O Colégio de Parnaíba, fundado em junho de 1907 "sob a invocação de Nossa Senhora das Graças com a presença do Exmo. Sr. Bispo e a escola da sociedade parnahybana"[10] como forma de homenagear a santa padroeira da cidade.

No Piauí, diferentemente de outros lugares onde atuam, e, os leigos as chamavam de "Irmãs dos Pobres", as religiosas da Congregação dos Pobres de Santa Catarina de Sena são conhecidas como "Irmas Catharinas" (Irmãs Catarinas), segundo, consta em carta enviada à Madre Savina (superiora geral da Congregação) em 02 de julho de 1907 pelas religiosas que estavam em Teresina, é porque em

> 13 de maio, (...), foi inaugurada a Capela e, ao mesmo tempo, festejada a ínclita Padroeira. Entre cânticos sagrados, acompanhados ao órgão, foi celebrado o Divino Sacrifício. O bondoso Padre Alfredo Pegado, Secretário do Sr. Bispo (o qual durante a ausência do Capelão Padre Lopes, substituiu-o com admirável abnegação) com fervorosas palavras reavivou o nosso fervor. Muitas alunas receberam Jesus na Eucaristia. Vários fiéis estavam presentes. No final da tarde, a Bênção do Venerável Pastor encerrou a devota festinha transcorrida na mais calma e pura alegria. Comovente pensamento! Esta foi a primeira festa celebrada, não direi no Brasil, mas no Piauí, em honra da Virgenzinha Senense! Até então, esta incomparável Santa não era conhecida, nem venerada nessa longínqua região. Mas desde quando nossa humilde Congregação, naquele momento estendeu o seu amável estandarte de caridade e do amor, também o nome de Catarina, soou bendito e invocado, e nós, mesmo sendo suas indignas filhas, aqui nos costumam chamar: "Irmãs de Santa Catarina" ou simplesmente "Irmãs Catarinas."[11]

O processo de constituição e consolidação dos Colégios como espaços educacionais que possibilitam a ampliação dos anos de estudos das mulheres piauienses, em termos educacionais, se principia no início do século XX, se fortaleceu na

---

10  O APOSTOLO. Telegrammas – Parnahyba, 20. 02 de junho de 1907. Anno I, num 3, p. 2.

11  COLÉGIO SAGRADO CORAÇÃO DE JESUS. Chegada das Irmãs a Teresina (Piauí-Brasil). Teresina, PI, s/d. (mimeografado), p. 12.

segunda metade da década de 1920 com a contratação de professores de Língua Portuguesa e, em 1930, com a ampliação dos níveis dos cursos ofertados e teve sua continuidade nas décadas seguintes com a formação e manutenção de quadro de profissionais com alto índice de qualificação acadêmico-profissional e baixa rotatividade e ampliação do respaldo social da própria instituição escolar e de suas ex-alunas.

Enfim, a História dos Colégios das Irmãs no Piauí atravessou o século xx, e estas instituições chegaram ao atual sendo reconhecidas como "escolas de tradição e qualidade" pela sociedade piauiense. Durante sua trajetória centenária agiram de diferentes modos, que foram definidos conciliando os interesses expressos pelo mundo laico, no que se refere à formação educacional dos jovens e, pelos princípios e a reorganização interna e doutrinária da Igreja Católica. Por isto, ao estudar os Colégios, constata-se as evidências de que não foram sempre os mesmos, passaram por diferentes fases.

Tal constatação imprime a necessidade de promover a periodização desta história, com vistas a facilitar o seu estudo e compreensão. Embora sem dispor de uma resposta "definitiva" para o questionamento (em forma de alerta) sobre a natureza desta "operação historiográfica",

> do que seja uma periodização, se é apenas o espaço temporal entre dois limites cronológicos ou se existe um vínculo com algum traço específico, um tipo de fenômeno, a transformação das estruturas sociais, uma mudança cultural. A natureza das periodizações tem algo de convencional, de enfoque dirigido ao tema segundo critérios teórico-metodológicos e até das idiossincrasias do pesquisador que elabora a classificação ou periodização aludida.[12]

Conjugando os critérios teórico-metodológicos adotados na pesquisa, os acontecimentos ocorridos no contexto histórico nacional e local e os fatos concernentes ao cotidiano dos Colégios das Irmãs no Piauí, subdividimos a História destas instituições em quatro momentos históricos, são eles:

1º momento histórico (1906 – 1925): vai de 1906 quando se iniciaram as atividades educacionais das Irmãs Catarinas no Piauí e se encerrou em

---

12 RODRIGUES, Rui Martinho. "Teorias, Fontes e Períodos na Pesquisa Histórica". In: CAVALCANTE, Maria Juraci Maia *et al.* (orgs.). *História a Educação – Vitrais da Memória: lugares, imagens e práticas culturais*. Fortaleza, CE: Edições UFC, 2008. p. 444.

_"Sem um fio de cabelo fora do lugar" e com terços nas mãos_

1926 quando foi contratado o primeiro professor leigo para lecionar Língua Portuguesa,[13] Dr. Daniel Paz;

2º **momento histórico (1926 – 1958)**: iniciou-se em 1926 e se encerrou 1958, estes anos se caracterizaram pelo fato de, para atender as exigências da legislação educacional que começaram a vigorar no país a partir da década de 1930, os Colégios passaram a contratar professores leigos e, gradativamente, começou a ampliação dos cursos e dos níveis de ensino ofertados pelos Colégios no Piauí e teve como fato marcante a implantação do Curso Científico em 1959;

3º **momento histórico (1959 – 1972)**: tem seu início no ano de 1959 com a abertura da primeira turma do Curso Científico e a continuidade do crescente fortalecimento do respaldo social da educação católica na sociedade piauiense e se estendeu até 1973 quando os Colégios passaram a adotar a coeducação;

4º **momento histórico (1973 – dias atuais)**: o evento que demarca o início deste momento foi a adoção da coeducação no ano de 1973 quando foram matriculados doze meninos na turma da 1ª série do Curso Primário, passando pelo centenário dos Colégios comemorado em 2006 em Teresina e em 2007 em Parnaíba, chegando aos dias atuais.

Neste trabalho ao buscar compreender como estava articulado o funcionamento de instituições escolares confessionais que conviviam em um mesmo espaço físico e social com estratégias educacionais que aparentemente se confrontavam, contradiziam e que contribuíram para a alteração dos papéis sociais femininos durante o século XX, tem de evidenciar, no percurso histórico, a constituição e consolidação da educação confessional católica destinada à parcela feminina da população, no Piauí, capitaneado pelas Irmãs Catarinas aconteceram muitas transformações nas próprias Escolas, nos Cursos e nos Currículos nos Colégios das Irmãs. E, de escolas conservadoras destinadas à educação de mulheres construíram para si o lugar de escolas de tradição e qualidade no espaço social piauiense.

Os Colégios das Irmãs Catarinas foram fundados em Teresina e Parnaíba, mas, em lugar de duas instituições de ensino no Piauí, de fato, há quatro escolas savinianas. Tal fato aconteceu porque os Colégios das Irmãs Catarinas, por ser escolas confessionais, e a Congregação Saviniana ter expressado em seu carisma

---

13 Esta ação foi adotada primeiramente em Teresina. Apenas em 1928 é que o Colégio de Parnaíba passa a contratar professoras normalistas para lecionar a disciplina Língua Portuguesa.

a assistência aos pobres preferencialmente por meio da oferta da educação, mantiveram desde a sua fundação até a década de 1990 escolas gratuitas funcionando nos mesmos prédios, ou em anexos às escolas principais. Em Parnaíba era a Escola São José e em Teresina a Escola Santa Inês.

**INSTITUIÇÃO DE ENSINO DAS CATARINAS, CIDADE, TIPO DE ESTABELECIMENTO E REGIME DE ESTUDOS**

| INSTITUIÇÃO DE ENSINO | CIDADE | TIPO DE ESCOLA | REGIME DE ESTUDOS |
|---|---|---|---|
| Col. Sagrado Coração de Jesus | Teresina | Particular | Internato,Pensionato,Externato |
| Escola Santa Inês | Teresina | Filantrópica | Externato |
| Col. Nossa Senhora das Graças | Parnaíba | Particular | Internato,Pensionato,Externato |
| Escola São José | Parnaíba | Filantrópica | Externato |

Fonte: Colégio Sagrado Coração e Jesus e Colégio Nossa Senhora das Graças

A Escola Santa Inês funcionou até o ano de 1994 no mesmo prédio do Colégio Sagrado Coração de Jesus, quando foi extinta, as alunas ali matriculadas passaram a integrar o corpo discente do Colégio principal enquanto bolsistas.

Acrescente-se, ainda, que na propriedade Memorare (tendo inclusive dado nome ao bairro) foi fundada uma escola de aplicação, onde as alunas do Curso Normal do Colégio das Irmãs de Teresina executavam as aulas práticas. Esta escola gradualmente foi sendo utilizada para desenvolver as ações filantrópicas da congregação, atualmente, é a Escola Catarina Levrine abrigando tal qual a escola principal um número alunos gratuitos e outros pagantes.

Considerando o regime de estudos existentes nos Colégios das Irmãs Catarinas e a forma de distinção, até mesmo, separação, física que havia entre os tipos de alunas, o número destas escolas se ampliam. Posto que, conforme as normas dos Colégios, os diferentes tipos de alunas pagantes não podiam manter comunicação entre si a não ser no espaço da sala de aula, quando acontecia de estas frequentarem as mesmas classes, ou então nos momentos de festas. Enquanto as alunas das escolas gratuitas não frequentavam nem as mesmas classes das alunas pagantes, via de regra, estas alunas frequentavam aulas em horário e salas diferenciadas das demais alunas.

Outro ponto merece destaque é o fato de as Irmãs Catarinas terem mantido a exclusividade de matrícula feminina em suas escolas gratuitas, mesmo depois que as escolas principais passaram a adotar a coeducação a partir de 1973.

## "FORMAR BOAS CRISTÃS E BOAS CIDADÃS":[14]
### AS NORMAS NOS COLÉGIOS DAS IRMÃS

Uma lembrança marcante entre as ex-alunas é a de que no Colégio "tinha hora pra tudo" e regras também. E, segundo Amariles Santana, foi isto que a tornou uma pessoa "pontual, comprometida e responsável". A ordem e a disciplina, somados a religiosidades das Irmãs Catarinas, eram fatores perante a sociedade laica que credenciavam as instituições de ensino católico e ampliavam seu respaldo social, reiterando o ditado corrente de que "criança que era educada por freira e padre sabe respeitar os mais velhos e seus superiores".

Ao encaminhar suas filhas para o Colégio os pais, por sua vez, as encobriam de recomendações sobre respeitar as Irmãs e as ordens emitidas pelo Colégio, como contou Lili Leite[15] que no dia de voltar para a escola sempre repetia para ela e para as irmãs:

> Olhe, minha filha, eu quero que você tenha muito respeito, muito amor pelas Irmãs porque elas vão lá de desempenhar o papel de mãe. Sua mãe vai ficar aqui e elas é que vão cuidar de vocês, é quem vão educar vocês e eu não quero saber de gente valente pro lado delas, porque senão vão pegar um castigo no retorno pro Colégio, no período das férias vocês vão pegar um castigo.

E para fazer jus à "fama" de escola disciplinadora, as Irmãs não "relaxavam" nas exigências para que suas alunas cumprissem todas as normas e regras que eram determinadas. Para orientar as alunas sobre as exigências da escola no dia da matrícula ou no primeiro dia de cada aluna no Colégio na presença dos pais, a superiora ou uma das Irmãs-professora explicava as principais regras da escola, especialmente o conteúdo dos estatutos, em momentos específicos havia as preleções da Superiora no Parlatório, repreensões individuais privadas e públicas etc.

Apesar das muitas exigências Lili Leite diz que a Irmã Catarina Levrini, mesmo quando ia repreender uma aluna, "era incapaz de falar, ela era incapaz de falar assim alto com a gente. Um dia ela disse assim: "sua bruxa". Oh! Oh! Superiora me

---

14   A frase é a síntese da diretriz máxima da educação católica que é a de formar bons cristãos e bons cidadãos.

15   CASTRO, Alexandrina Leite de. (Dona Lili). Entrevista concedida à Samara Mendes Araújo Silva em 20 de fevereiro de 2010, na cidade de Teresina, PI, p. 8.

Samara Mendes Araújo Silva

chamando de bruxa. Bruxa em italiano é bonita. Com a gente era desse jeito (risos). Oh! Era uma pessoa tão boa (...)".[16]

O primeiro estatuto do Colégio das Irmãs foi elaborado ainda em 1906, pouco antes do Colégio de Teresina iniciar suas atividades, pelas Irmãs italianas e o padre Bianor. Este estatuto – Estatutos e regras para as educandas do Collegio dirigidos pelas Irmãs dos pobres de S. Catharina de Sena – é extremamente minucioso, e tenta normatizar todos os aspectos da vida das alunas, especificando horários, rotinas escolares, formas de comportamento etc. A forma como este documento se estrutura, corrobora com a afirmação feita por Assunção (2007) de que

> (...) as experiências escolares constituem um fator relevante neste processo [a constituição do indivíduo], em particular as informações apreendidas pelo discurso científico, pois por intermédio de tais ações as mulheres, e também os homens, não aprenderam, (...) apenas a respirar, mas a controlar a sua respiração; não apenas a falar, mas a emitir as palavras e frases apropriadas, nas situações sociais apropriadas, no tom de voz apropriado e de modo evasivo ou não. Não apenas a sentir, mas a sentir certas emoções muito distintamente; não apenas a se tornar mulher, mas a se tornar uma mulher que se comporta e sente de determinada forma. Enfim, não apenas as idéias, mas as próprias emoções são, no homem, artefatos.[17]

E Camargo (2000), ao descrever as normas e regras a serem cumpridas pelos alunos de certa escola em Rio Claro (São Paulo), afirma que "as disposições do Regimento Interno (Prospecto para 1933) do Instituto eram rígidas enquanto mecanismos de inculcação de comportamentos e formação de hábitos. O Regimento era minucioso na regulamentação das condutas adequadas ou incompatíveis ao ambiente escolar".[18] Tal caracterização pode ser atribuída, também, nos Colégios das Irmãs do Piauí.

---

16  *Idem, op. cit.* p. 3.

17  ASSUNÇÃO, Maria Madalena Silva. "Subjetividade – um conceito entre as fronteiras do discurso científico". In: SILVA, Isabel e. e VIEIRA, Martha Lourenço (orgs.). *Memória, Subjetividade e Educação.* Belo Horizonte: Argumentum, 2007, p. 37.

18  CAMARGO, Marilena A. Jorge Guedes de. *Coisas velhas: um percurso de investigação sobre cultura escolar (1928-1958).* São Paulo: UNESP, 2000, p. 51.

Dentro dos espaços escolares savinianos no qual se pretendia "formar um bom cristão e honesto cidadão para levar à sociedade germes de bem", tanto que o Colégio das Irmãs de Parnaíba divulga, naquele no ano de 1973, que o estabelecimento tratava-se de "uma instituição educativa, com o objetivo de dar à juventude formação integral, a fim de prepará-la ao perfeito conhecimento de seus deveres para com Deus, a Igreja e a Pátria".[19]

Uma forma de ampliar o controle, fazer distinção entre as alunas e ainda ampliar a competição entre elas, era a escolha das Prefeitas. As Prefeitas atuavam como monitoras dos professores, auxiliares de disciplina e representantes de classe. Em cada classe duas alunas eram escolhidas pelas Irmãs levando em conta: comportamento, obediência, desempenho escolar, religiosidade etc.

Escolhidas as alunas Prefeitas e as Vices, era comum haver uma solenidade em que a Superiora entregava os distintivos. A "nomeação" das Prefeitas no ano de 1944 está registrado no Livro de Memórias do Colégio de Teresina que no dia 25 de março, durante a

> Festa da Anunciação de Maria Santíssima, a Santa Missa, celebrada por Dom Severino que aceitou benignamente o nosso convite para a simples festa organizada para a entrega dos 12 distintivos das Prefeitas e Vice-Prefeitas, escolhidas entre as melhores dentre as nossas alunas, para ajudarem as Irmãs na vigilância e facilitar a boa disciplina. (...) Neste mesmo dia aconteceu uma manifestação inesperada que muito nos alegrou: de própria iniciativa ao meio dia no refeitório, antes de começar a refeição em um ímpeto de alegria: "Viva as nossas Prefeitas" mas, não terminou aqui. Antes de saírem do refeitório, a quintanista Violeta Resende (que já havia falado com tanta graça a S. Excia.) agradeceu gentilmente e em nome da outras colegas. Com uma salva de palmas e um forte "VIVA" que todas repetiram entusiasmadas encerrou a cena. Assim passou-se aquele dia belo que jamais tínhamos pensado acontecesse tão alegre e consolador. [Em] Abril, [dia] 1 – Após as instruções que a Superiora [Irmã Catarina Levrini] deu a todas as Prefeitas para bem cumprirem o próprio dever, as Prefeitas com as suas Vices,

---

19  COLÉGIO NOSSA SENHORA DAS GRAÇAS. *Dados Gerais do Ginásio Nossa Senhora das Graças Alusivas ao Curso Pedagógico.* Parnaíba, 1973, p. 1.

puseram-se com a maior boa vontade à obra e já se nota alguma melhora na disciplina, especialmente nas bancas de estudo, nos corredores, etc. esperamos que tenham perseverança![20]

Teresinha Meireles revelou que entre as alunas, em geral, todas se davam bem, mas quando a Prefeita informava às Irmãs as desobediências de seu grupo – pois no 4º ano "a gente era um grupo mesmo danado mesmo" –, acontecia o seguinte:

> Entre todas as alunas o relacionamento era bom. Agora tinha uma inclusive a gente chamava picolé de freira porque tudo que acontecia na sala ela ia contar sabe? Aí nós descobrimos quem era, aí essa a gente isolava, não, quer dizer essa não participava nada com a gente. ninguém queria porque o que acontecia a Irmã sabia tudo.[21]

Erice Moura lembra que a única vez em que a Superiora, Irmã Hilza, a repreendeu foi quando uma Prefeita contou que ela havia tirado a atenção das outras durante uma das aulas de Religião.

O não cumprimento das normas pelas alunas era punido com castigos que iam desde a repreensão privada, passando pela pública até suspensão e expulsão da escola, mas como afirmou Graça Sá o castigo mais comum era "rezar o terço". Paralelo a rigidez das Irmãs, as alunas desenvolveram diferentes estratégias para burlar as regras ou pelo menos amenizar os castigos.

> A hora era muita rígida. A aula começava sete horas. A gente tinha que chegar pelo menos quinze minutos antes de sete horas, porque sete horas a gente entrava, ia pra capela pra rezar o terço, depois do terço que ia pra sala de aula. (…) Quem não rezava o terço recebia um castigo. Eu pelo menos uma vez peguei o castigo de três terços. Eu e mais uma turma todinha. (…) Só que nós não rezamos estes terços de jeito nenhum direito e a freira achou que a gente tinha rezado, mas nós não rezamos coisa nenhuma. (…) A turma ficou de castigo, que a gente num rezou, aí, ficou pra rezar outra vez. Nós

---

20   COLÉGIO SAGRADO CORAÇÃO DE JESUS. Resumo dos fatos importantes do livro de memórias do Colégio Sagrado Coração de Jesus, anos de 1942 a 1948. Teresina, PI, 1948. (mimeografado), p. 7.

21   MEIRELES, Teresinha de Jesus Soares. Entrevista concedida à Samara Mendes Araújo Silva em 6 de fevereiro de 2006, p. 7.

fomos rezar! Aí, quando a Irmã saindo, falamos: "essa como nós já rezamos, este como já foi dito" (risos...) (...).[22]

Chegar no horário determinado para as diferentes atividades que integravam a rotina das alunas savinianas era quase uma obsessão para as alunas, tanto que as "meninas" temiam chegar atrasadas, pois conforme lembrou Eva Evangelista,

> não chegar no horário. Se chegasse atrasada, voltava aí no outro dia tinha que levar o boletim e assinado pelo pai ou mãe, pelos pais pra dizer que tinha chegada atrasada. As vezes que a gente mesmo conseguia. Voltava por baixo, não entrava aí a gente ia pela escada, Irmã eu vim correndo vê se a senhora me dispensa sem meu pai dispen..., as vezes ela dispensava a gente com o boletim.[23]

Eva Evangelista lembra-se que ao perder o horário de voltar para sala de aula depois do recreio, com medo de ser punida, e por influência de uma colega, fez o seguinte:

> só tinha uma que era um pouco bagunceira mas não era da minha sala. Era uma namorada do meu irmão que o único caso que houve esquisito comigo foi com ela realmente. Na hora do recreio, ela ficou comigo jogando bola passando da hora e nós fomos pra sala do esqueleto e ainda pra completar ela ficou quebrando o esqueleto e eu morr... quebrando os ossinhos do esqueleto que tinha na sala de castigo e eu morrendo de medo.[24]

A comunicação entre os diferentes tipos alunas das Irmãs Catarinas não era permitido, como também não era permitido que as internas recebessem ou enviassem correspondências sem a autorização da Superiora da escola. Lili Leite relembrou como as internas faziam para evitar a fiscalização das Irmãs na hora de enviar bilhetes para os namorados ou mesmo para os pais.

> A minha prima [Janete] era terrível. As Irmãs faziam fiscalização nas carteiras e pegava as cartas do namorado dela. (...)

---

22  SILVA, Maria das Graças Rodrigues de Sá. Entrevista concedida à Samara Mendes Araújo Silva em 13 de outubro de 2009, na cidade de Teresina, PI, p. 2.

23  LEAL, Eva Maria Evangelista. Entrevista concedida à Samara Mendes Araújo Silva em 1 de fevereiro de 2006, p. 3.

24  LEAL, Eva Maria Evangelista, *op. cit.* p. 4.

> A Mirian era tão danada, (...). Pois ela fazia [bilhetes], ia lá para calçada do Colégio, ela ia lá pro dormitório e lá ela fazia os bilhetes e botava na pedra e jogava pra ele [namorado]. (...) quando eu num queria que as Irmãs visse, eu dizia pra Teresinha Paz, (...) era minha conterrânea, era externa. Teresinha leva essa carta e entrega pro papai no dia que a Irmã disse que tinha visto no meu rosto a presença de Deus, eu quase fico louca, vou morrer. Vou morrer e as meninas essa (...) e a Maria do Carmo era assim: "agora temos uma santa, santa Alexandrina!". Quase morro... (...) Impressionada que a Irmã disse que tinha sentido, aí, o papai viu o bilhete, aí, disse: minha filha, deixe de ser tola, porque a Irmã acha que você é uma pessoa boa, nota que vocês é uma pessoa diferente das outras por seu comportamento o que é isso, deixe de ser tola. Mas eu quase morro! (...)[25]

Mesmo entre as alunas internas havia separação para que as mais novas não se comunicassem com as mais velhas e vice-versa. Divisão mantida até na hora de dormir, nos dormitórios, pois

> Os dormitórios era, o dormitório das pirralhas [Primário] era um, Adaptação era outro, do Ginásio era outro, das Normalistas e o resto era das freiras, porque dormia sempre freira lá e era assim aquela coisa que ninguém podia ver um fio de cabelo das Irmãs, só com aquele véu, num sabe!! Era um negócio tão sério, num sabe!![26]

Algo que chama atenção no comportamento das alunas dos Colégios das Irmãs piauienses, que apesar de

> o silêncio era ao mesmo tempo disciplinador do mundo, das famílias e dos corpos regra política, social, familiar (...), pessoal. Uma mulher conveniente não se queixa, não faz confidências, exceto, para as católicas, a seu confessor, não se entrega. O pudor é a sua virtude, o silêncio, sua honra, a ponto de se tornar uma segunda natureza. A impossibilidade de falar de si mesma acaba por abolir o seu próprio ser, ou ao menos, o que se pode saber dele.[27]

---

25  CASTRO, Alexandrina Leite de. (Dona Lili), *op. cit*, p. 8 e 28.

26  *Ibidem*, p. 3.

27  PERROT, Michelle. *As Mulheres ou os Silêncios da História*. Bauru: Edusc, 2005, p. 10.

Mas as alunas dos Colégios piauienses não se calaram, não frustraram e não internalizaram todas as suas vontades. E, paulatinamente, conseguiram negociando e pressionando as Irmãs, mas com todo o respeito, como fazem questão de frisar e registrar sempre em suas falas, alterar algumas normas do Colégio, como, por exemplo, quando conseguem a mudança de um dos itens que integravam o uniforme escolar.

Teresinha de Jesus Soares Meireles se lembra da rigidez e apreço com que era tratada a farda do Colégio e de que forma as Irmãs fiscalizavam as alunas mesmo fora do Colégio,

> (…) não podia, ta, não podia andar na …, não podia sair fardada. Só do Colégio pra casa, eu não podia andar fardada na rua, circular assim sair pela rua, não podia. (…) tinha um carro, naquele tempo chamava de perua né. Elas circulavam pela cidade de carro, nesse carro viu, pra ver. Elas circulavam na rua.(…) Foi eu e mais duas né, nós gazeamos a aula, tava perto do 4 de outubro, que no Liceu era uma festa, hoje em dia não tem, mas a festa de 4 de outubro no Liceu, Ave Maria, era um sonho e nós fugimos fardada. Quando nós chegamos na praça do Liceu, nós avistamos a kombi com duas freiras dentro, olha mais nós demos uma carreira, a primeira casa que nós encontramos portão aberto nós entramos. (…) Pra elas num ver. Era suspensão. Ia suspensa, fardada, hora de aula, fardada. (…) Passeando, nunca mais nós fizemos isso, foi a primeira e última vez – porque olha mais foi assim um negócio tão rápido – que a primeira casa com portão nós entramos as três. Nós entramos mesmo e pedimos des … desculpa e ficamos até, né, a kombi delas ir embora. Mas era suspensão não tinha nem como. Ah! (…) A farda era abaixo do joelho. Você não podia usar pintura, você não podia ir com o cabelo penteado porque naquele tempo era aqueles cabelos, né!. É, unhas pintadas. Tinha uma freira, na entrada do Colégio, que a gente entrava pelo lado. Num tem a imagem de Jesus ali? Então na hora que você entrava aqui tinha porta, você entrava ali. Então já tinha essa freira, eu não lembrava o nome dela, com álcool, cetona, com algodão, aí a gente ia de propósito – pintava as unhas de vermelho bem mesmo, bem mesmo e chegava lá já era assim (esticou as mãos mostrando as unhas). Ela tirava tudinho, né! Por exemplo, aquelas faixas que se usava no cabelo, só podia ser branca – mas no quarto ano, nós do quarto ano conseguimos que ela deixasse usar branca ou preta né, e aí pra nós já era uma vitória né.[28]

---

28 MEIRELES, Teresinha de Jesus Soares. *op. cit.*, p. 4.

A farda era mais um motivo de preocupação e orgulho para as alunas dos Colégios das Irmãs, principalmente, a de gala. Eva Evangelista afirmou repetidamente que

> a gente se ... prezava muito pela farda, pra ir bem bonitinha, arrumada e procurar as primeiras cadeiras. (...)quando eu chegava em casa a primeira coisa era lavar a minha farda, lavava a minha blusa todinha, todo dia, na hora que chegava, minha meia, eu mesma é que lavava todo dia e aí passava a noitinha e estudava durante a tarde (LEAL, 2006, p. 8).

A farda de gala era usada somente em ocasiões especiais, como por exemplo, desfiles, apresentações públicas, recepcionar visitantes no Colégio e visitas que as alunas faziam a autoridades e outras instituições de ensino, eclesiásticas ou governamentais. Josina Jacobino se empolgou ao lembrar-se de sua farda de gala.

> Era muito bonita a farda. A gente saía com a farda de gala. Tinha que marchar todo mundo igual. Mais ficava muito bonito o desfile. A gente marchava com a farda de gala, de meião, de meião, cabelo bem penteado, sem nada na cabeça. Não podia botar nada na cabeça.[29]

Hoje, as ações das alunas aparentam ser algo simples e, até mesmo, banal, posto que nenhuma instituição escolar, atualmente, normatiza a forma como seus alunos usam ou arrumam seus cabelos ou enfeitam suas unhas. Mas na década de 1960, os usos e formas dadas aos cabelos era parte integrante do uniforme escolar e como tal era observado, tanto que o cuidado com os cabelos era elemento integrante e avaliado da conduta escolar, tanto que os colégios colocaram em suas normas um item que especificava isto claramente, conforme consta em seus estatutos.

Assim, conseguir a permissão de forma negociada, alterar, ainda que de modo singelo, os usos e a forma de pentear os cabelos, para as alunas foi uma conquista que lembram com orgulho, e sem dúvidas, foi o começo de algumas liberdades consideradas "inalienáveis" aos educandos na contemporaneidade. Pois, no espaço das escolas confessionais "a ordem e a disciplina eram exigidas constantemente. As alunas eram observadas com o máximo cuidado. Através de uma vigilância ininterrupta buscava-se uma perfeita formação religiosa.

---

29  JACOBINO, Josina Maria de Oliveira. Entrevista concedida à Samara Mendes Araújo Silva em 10 de fevereiro de 2006, p. 6.

(…) e da obediência, a principal virtude cristã e princípio básico de toda ação educativa".[30]

Josina Jacobina lembra-se que até na hora de subir as escadas elas deveriam ter atenção porque

> as escadas de madeira, ninguém podia fazer zoada. Quando faltava um professor, o professor atrasava, a gente ficava dentro da sala, trancada, sem dizer nada. Porque ficava uma Irmã no corredor, tipo uma inspetora, qualquer zoada, ela ia na sala, queria saber quem era. Então você tinha que ficar sentada, de cabeça baixa sem falar com ninguém. (…)Era a Irmã Maria do Amparo, a Irmã Porto, tudo ficava ali, controlando a gente.[31]

Neste contexto cabe a afirmação de Assunção (2007) de que

> os códigos de comportamentos para a mulher podiam ser encontrados não só no discurso médico, mas também no discurso dos juristas, no discurso dos religiosos, no discurso dos educadores, no discurso das ciências humanas, nos registros informais (jornal, revista, etc.), que, em conjunto, esquadrinhavam o universo feminino a fim de ordenar, classificar, enfim, normatizar os procedimentos e comportamentos adequados à mulher.[32]

Especialmente, até a primeira metade do século XX, as mulheres ocidentais estavam inseridas em um contexto social que as educava e defendia suas ações como coerentes/adequadas ou incoerentes/inadequadas a partir de um lugar social único constituído pelo binômio social esposa-mãe, o qual lhes conferia o papel secundarizado frente ao elemento masculino nos espaços privados e públicos, excluindo de suas atribuições sociais a tomada de decisões e desenvolvimento de ações que se referissem a outros assuntos que não os da governança do ambiente doméstico e a educação e controle das crianças.

Mas, com o ingresso nas escolas e a possibilidade real de promover alterações nesta configuração, as mulheres começaram a ter a oportunidade real "romper com os seus silêncios" e a tentar viabilizar outras formas de participação e ação social

---

30  RODRIGUES, Joice Meire. *O papel dos colégios confessionais na formação das "moças de família".* Anais Fazendo Gênero 8 – Corpo, violência e poder. Florianópolis, 2008. p. 4.

31  JACOBINO, Josina Maria de Oliveira, *op. cit.*, p. 2.

32  ASSUNÇÃO, Maria Madalena Silva, *op. cit.*, p. 32.

que extravasem o binômio esposa-mãe, agregando a estas outras possibilidades de figurações, uma vez que "(…) lugares dos indivíduos nas cadeias de interdependência objetivadas nos processos sociais de longa duração."[33] e que

> no processo de civilização, são as cadeias de interdependência que mantêm os indivíduos ligados e formam os nexos mutáveis chamados figurações ou configurações. Nem a figuração, nem os indivíduos que em um jogo de relações recíprocas e mutantes compõem o desenho dela constituem qualquer tipo de abstração.[34]

### "PARECE QUE VIVÍAMOS EM FESTA!":[35]
### ROTINA E FESTAS ESCOLARES NO COLÉGIO DAS IRMÃS

A escola participa da formação dos indivíduos, de tal maneira, porque

> a força do processo de escolarização, como um processo ativo, na produção de subjetividades, composto por um arsenal de relações, códigos, raciocínios, ênfases e ausências com as quais lida. Essa perspectiva permite afirmar que os rastros da escolarização são muito mais que lastros de memória, à medida que a escolarização opera sobre as pessoas, e através delas, apontando para o envolvimento escolar na produção de subjetividades.[36]

E, nas escolas católicas femininas, a produção das subjetividades, ou seja, da formação da personalidade (quando se observa o aspecto individual e particular de cada aluna) e comportamentos sociais (quando se analisa o aspecto da configuração, manutenção e relações dos grupamentos sociais nos quais as alunas se inserem enquanto sujeitos sociais) isto se processava de forma ímpar, posto que, na mesma proporção em que tais instituições tornaram acessíveis às mulheres os conhecimentos intelectuais e científicos, estas escolas ofertavam uma gama de atividades, ocupações, tarefas, até mesmo, entretenimentos.

---

33    LEÃO, Andréa Borges. *Norbert Elias & a Educação*. Belo Horizonte: Autêntica, 2007, p. 16.

34    LEÃO, Andréa Borges. *op. cit.*, p. 30.

35    Frase dita por Teresinha Meireles quando lhe foi perguntada como era a rotina escolar nos Colégios das Irmãs. Sua frase se baseia na quantidade de eventos festivos que o calendário escolar das Irmãs Catarinas continha.

36    ASSUNÇÃO, Maria Madalena Silva. *op. cit.*, p. 33.

*"Sem um fio de cabelo fora do lugar" e com terços nas mãos*

Estas desenvolvidas nos espaços da escola ou em lugares que se configuravam como extensões destes – seja nos momentos de aula como conteúdos curriculares, seja nas atividades extracurriculares – em seu bojo estão presentes a valorização das mulheres que se dedicam e desempenham as "vocações naturais" femininas de esposa e mãe, contribuindo, assim, para que as alunas continuassem percebendo que as escolhas femininas deveriam incluir, obrigatoriamente, a adoção dos papéis sociais de esposa e mãe e o desempenho das funções sociais decorrentes destas posições, agregadas à postura de cristã católica fiel às doutrinas e emanações da Igreja Católica e de seus representantes.

Tais atividades, ainda, cumprem a finalidade de dar visibilidade social a estas instituições escolares e, de certo modo, assegurar o reconhecimento por parte da sociedade laica de seus méritos educacionais, culturais, morais e religiosos na formação das mulheres da sociedade piauiense.

Por isto não era raro que atividades desenvolvidas nos Colégios mobilizassem a atenção de toda a sociedade local, por meio das alunas, de seus familiares e amigos, e atraíssem para tomar parte, ainda que fossem expectadores privilegiados, vários ocupantes de cargos públicos e eclesiásticos importantes, grande número de integrantes de famílias abastadas e de influência política e econômica, as páginas dos periódicos que circularam no Piauí estão abarrotadas de notas, informes, matérias longas ou não, dando conhecimento a sociedade piauiense as festas religiosas, cívicas, folclóricas que havia nos Colégios das Irmãs e parecem criar um hiato, um intervalo em que a rotina escolar é quebrada ou, pelo menos, entortada, assim devemos compreender que "(...) O tempo escolar, não pode, neste sentido, ser desligado das relações e tempos sociais dos quais a escola participa ativamente, seja para construir e reforçar, seja para destruir e desautorizar".[37]

A rotina escolar em qualquer instituição de ensino é demarcada levando-se em conta vários aspectos e critérios, que incluem desde a proposta pedagógica, o currículo escolar, calendário civil, passando pela idade dos escolares, nível de ensino, poder aquisitivo e posição social dos pais, e por fim para atender a necessidade de manter a disciplina e o controle dos escolares.

---

37 FARIA FILHO, Luciano Mendes de. "O processo de escolarização em Minas Gerais: questões teórico-metodológicas e perspectivas de pesquisa". In: VEIGA, Cynthia Greive e FONSECA, Thaís Nívia de Lima e (orgs.). *História e Historiografia da Educação no Brasil*. Belo Horizonte: Autêntica, 2003, p. 86.

Na escola, tudo é pensado, mensurado e organizado para que o tempo educacional, em sendo controlado, seja utilizado, de forma mais proveitosa possível, para ampliar a formação intelectual e geral dos educandos. E, dentro da rotina, há os momentos dedicados à festa, orações e ao lazer, que, aparentemente, não são descritos e nem definidos como pedagógicos. Mas, que, ao analisar a forma como são inseridos no cotidiano da escola, cumpre um conjunto de objetivos que resultam na continuidade da formação dos alunos, e, a realização destes, contando com a participação dos educandos, e, por vezes, dos pais, se constituem, também, em tempo educacional onde a partir de atividades espirituais, lúdicas e festivas e etc. corroboram com o projeto educacional desenvolvido pela escola, por isto,

> sem dúvida, o tempo escolar, ou melhor dizendo, os tempos escolares são múltiplos e, tanto quanto a ordenação do espaço, fazem parte da ordem social e escolar. Sendo assim, são sempre "tempos" pessoais e institucionais, individuais e coletivos, e a busca de delimitá-los, controlá-los, materializando-os em quadros de anos/séries, horários, relógios, campainhas, deve ser entendida como um movimento que tem, ou propõe, múltiplas trajetórias de institucionalização. Daí, dentre outros aspectos, a sua força educativa e sua centralidade no aparato escolar.[38]

Sobre como era a rotina nos Colégios das Irmãs, Erice Moura faz o seguinte relato

> Tinha que chegar cedo. A gente chegava, né, chegava às sete horas, tinha que ..., e eu morava num... depois eu fui morar na outra, noutra ..., o meu tio foi morar lá na Rua Benjamim Constant, ficou mais distante, mas aí tinha uma turma que vinha lá, naquele tempo não tinha essa história de carro nem nada. Tinha ônibus mas não tinha aquele ônibus assim pra pessoa ter que pegar ônibus, ter aquela coisa certinha ali. Mas a gente vinha tudo..., era aquela beleza, num sabe?!, ajuntava todo mundo, ia pra lá. Mas eu nunca cheguei atrasada, nunca cheguei atrasada no Colégio e nem nunca perdi um dia de aula e sempre peguei a primeira carteira. (neste instante a entrevistada sorrir bastante). Começava [a aula] sete horas e aí terminava onze. Agora tinha um dia que era doze.

---

38  FARIA FILHO, Luciano Mendes de. *op. cit.*, p. 85.

> Parece que era na..., não tenho bem certeza, se era na sexta que tinha aí, a gente ia lá pra o Auditório, a Irmã ia ler o Evangelho nessa hora, aí aproveitava..., tinha, eu me lembro que tinha o ..., a primeira vez que, que ... tinha um grupo lá de alunas que tinha assim, tipo assim um conjunto musical que era, elas tocavam, tinha uma menina que tocava lá, me lembro demais elas tocando Maria a lá ô, lan...lan...lan... e juntava lá. Era uma beleza, que era nesse momento era, era..., tanto pra ler, pra ler o Evangelho como tinha a parte recreativa, num sabe?!, nos finais de semana. É entrava sete. Rezava. A gente rezava e tinha também, tinha o professor José Luis muito interessante, o Padre José Luis ..., que depois Monsenhor Cortez, um moreno, alto. Era professor. Ele era o Capelão também. Ele era o professor de latim, era. Mas ele, eu gostava muito dele, ele era engraçado, agora as vezes ele ficava assim ..., que..., olha padre que é, padre, diretor de colégio as vezes não pode ficar o horário todo, né, as vezes pode chegar um pouco atrasado mas não tinha essa história de ficar tendo que repor aula na época, eu não lembro disso, como já falei eu num, num... os professores eram muitos assíduos, num sabe?!, não tinha.[39]

Partindo destes pressupostos ao ouvir os relatos das alunas sobre como era a rotina nos Colégios, várias interrogações perpassam, e acabam por descortinar fragmentos da cultura escolar existente e cultivada nas escolas confessionais católicas, as quais caracterizavam o ensino ofertado como objetivando a formação integral das alunas e, constata, ainda, que, para as alunas, o tempo do Colégio era visto e vivenciado como momentos sucessivos de festas intercalados pelos horários de aulas e estudos, para elas "no Colégio parecia que vivíamos em festa!" como afirmou Teresinha Meireles, e, além de que, no contexto da rotina escolar dos Colégios das Irmãs, as festas eram uma estratégia importante e imprescindível para a formação moral, religiosa e intelectual das mulheres.

Então, havia as festas cívicas e de patriotismo nos Colégios das Irmãs (desfiles em eventos oficiais, visitas de autoridades), as festas escolares nos Colégios das Irmãs (colações de grau, placas de formatura, encerramento do ano letivo e premiações) e as outras festas nos Colégios das Irmãs (festas juninas, baile de debutantes,

---

39 RODRIGUES, Erice de Moura. Entrevista concedida à Samara Mendes Araújo Silva em 13 de julho de 2008, na cidade de Simplício Mendes (PI).

festa de Natal), além das inúmeras festas religiosas (que merecem um estudo a parte por seu grande número e especifidade).

A rotina escolar estabelecida pelas Irmãs Catarinas incluía orações diárias, passando pela alimentação escolar (merenda para as externas e refeições para as internas e gratuitas), desenvolvimento de atividades esportivas, filantrópicas e lúdicas etc.

A rotina imposta no Colégio fez com que as ex-alunas continuassem mantendo alguns hábitos e práticas aprendidos no colégio e conservados até os dias de hoje, como afirmou Lili Leite "tinha a missa e, aí, durante a missa a gente rezava o terço e depois da missa era a noite, era assim. Todo dia e até o dia de hoje eu não durmo sem rezar o terço. E a minha família todinha era assim, sabe".[40]

Sobre a alimentação que tinham na escola Miriam Jales lembra que

> a comida era bem feita, mas muitas internas não gostavam de verduras e reclamavam. As mesas eram compridas (não usavam toalhas) cabiam 10 garotas nos bancos dos lados e mais 2 nas cabeceiras, portanto 22 meninas em cada mesa. Durante as refeições uma pessoa lia algum trecho e pedia silêncio. Descíamos do refeitório em fila e cantando.[41]

As alunas internas consumiam apenas a merenda, na hora do recreio,

> naquele tempo era raro o refrigerante, mas tinha refrigerante, tinha suco, né, elas vendiam muito pão com carne, pão com doce, pão massa fina com goiabada dentro, elas vendiam.(...) Vendiam retalho de hóstia, era uma maravilha, elas, a gente via as freiras cortando as hóstias e a gente ficava querendo. Elas não! Tem que comprar e a gente comprava uma moedinha de retalho de hóstia, uma delícia e quando a gente fazia também a preparação para a 1ª Eucaristia, elas davam, né, pra gente ir treinando, né, não podia mastigar que era o corpo de Deus e tudo e ali a gente nem...[42]

---

40 CASTRO, Alexandrina Leite de. (Dona Lili), *op. cit.*, p. 28.

41 CARVALHO, Miriam O. Jales de. *Pequena História das alunas internas do Colégio Sagrado Coração de Jesus: 1937 – 1944*. Teresina, PI, outubro de 2002. (mimeografado), p. 5.

42 JACOBINO, Josina Maria de Oliveira. *op. cit.*, p. 5.

Mesmo na hora do recreio havia certa disciplina, "já tinha cantina (…) e fazia fila pra comprar tudo, é comprar o lanche tudo em ordem na fila direitinho. Mas tinha de comer rapidinho pra poder dar tempo de conversar e brincar".[43]

Segundo Lili Leite em razão de problemas com a qualidade dos alimentos que somados a outros problemas internos dos Colégios é que o internato foi fechado, pois "(…) porque elas [Irmãs] foram obrigadas a fechar o internato, justamente por causa da alimentação, a Vigilância dava em cima e naquela época até verduras, legumes aqui era difícil, né!".[44]

Observando a narrativa das alunas sobre o tipo de alimento que consumiam no Colégio e sobre o tipo de alimento que consomem atualmente, muitas delas aprenderam a comer legumes, verduras e frutas no Colégio.

Apesar de recordarem muitos dos momentos vividos nos espaços da escola, ou, em função de terem sido alunas das freiras, as ex-alunas se empolgam mesmo quando se trata de contar sobre as festas, empenham-se para tentar descrever com a maior riqueza de detalhes possíveis, e também expressam a ansiedade com que algumas festas eram aguardadas.

A ansiedade para participar das festas é resultante de diferentes expectativas das alunas. Para as internas era a oportunidade de passear livremente pela cidade, ou, pelo menos assim pensavam; para as externas a hora de exibir a farda de gala e toda a elegância das "meninas das freiras" e, também, "paquerar" os meninos do Diocesano.[45] Para as Irmãs era a oportunidade de demonstrar para o público, externo aos Colégios e, ainda, para pais, autoridades civis e eclesiásticas os resultados obtidos com a educação feminina.

Uma das festas mais esperadas era o Desfile de 7 de Setembro, havia tanto empenho da direção dos Colégios quanto das próprias alunas. Para Josina Jacobino o motivo era porque

> As datas comemorativas havia festa. O Colégio é, no tempo é, da, no dia das Mães, tinha as apresentações, no dia dos Pais, dia do Professor, é 7 de setembro, a gente passava num sei quanto tempo ensaiando, de tardezinha, era um calor danado mas todo mundo

---

43  LEAL, Eva Maria Evangelista. *op. cit.*, p. 6.

44  CASTRO, Alexandrina Leite de. (Dona Lili). *op. cit.*, p. 5.

45  Os Colégios Diocesano existam em Teresina e Parnaíba eram escolas confessionais católicas destinadas a educação masculina no Piauí.

ia. Era bom demais os treinos porque aí os meninos do Diocesano vinham e naquele tempo era bicicleta. (...) Ficavam passando perto da gente com as bicicletas e tiravam foto da gente era a maior fofoca do mundo. (...)Tinha, tinha, todo mundo queria ser o melhor. Mas geralmente o Colégio das Irmãs tirava o primeiro lugar. Era assim.[46]

O Colégio elaborava anualmente uma programação especial, na qual suas alunas faziam discursos, apresentações artísticas (música, dança, recital de poesia, teatro etc.) que era divulgada nos jornais e informada aos pais das alunas. A programação era organizada com vários dias de antecedência: "estamos nos preparando para a Semana da Pátria. O rebuliço é intenso. Tambores, cornetas a tocar, um misto de entusiasmo e alegria juvenis".[47]

Eva Evangelista lembra que

nas Agulhas Negras, tinha o Oscar Gondim Cavalcante que ele estudava nas Agulhas Negras, aí, a gente trazia a farda pra gente tirar o modelo pra fazer o modelo igual a deles realmente, né. (...). Pra Guarda de Honra, ficar igual a Guarda de Honra das Agulhas Negras e aí eles era pra isso. Tanto ensinava a honra do militar, como tirar o modelo da farda e os do militares do 25º BC (Batalhão de Caça) era pra ensinar a marchar, durante o período mais longo. Mais esses meninos aí só era pra ensinar a gente para o 7 de setembro, a treinar para o 7 de setembro. Não tinha aluno estudava ainda.[48]

A formação, difusão e preservação do patriotismo nas alunas eram metas importantes para os Colégios católicos, e estes prezavam pela participação de suas discentes nos diferentes eventos cívicos, tanto os que aconteciam no espaço da escola (tais como cantar o Hino Nacional, hasteamento das bandeiras), quanto àqueles que aconteciam no espaço da cidade (desfile de 7 de setembro, aniversário de Getúlio, Dia da Revolução etc.).

Nas tarefas de organizar tais celebrações, as Irmãs eram auxiliadas pelas alunas, através dos Centros Cívicos e Grêmios Culturais existente nos Colégios, "grande intenção dos Colégios, nestes desfiles cívicos, era demonstrar o apreço

---

46  JACOBINO, Josina Maria de Oliveira. *op. cit.*, p. 4-5.

47  COLÉGIO NOSSA SENHORA DAS GRAÇAS. Histórico do Colégio Nossa Senhora das Graças. Parnaíba, PI, s.d. (mimeografado), p. 2.

48  LEAL, Eva Maria Evangelista. *op. cit.*, p. 6.

e cuidado com os símbolos nacionais e despertar o patriotismo tanto nas alunas quanto na platéia."[49]

Além das festas cívicas, as alunas recordam das competições esportivas, onde a principal atração do Colégio eram os times de vôlei. Como lembrou Teresinha Meireles,

> eu sei que era festa, era festa assim–que elas faziam, a gente rezava, tinha jogos também, né. Porque no Colégio tinha times de voleibol e aí tinha os campeonatos também, tinha tudo. (…) Por exemplo no aniversário do Liceu,4 de outubro, né. Então o Colégio das Irmãs ia o time de voleibol, o time de basquete e de outros colégios. As vezes, ia ali pro Centro de Artesanato(…) Justamente. Jogar. Tinha tipo campeonato. E a gente ia. Todo mundo fardado pra gritar, pra torcer pelo … Colégio.[50]

Outra festa muito aguardada nos Colégios eram a de encerramento do período letivo anual, pois nestas ocasiões eram organizadas solenidades de premiação das melhores alunas que recebiam medalhas e diplomas de honra ao mérito pelo excelente desempenho escolar e comportamento.

As festividades aconteciam no Auditório da própria escola conforme lembraram (quase de forma idêntica) as ex-alunas Lili Leite, Josina Jacobino e Erice Moura.

> Lili: (…) lá no Colégio tem assim: Festa de encerramento do ano letivo. No auditório os alunos, aí, elas diziam: os alunos tinham feito apresentação. (…) É, cantavam e tinha uma música também (…)[51]
> Josina: Elas [Irmãs] faziam as festividades no auditório é, a gente cantava música, fazia leitura de poesias, certo? Tinha aluna que tocava piano, fazia apresentação, violão, elas, elas exploravam o dom de cada pessoa, de cada aluna em gratidão elas aproveitavam.[52]
> Erice: Lá tinha assim: lá depois teve uma, uma festa lá, um movimento lá que dumas apresentações que lá no Colégio das Irmãs de danças tí-

---

49  SILVA, Samara Mendes Araújo. *À luz dos valores religiosos: escolas confessionais católicas e a escolarização das mulheres piauienses (1906 – 1973)*. Dissertação (Mestrado em Educação) – Universidade Federal do Piauí, Teresina, 2007, p. 99.

50  MEIRELES, Teresinha de Jesus Soares. *op. cit.*, p. 6.

51  CASTRO, Alexandrina Leite de. (Dona Lili), *op. cit.*, p. 29.

52  JACOBINO, Josina Maria de Oliveira, *op. cit.*, p. 7.

Samara Mendes Araújo Silva

> picas de, de, dos países, num sabe?!, me lembro demais que teve, tinha aquela menina, Ana Maria Jacobino, que representou a Espanha.[53]

Embora a realização de solenidades de premiação aos melhores alunos ao fim do ano letivo seja uma ação comum dentre os estabelecimentos escolares piauienses, as solenidades realizadas pelos Colégios das Irmãs tinham grande destaque social, sendo um evento aguardado por toda a sociedade teresinense e parnaibana para o qual acorriam todas as atenções, contando, inclusive, com a presença de pessoas que ocupavam altos cargos na administração pública municipal e estadual, além de autoridades eclesiásticas, conforme se comprova nas diversas notícias publicadas nos jornais que circulam no Piauí. Em geral, para esta solenidade eram convidadas "as famílias mais distintas da sociedade teresinense, e, enfim, todos os que quiserem participar",[54] bem como o Bispo e demais autoridades eclesiásticas, além do Governador do Estado e Prefeito da capital.

Amariles Santana lembrou que no encerramento do Curso Científico (em 1961), sua turma resolveu fazer um piquenique na propriedade do Professor José Camilo da Silveira (professor do Colégio e pai de uma das alunas da turma) no lugar de fazer festa.

As festas no Colégio e do Colégio também eram oportunidades para as alunas terem novas experiências, por exemplo, Graça Sá nos contou que foi durante as festas juninas, na apresentação do boi, que bebeu uísque pela primeira vez na vida.

> A festa do boi (...) essa festa era pra angariar dinheiro pra colação de grau da turma do Pedagógico, da turma da Teca. Que ela terminou (...) parece que foi em 65 o Pedagógico, e daí o dinheiro era exatamente pra isso. E a gente ia dançar no Colégio, e algumas casas chamaram a gente, todas, pra dançar e lá o pessoal arrecadavam o dinheiro, pagavam!. (...) Isso, aí, foi muito interessante, quando a gente era uma turma muito animada, mas também muito viva e o boi era comandado pela Socorro Fortes. Aí, a primeira vez que nós fomos dançar o boi que era na [rua] Lisandro Nogueira, daí a turma todinha, uma das componentes levou uma garrafinha de uísque, nós distribuímos pra todo mundo na equipe ... não deu

---

53 RODRIGUES, Erice de Moura. *op. cit.*, p. 12.

54 COLÉGIO SAGRADO CORAÇÃO DE JESUS. Memórias ... Do Colégio Sagrado Coração de Jesus de 1906 a 1933 – Fatos Principais. Teresina, 1933 (mimeografado), p. 3.

nem pra ficar bêbada não, era tão pouco (risos...). Mas naquela época era vantagem, ninguém bebia, era muito difícil uma moça beber. (...) A gente se arrumava no Colégio e era seguido um acordo pra gente ir dançar numa casa. (...) Nunca foi nenhuma freira. Coincidência é..., a maior coincidência que uma, por exemplo, a Socorro Fortes, (...), ela depois que terminou o curso, ela foi ser freira, hoje ela é freira.[55]

Eva Evangelista relembrou que foi durante seu tempo como aluna do Colégio das Irmãs que foi ao cinema de forma rotineira, pois quando era

(...) durante a Semana Santa (...) no Cine Rex e no Teatro. (...) Aí as alunas todas fardadas, a gente ia com as Irmãs, tudo organizado em filinha, as vezes, a gente levava até um pedaço ..., aí, mandava a gente cortar um pedaço de cabo de vassoura para se defender de alguma coisa que viesse. Principalmente cachorro, mas não era só cachorro de quatro pés não, as vezes gente também. É.... Que tinha uma coisa muito interessante nesses filmes. Tinha um senhor que as Irmãs às vezes ficavam de vigia bem atrás lá no Teatro ou no Rex, né, porque a gente entrava e ele ficava perto das meninas, aí, a gente cada uma levava quando ele viesse, bater.[56]

As festas nos Colégios foram eventos marcantes para as alunas, pelos mais variados motivos. Teresinha Meireles contou que se sentiu especial, pois a Irmãs fizeram uma festa de Debutantes exclusivamente para as meninas da turma dela.

Eu acho que foi exclusiva essa festa. Eu não me lembro de ter tido outra festa de debutante. (...) Não teve, não teve. Essa festa a gente começou a falar né com a Irmã e aí terminou organizando essa festa, né. Primeiro foi teve apresentação das debutantes, não eram muito, acho que éramos doze. Era só aquelas que tem mesmo na foto. Primeiro, teve apresentação das debutantes lá na, no auditório né, apresentava tudinho aí falava os nome do pai e da mãe e aí depois teve aquele coquetel. Mas isso foi assim um sonho pra nós, sabe. (...) A família, a família e só pessoal mesmo da família né. Então ia apresentando de uma a uma e depois a gente ficava e a

---

55   SILVA, Maria das Graças Rodrigues de Sá, *op. cit.*, p. 3-4.

56   LEAL, Eva Maria Evangelista, *op. cit.*, p. 7.

> quem ia sendo apresentada ia ficando um pouquinho assim atrás né. Aí depois teve o coquetel. Mas aquilo ali, Ave Maria foi um sonho, a gente pelejou ou Irmã vamos fazer, vamos fazer ... (...) Ali tinha mais a turma das danadas. Ali era! Das danadas entre aspas. As mais espertas.[57]

As alunas dos Colégios das Irmãs não consideravam a rotina escolar fatigante, nem estressante, apenas exigente. O Colégio era um espaço em que a maioria das meninas se sentia bem, a ponto de algumas internas, a exemplo de Lili Leite, optarem por passar as férias do meio do ano na própria escola em lugar de voltar para a casa dos pais.

Podemos, então, perceber, que ao estudar a fundo e criticamente a História dos Colégios das Irmãs é possível compreender como se deu o processo de escolarização das mulheres e a transformação de seus comportamentos e papéis sociais ao longo do século XX. E que para as mulheres o acesso à escola formal e o progressivo aumento dos anos de estudo provocaram transformações nos diferentes campos de suas vidas e existência sociais, seja a partir do setor religioso, seja no intelectual, seja no político, seja no social, ou, ainda, no setor da moral, e que a sociedade, como um todo, vivenciou e sentiu os reflexos destas transformações.

### CONSIDERAÇÕES FINAIS

O modelo educacional adotado pelos Colégios das Irmãs e oferecido às mulheres durante o século XX contém em seu bojo as marcas do reforço e da manutenção dos papéis sociais tradicionais femininos porque continuaram definindo como espaço social de atuação para as mulheres o ambiente privado – a casa – e reiteravam como ideal e finalidade da vida feminina o casamento e o pleno exercício da maternidade. Por isso, as funções (remuneradas ou não) desempenhadas pelas mulheres eram admitidas e incentivadas, especialmente, quando estas se adequavam e/ou fossem extensões das "vocações naturais femininas", vocações estas associadas à docilidade e aos tons maternais ditos inerentes à natureza feminina.

O acesso das mulheres a instrução formal, contudo, gerou diferentes e, por vezes, progressivas alterações/transformações no comportamento social feminino, especialmente, nos espaços públicos, com a inserção da mulher "instruída" no mercado de trabalho formal, seja como professora primária, jornalista, escritora etc., além do questionamento ou mesmo sem ocorrer a ruptura ou abandono brusco dos

---

57　MEIRELES, Teresinha de Jesus Soares. *op. cit.*, p. 11.

papéis e funções tradicionais atribuídos às mulheres. Nem mesmo o distanciamento dos preceitos do catolicismo tradicional e de suas práticas.

Nesta perspectiva, as "meninas das freiras" constituíram-se enquanto sujeitos sociais, também, a partir dos espaços, aprendizagens e sociabilidades vivenciadas e variadas nos Colégios, e, apesar de estas mulheres terem empreendido muitas transformações nos papéis sociais, não se alijaram de "dons" e "vocações" femininas da religiosidade, maternagem, docilidade, família e do casamento, ainda presentes em seu cotidiano e resultante dos anos de formação intelectual, social e religiosa adquiridas nas escolas confessionais católicas.

Acrescente-se o fato que essas escolas confessionais católicas, em virtude da credibilidade social adquirida ao longo do último século e da manutenção padrão educacional de excelência, permanecem para a sociedade como referencial da "boa educação" formal.

### REFERÊNCIAS

ASSUNÇÃO, Maria Madalena Silva. "Subjetividade – um conceito entre as fronteiras do discurso científico". In: SILVA, Isabel e. e VIEIRA, Martha Lourenço (orgs.). *Memória, Subjetividade e Educação.* Belo Horizonte: Argumentum, 2007. p. 31-52.

CAMARGO, Marilena A. Jorge Guedes de. *Coisas velhas: um percurso de investigação sobre cultura escolar (1928 – 1958).* São Paulo: Unesp, 2000.

CARVALHO, Miriam O. Jales de. *Pequena História da alunas internas do Colégio Sagrado Coração de Jesus: 1937 – 1944.* Teresina, PI, outubro de 2002. (mimeografado).

CASTRO, Alexandrina Leite de. (Dona Lili). Entrevista concedida à Samara Mendes Araújo Silva em 20 de fevereiro de 2010, na cidade de Teresina, PI.

COLÉGIO NOSSA SENHORA DAS GRAÇAS. *Dados Gerais do Ginásio Nossa Senhora das Graças Alusivas ao Curso Pedagógico.* Parnaíba, 1973.

COLÉGIO NOSSA SENHORA DAS GRAÇAS. *Histórico do Colégio Nossa Senhora das Graças.* Parnaíba, PI, s.d. (mimeografado).

COLÉGIO SAGRADO CORAÇÃO DE JESUS. *Chegada das Irmãs a Teresina (Piauí-Brasil).* Teresina, PI, s/d. (mimeografado).

COLÉGIO SAGRADO CORAÇÃO DE JESUS. *Estatutos e Regras para As Educandas do Collegio Dirigidos pelas Irmãs dos Pobres de S. Catharina de Sena,* s.d.

COLÉGIO SAGRADO CORAÇÃO DE JESUS. *Memórias ... Do Colégio Sagrado Coração de Jesus de 1906 a 1933 – Fatos Principais*. Teresina. 1933 (mimeografado).

COLÉGIO SAGRADO CORAÇÃO DE JESUS. *Resumo dos fatos importantes do livro de memórias do Colégio Sagrado Coração de Jesus, anos de 1942 a 1948*. Teresina, PI, 1948. (mimeografado).

FARIA FILHO, Luciano Mendes de. "O processo de escolarização em Minas Gerais: questões teórico-metodológicas e perspectivas de pesquisa". In: VEIGA, Cynthia Greive e FONSECA, Thaís Nívia de Lima e (orgs.). *História e Historiografia da Educação no Brasil*. Belo Horizonte: Autêntica, 2003, p. 77-97.

Histórico dos 100 anos de fundação "Colégio Santa Catarina de Sena". Disponível em: <http://www.cscs.com.br/historico.htm>. Acesso em: 3 nov. 2005.

JACOBINO, Josina Maria de Oliveira. Entrevista concedida à Samara Mendes Araújo Silva em 10 de fevereiro de 2006.

LEAL, Eva Maria Evangelista. Entrevista concedida à Samara Mendes Araújo Silva em 1 de fevereiro de 2006.

LEÃO, Andréa Borges. *Norbert Elias & a Educação*. Belo Horizonte: Autêntica, 2007.

MANOEL, Ivan A. *Igreja e educação feminina (1859-1919): uma face do conservadorismo*. São Paulo: Editora Unesp, 1996.

MEIRELES, Teresinha de Jesus Soares. Entrevista concedida à Samara Mendes Araújo Silva em 6 de fevereiro de 2006.

NUNES, Maria José Rosado. "Freiras no Brasil". In: DEL PRIORE, Mary. *História das mulheres no Brasil*. 3. ed. São Paulo: Contexto, 2000, p. 482-509.

O APOSTOLO. Telegrammas – Parnahyba, 20. 02 de junho de 1907. Anno I, num 3, p. 2.

PERROT, Michelle. *As Mulheres ou os Silêncios da História*. Bauru: Edusc, 2005, p. 9-26.

RODRIGUES, Erice de Moura. Entrevista concedida à Samara Mendes Araújo Silva em 13 de julho de 2008, na cidade de Simplício Mendes (PI).

RODRIGUES, Joice Meire. *O papel dos colégios confessionais na formação das "moças de família"*. Anais Fazendo Gênero 8 – Corpo, violência e poder. Florianópolis, SC, 2008.

RODRIGUES, Rui Martinho. "Teorias, Fontes e Períodos na Pesquisa Histórica". In: CAVALCANTE, Maria Juraci Maia *et al.* (orgs.). *História a Educação – Vitrais da Memória: lugares, imagens e práticas culturais*. Fortaleza: Edições UFC, 2008b, p. 435–454.

SILVA, Maria das Graças Rodrigues de Sá. Entrevista concedida à Samara Mendes Araújo Silva em 13 de outubro de 2009, na cidade de Teresina, PI.

SILVA, Samara Mendes Araújo. *À luz dos valores religiosos: escolas confessionais católicas e a escolarização das mulheres piauienses (1906 – 1973)*. Dissertação (Mestrado em Educação). Universidade Federal do Piauí, Teresina, 2007.

SOUSA, Amariles das Graças Santana. Entrevista concedida à Samara Mendes Araújo Silva em 24 de fevereiro de 2010, na cidade de Teresina, PI.

# A escrita autobiográfica feminina no Piauí

## Uma fonte importante para a história das mulheres e da educação

Antônio de Pádua Carvalho Lopes

Temos tido um crescente interesse pelas escritas produzidas por mulheres no Piauí. Esse interesse tem reunido pesquisadores das áreas de letras, história e educação e produzido diversas análises sobre esse tema. O efeito mais visível desses trabalhos se localiza no resgate de obras e autorias, bem como no estudo das mesmas considerando a prática da escrita e da publicação vigente no Piauí. Exemplificam esse interesse temático os trabalhos de Rocha,[1] Rocha,[2] Mendes, Albuquerque, Rocha[3] e Mendes.[4]

No presente texto desejamos explorar as escritas de cunho autobiográfico, especialmente, embora não exclusivamente, as que foram produzidas por professoras procurando compreender o modo como essa escrita se faz, os meios de editoração das mesmas, alguns temas por elas trabalhadas e, principalmente, as possibilidades de uso para a compreensão da história educacional. Assim, procuramos compreender essas escritas em sua materialidade e em seu conteúdo.

---

1 ROCHA, Olivia Candeia Lima. "Escritura e escrita de si em Luiza Amélia de Queiroz". In: Vasconcelos, José Gerardo *et al* (org.). *Lápis, agulhas & amores*. Fortaleza: Edufc, 2010, p. 130-142.

2 *Idem. Mulheres: escrita e feminismo no Piauí (1875-1950)*. Teresina: Fundação Monsenhor Chaves, 2011.

3 MENDES, Algemira de Macêdo; ALBURQUERQUE, Marleide Lins de; ROCHA, Olívia Candeia Lima (org.). *Antologia de escritoras piauienses: séculos xix à contemporaneidade*. Teresina: FUNDAC/FUNDAPI, 2009.

4 *Idem. A imagem da mulher na obra de Amélia*. Rio de Janeiro: Caetés, 2004.

Lopes[5] observa a existência, no Piauí, de uma prática de escrita autobiográfica, destacando que a parte publicada dela é feita principalmente por homens. Em que pese essa afirmativa, cabe compreender os escritos desse tipo feito por mulheres e sua publicação. Parte-se da ideia de que a maior presença de textos desse tipo escritos por homens,[6] vincula-se ao acesso que os mesmos tinham dos mecanismos de publicação.

Consideramos como escrita autobiográficas os textos nos quais as autoras falam de si, colocando como elemento central da narrativa sua trajetória de vida, embora outros temas possam ser abordados. Desse modo utilizamos no presente trabalho o critério apresentado por Lejeune[7] para a definição de autobiografia: existência de identidade entre autora, narradora e protagonista, sem contudo desconsiderar que, como afirmam Bruner e Weser,[8] "[...] os gêneros existem não só como modo de escrever e falar, mas também como de ler e ouvir[...]", o que amplia os limites postos pela definição de Lejeune e abre a possibilidade de se trabalhar com um corpus mais amplo.

Como afirma Viñao[9] o estudo desse tipo de escrita é especialmente importante para conhecer as vozes e as experiências femininas. Considerando, como afirmam, Catani e outros[10] que o lugar social que possibilita a construção de experiências e trajetórias de vida do masculino e do feminino constroem tipos de memórias diferenciadas.

Para o presente trabalho utilizaremos um corpus formado por nove textos, escritos no decorrer do século XX, considerando a data de publicação da primeira e

---

5   LOPES, Antônio de Pádua Carvalho. "A escrita autobiográfica, os documentos pessoais e a história da educação". In: NASCIMENTO, Alcides; VAIFAS, Ronaldo (org.). *História e historiografia.* Recife: Ed. Bagaço, 2006, p. 11-30.

6   Além de Antônio de Pádua Carvalho Lopes, trabalha com autobiografias masculinas Castelo Branco, Pedro Vilarinho. *História e masculinidades: a prática escriturística dos literatos e as vivências masculinas no início do século XIX.* Teresina: Edufpi, 2008.

7   LEJEUNE, Philippe. *El pacto autobiográfico y otros estúdios.* Madrid, Megazul-Endymion, 1994.

8   BRUNER, Jerome; Weser, Susan. "A invenção do ser: a autobiografia e suas formas". In: OLSON, David R.; TORRANCE, Nancy (org.). *Cultura escrita e oralidade.* São Paulo: Ática, 1995, p. 141-161.

9   VIÑAO, Antonio. "Las autobiografias, memórias e diários como fuente histórico-educativa: tipologia y usos". *Teias,* Rio de Janeiro, UERJ, ano 1, n. 1, jan/jun. 2000, p. 82-97.

10  CATANI, Denice Barbara *et al.* "História, memória e autobiografia na pesquisa educacional e na formação". In: _____. *Docência, memória e gênero: estudos sobre formação.* São Paulo: Escrituras, 1997, p. 15-48.

muitas vezes única edição dos textos. Utilizamos como critério para a definição do corpus documental a publicação dos textos, reconhecendo que a prática dessa escrita existe em versões que não tiveram sua publicação efetivada, permanecendo guardadas em manuscritos. Dos textos analisados dois foram editados por gráfica particular,[11] cinco deles não tem indicação de editoras,[12] um tem o apoio da Academia Piauiense de Letras,[13] dois foram editados por editoras do governo do Estado do Piauí.[14] Dentre esses textos um tem a especificidade de falar da cidade, mas em várias partes essa história é contada a partir da vida e das memórias da autora.[15]

Dos textos analisados apenas dois utilizam iconografias para ilustrar o que é relatado na narrativa. A iconografia nos textos que analisamos, incluindo os escritos por homens, não é um recurso muito utilizado. Isso pode estar vinculado ao custo financeiro de editoração que representa o acréscimo desse recurso e, em alguns casos, o fato de não ser um recurso muito utilizado e acessível quando de sua publicação. As capas dos livros, com exceção de um deles, são ilustradas com desenhos ou imagens que remetem ao tempo e a vida. Assim, encontramos nas capas desses livros espirais, numa relação com o passar do tempo; teias, numa indicação de caminhos construídos; espelhos, reflexos da vida e fotografias de diversos momentos da vida da autora. Além dessas imagens aparecem desenhos retratando uma família e um espaço geográfico. Portanto, se a iconografia não se faz presente no interior da obra, as capas procuram apresentar desenhos ou fotografias.

A estrutura dos textos é diversa: desde uma escrita com marcação cronológica explícita, até uma escrita mais fluida, marcada por eventos considerados importantes e personagens tidos como centrais na vida da narradora.

---

11  GALVÃO, Ana Paulino. *Autobiografia*. Teresina: Gráfica Popular, 2007; ROCHA, Odeth Vieira da. *Maranduba: memória do nordeste contada de viva voz, de mãe para filho, de avó para neto para que não se percam nossos começos e tropeços*. 2ª ed. Rio de Janeiro: Sindical, 2002.

12  FERNANDES, Alzair Campos. *Severiana*. Teresina: [s.n.], 2003; Oliveira, Maria Christina de Moraes Souza. *História de Cristina*. Parnaíba: [s.n.], 2005. MEDEIROS, Maria Castello Branco. *História de uma vida*. Teresina: [s.n.], 1991; ANDRADE, Luiza Thereza Neves de. *As meninas do sobrado*. [S.l.], [s.n.], 1999. ANDRADE, Emir Correia de. *Retalhos de uma vida*. [S.l.], [s.n.], 1991.

13  VASCONCELLOS, Daise Castelo Branco Rocha de. *Crônicas para a menina Daise*. Teresina: Academia Piauiense de Letras, 1991.

14  BARROS, Altina Couto Castelo Branco. *Fatos familiares*. Teresina: Comepi, 1978. SANTANA, Socorro. *Terra de Bruenque*. Teresina: Projeto Petrônio Portella, 1986.

15  Trata-se do texto de SANTANA, *op. cit.*

A motivação para a escrita nem sempre aparece explícita nos textos embora possamos observar isso em cinco dos textos analisados. É, contudo, motivação comum registrar as lembranças para gerações posteriores, partilhando experiências e relatando processos vividos para alcançar metas traçadas para a existência. Nesses indícios de motivação para a escrita encontramos palavras que procuram caracterizar o modo como é pensada a trajetória realizada: perseverante, obstinada, dividir, coragem, força, perspicácia e família são os termos mais utilizados. O objetivo da escrita é, no geral, perpetuar a memória e reconstruir as experiências vividas.

O desejo de perpetuação da memória e a luta contra o esquecimento é muitas vezes explicitado nos textos. Esse desejo é, inclusive, o desejo da perpetuação de sua própria memória. Socorro Santana[16] diz:

> Quando eu morrer quero deixar aos meus netos um testemunho de coisas belas e reais.
> Haverá coisas que por certo, terão curiosidade de saber: – sobre mim, meus escritos, minha memória, que imploro não sejam destruídas!
> Muitas são as opiniões de que com a morte tudo acaba.

A maior parte desses escritos foi feito na maturidade e refletem as experiências vividas, centradas especialmente no grupo familiar. Isso não significa que as inserções no mundo do trabalho não se façam presentes, bem como as dificuldades para conciliar trabalho, formação escolar e família. Nesses textos podemos perceber o modo como essas dimensões são pensadas pelas autoras e as estratégias de conciliação por elas encontradas para equacionar as exigências postas por esses diferentes lugares e papéis.

Como escritos da maturidade a obra autobiográfica das autoras é uma reflexão sobre a trajetória realizada e tem intenções de transmissão de uma tradição e de uma experiência, além de ser um repositório da história da autora e de seu núcleo familiar. Assim devemos estar atentos, ao ler esses textos, como afirma Jerome Bruner baseado em Gergen, que a reflexividade humana faz com que "[...] nem o passado, nem o presente, permaneçam fixos diante dessa reflexividade. O imenso repositório dos nossos encontros passados pode ser salien-

---

16  SANTANA, *op. cit.*, p. 71.

tado de diferentes modos à medida que os revisamos reflexivamente, ou podem ser mudados por reconceituação".[17]

Para Jerome Bruner a autobiografia como um mero registro do passado não existe. Ela seria "[...] um relato do que se pensa o que se fez, em que cenário, de que modo, por que razão".[18] Assim, é com essa perspectiva que aqui se lê as autobiografias analisadas, procurando compreender a tematização da vida presentes nessa escrita memorialísticas femininas.

Há que se considerar, ainda, segundo Jerome Bruner que a autobiografia "[...] é um relato apresentado 'aqui e agora' por um narrador, a respeito de um protagonista que leva o seu nome, que existiu no 'lá e no então'; a história termina no presente, quando o protagonista se funde com o narrador".[19] Nos textos analisados essa fusão é marcada no final dos escritos, quando a velhice e sua vivência são ressaltadas, falando das alterações do corpo e da falta, pela morte, de pessoas com que conviveu intimamente:

> Casei-me duas vezes e aqui estou sozinha, em vésperas dos meus 90 anos, embora nunca me tenha faltado o acolhimento de familiares e amigos. [...]
> No próximo 4 de janeiro completarei meus 90 anos de vida! Sinceramente não pensei viver tanto, mas sei que o bom Deus é pai e sobretudo justo!
> Não tem sentido eu festejar esta data, mas será celebrada uma missa em ação de graças e na intenção de meus filhos e maridos que assim me farão companhia naquela ocasião.
> Sobre a vida nesse mundo, diz a sabedoria francesa: Tout passe – Tout casse – Tout lasse – tout se remplasse.[20]

Lembrar é, pois, pensar sobre esse passado e se redescobrir e reler, de hoje, o passado e o presente. Nisso vai se construindo elos e fazendo-se leituras dos eventos, das pessoas e de si. A palavra pensando o passado e o presente:

---

17   BRUNER, Jerome. *Atos de significação*. Porto Alegre: Artes médicas, 1997, p. 96.

18   *Ibidem*, p. 96.

19   *Ibidem*, p. 104.

20   ANDRADE, E., *op. cit.*, p. 65.

> Coisa interessante acontece com a gente, pois muitas vezes nem sabemos que estamos tão emocionalmente ligados aos fatos que supúnhamos tão banais.
>
> Às vezes, como um delírio, vêem à minha mente fatos que eu havia armazenado tão bem na memória, que não lembrava mais, e quando começo a escrever sobre as Meninas, logo escrevo o que me aconteceu também, como se esses relatos fossem como paralelos sobre minha vida.[21]

A velhice, momento em que muitas dessa escrita é feita, é um tema que aparece com frequência, seja referindo-se a ela de modo geral, seja analisando sua própria vivência dela. Maria Christina de Moraes Souza Oliveira termina seu livro com o texto "encarando a velhice": "Bem-aventurados os que chegam a velhice, conscientes de suas limitações, cheios de experiências e sábias lições aprendidas no decorrer dos anos".[22] Ana Paulino Galvão[23] dedica todo o final do seu livro para relatar sua experiência com a criação e participação na organização do movimento da "terceira idade" e no "Clube da Melhor Idade".

A velhice, como afirmamos anteriormente, é tematizada de modo geral, sem alusões direta a situação do narrador, mas, em alguns casos, comparada com o modo como essa fase da vida era considerada na infância da autora. Faz isso Altina Couto Castelo Branco Barros:

> Que moléstia horrível é a velhice!…Que tortura traz essa amiga da morte!…Quanto sofrimento nos traz o peso dos anjos![…]
> Hoje os velhos são intrusos, nada valem, nada merecem senão o desprezo da mocidade. Considerações, atenções foram coisas que o tempo levou. Hoje ser velho é ser desprezado, é ser angustiado, é ser humilhado, finalmente ser uma pessoa que só serve para atrapalhar a vida dos novos.[24]

O tema aparece também como resposta a pergunta: até quando escrever? Tematiza dessa maneira a velhice Maria Castello Branco Medeiros, para quem 80 anos é um tempo significativo de vida:

---

21 ANDRADE, L., *op. cit.*, p. 42.

22 OLIVEIRA, *op. cit.*

23 GALVÃO, *op. cit.*

24 BARROS, *op. cit.*, p. 53.

> Tinha feito o propósito de não continuar escrevendo mais alguma coisa sobre o resto de minha vida. Achei que com 78 anos deveria encerrá-la, não para Deus, mas para as pessoas. Mas como pretendo divulgar essa história resolvi atualizar minha vida.[25]

As sociabilidades e os espaços geográficos nos quais os fatos acontecem são apresentados de modo a delinear uma relação afetiva marcando os tempos vividos e as participações em situações e lugares.

Embora tendo sido publicada, a circulação desse tipo de obra tem, na sua intencionalidade, indícios de visar uma destinação a círculos restritos, especialmente a círculos familiares e rede de relações mais próximas, embora se trate de textos impressos e alguns serem postos a venda em livrarias.

Seis desses textos apresentam prefácios, comentários ou apresentações que procuram indicar o significado da obra ou render homenagens às autoras e sua escrita. Três desses prefácios são escritos por homens que ocupam lugar de prestígio no espaço literário local. A existência de prefácios ou apresentações no corpus analisado, portanto, não é uma estratégia comum a todos os textos.

E o que dizem as apresentações sobre a escrita realizada? Dizem do estilo da escrita e de seus objetivos: "Emir, uma autobiografia ou um desabafo [...] narra fases e fatos importantes de sua vida".[26] "Dou parabéns à minha irmã Altina por ter contado, em linguagem simples e despretensiosa os fatos familiares mais importantes da sua vida de setenta e cinco anos[...]".[27] Falam do conteúdo do texto: "Escrever é emergir a memória recolhida. Isso é o que Luzia Thereza faz aqui em seu livro, reconstitui fragmentos de sua memória pessoal e familiar."[28] E quando o texto é uma narrativa sobre uma região, dizem das marcas dessa região no escrito: "Aqui está um texto vibrante e apaixonado, com o frescor matutino da naturalidade. [...] Essa memória nordestina, coletiva e individual ao mesmo tempo [...]. Memória nordestina em linguajar nordestino".[29] Situam, ainda, a relação do prefaciador com a autora. Classificam o texto e apresentam a linguagem desenvolvida nesses escritos, marcadas por adjetivos como

---

25  MEDEIROS, *op. cit.*, p. 58.

26  EDUANE, *op. cit.*

27  BARROS, *op. cit.*

28  EDUANE, *op. cit.*

29  ROCHA, *op. cit.*

simples, suave, sincero, emocionado. Essas adjetivações delimitam o que seria as pretensões literárias da obra e procuram preparar o leitor para o que, na ótica dos prefaciadores, encontrarão na obra.

O definir-se como escritora, por ter realizado essa publicação, não é uma marca presente nas autoras dos textos analisados. Há, inclusive, em dois deles, explicitada a sensação de não pertencimento ao meio literário. Por diversos motivos a idealização da autoria e da definição de escritora não é percebida na prática do trabalho realizado. Mais do que produzir uma obra, realiza-se uma escrita. Escrever, como define Socorro Santana[30] sua prática, parece ser o modo de classificação da atividade escriturística realizada mais partilhada nessas obras.

Independente do modo como essas autoras se pensam em relação à escrita que elaboram, esse tipo de escrita, assim como outros escritos de cunho pessoal – diários, registros familiares,[31] correspondência epistolar[32] ou o que Egle Becchi[33] denomina "diários de infância" – são importantes fontes documentais para a compreensão do modo como os sujeitos pensam seu cotidiano e suas experiências, bem como analisam a rede de relações sociais nas quais se situam e relatam suas vivências escolares. Neles podemos perceber uma leitura de uma época e de um espaço, pensado a partir de sua condição social e de seu gênero.

Michelle Perrot[34] nos lembra que "[...] no teatro da memória, as mulheres são uma leve sombra". Lembra essa autora a dificuldade de encontrarmos fontes para trabalhar a presença feminina, "[...] devido ao déficit de registro primário". Ela, também, destaca a importância dos sótãos para encontrar os vestígios do feminino. Essa autora nos mostra, ainda, a relação entre a memória das mulheres e o espaço privado, da casa, da família.

---

30 Santana, *op. cit.*, p. 9.

31 Exemplifica a importância dessa documentação o trabalho de VIVEIROS, kilza Fernanda Moreira de. "Registros de memória e narrativa feminina no controle familiar no Maranhão no século XIX". In: FREITAS, Anamaria Gonçalves Bueno de; MOTTA, Diomar das Graças (org.). *Mulheres na história da educação: desafios, conquistas e resistências*. São Luís: Edufma/Café & Lápis; João pessoa: Edufpb, 2011, p. 43-52.

32 BASTOS, Maria Helena Camara; CUNHA, Maria Teresa Santos; MIGNOT, Ana Chrystina Venancio (org.). *Destinos das letras: história, educação e escrita epistolar*. Passo Fundo: Edupf, 2002.

33 BECCHI, Egle. "Entre biografias e autobiografias pedagógicas: os diários de infância". *Revista Brasileira de História da Educação*, São Paulo, n. 8, jul/dez. 2004. p. 125-157.

34 PERROT, Michelle. "Práticas da memória feminina". In: _____. *As mulheres ou os silêncios da história*. Bauru: Edusc, 2005, p. 33-43.

Os textos autobiográficos analisados trazem essa marca. Em alguns desses textos isso é bem visível, pela intencionalidade deles, como no de Daise Castelo Branco Rocha de Vasconcelos. Mas essa característica se faz presente nos outros textos, especialmente marcando a origem da autora e delineado uma história da família: nomes, ocupações, casamentos, nascimentos, festas, passeios, cotidiano doméstico, mortes. Presentes a descrição de uma rede de sociabilidade e do modo como vão se constituindo as relações de parentesco e amizades.

No conjunto dos textos analisados há um cuja especificidade reside em ser uma escrita sobre uma cidade. Uma cidade escrita, porém, a partir dos vínculos da autora com ela, utilizando, inclusive, muito de sua vida e memória para falar da história da cidade. Trata-se do texto de Socorro Santana que intitula o que seria a introdução de sua obra com o título *Amor de minha terra*. Nela, a autora afirma:

> Nasci, cresci, passei a minha infância e adolescência, casei-me, criei minha família e eduquei, e ainda tive tempo, dentro de inúmeras responsabilidades de mãe e esposa, de escrever algo em verso e prosa sobre esta terra que me orgulha integrar no vasto cenário da literatura piauiense. Mesmo que o faça mais pelo coração que pelas letras pois não tive como todos sabem curso superior, quero deixar entretanto, uma memória digna inserida num compêndio onde perdure tudo que escrevi sobre as belezas de Regeneração![35]

Definindo a motivação de sua escrita da história da cidade pela relação vivida com ela, é, em muitas partes da obra, de si e de sua memória que a autora trata. Por isso não é uma mera história da cidade, mas um texto escrito com o coração, entendendo essa metáfora como marca da relação íntima do escrito com o vivido pela autora na cidade. Isso é dito, mesmo definido esse trabalho, a modo da escola, como um compêndio. Por ser escrito com o coração e muitas vezes a partir da vida da própria autora é que podemos lê-lo como autobiográfico. Nele, como nos outros, a história da família da autora tem lugar, embora encontremos nela outras famílias e sujeitos da cidade.

---

35  SANTANA, *op. cit.*, p. 9.

## DIVERSAS MULHERES, DIVERSOS LUGARES: PERMANÊNCIAS, SEMELHANÇAS, DIFERENÇAS E MUDANÇAS

A representação da família e de seus membros nos possibilita conhecer uma variedade do modo de ser mulher e entender o seu lugar, contido na narrativa sobre a família, na sociedade. Na história que narra do Piauí, Odeth Vieira da Rocha[36] apresenta um quadro no qual se pode ler a representação da figura feminina em sua força e sedução. De sua mãe diz:

> Moça bonita, foi, morena, olhos amendoados, cheios de brilho, cabelos longos, boca bem feita, mostrando uma fieira de dentes alvos que nem marfim. Tope pequeno, andar requebrado, uma beleza, a mamãe.
> Mulher de coragem, trabalhadora, fazia de tudo corcenente à lavoura, á criação de gado e miúnças. [...]
> Boa pontaria, manejava bem a espirgada. Era raro o dia que não trazia no lombo, um veado, uma paca. Mulher destemida e de força era a mamãe. Maria Rosa era seu nome.

Artes de sedução e de força são apresentadas nessa mulher, que, como narra a autora, começou a ter filhos aos treze anos e teve oito, enterrando muitos desses ainda pequenos.

Luzia Thereza Neves de Andrade assim apresenta sua mãe, em contraponto, pela própria condição social, mas também, com aproximações da representação de mulher feita por Odeth Vieira Rocha:

> Esta foi Zilda, minha mãe, uma mulher notável, poeta, artista nata, pois foi realmente a primeira artesã que conheci, sabendo manusear com habilidade uma máquina pirográfica, uma máquina fotográfica, um pincel, uma caneta, trabalhos em madeira, em barro, em madrepérola, em tecido, o piano e ainda dotada de uma voz suave e melodiosa de soprano ligeiro.
> Fazia os buquês de noivas mais lindos da cidade, flores feitas por ela, como os do arranjo de botões de laranjeiras, feitos para minha cabeça de noiva.

---

36  ROCHA, *op. cit.*

> Sabia falar francês e italiano fluentemente, escrevia sobre qualquer assunto, acho que a única coisa que minha mãe não sabia fazer era cozinhar.
>
> Morreu virgem de cozinha![37]

Domínio de artes e linguagens exigidas pela condição social e pelo espaço urbano no qual viveu. Assim, essas memórias nos ajudam a compreender processos formativos e vivências de gênero em diferentes camadas sociais, espaços e temporalidades, a partir do modo como essas autoras observam e apresentam as experiências vividas.

Nesses textos é possível perceber a recolocação do lugar da mulher pelo trabalho assalariado. Uma leitura da história em que sujeitos são apresentados transformando modos de pensar pela inserção de novas práticas e pela reorganização do trabalho no espaço social. Assim, Odeth Vieira Rocha apresenta Augusta de Sá Sampaio, esposa de Antonio José Sampaio: "E dona Augusta de Sá Sampaio, esposa do dr. Sampaio o que representa para as mulheres das fazendas, hem? Representa muito. Ela incutiu nas mulheres o desejo de trabalhar para ganhar dinheiro. Mulher não nasceu só para fazer de-comer e lavar roupa."[38] O trabalho remunerado e a posse do dinheiro pelo trabalho realizado é apresentada na narrativa como uma descoberta de possibilidades para si e de um novo lugar para mulher.

Isso não significa que o trabalho fosse ausente da vivência feminina, o que a autora quer destacar é a remuneração por esse trabalho, novidade transformadora na sua perspectiva. A infância, nessa camada social, ainda sem escola, encontra o universo do trabalho, seja no período vivido no rural, seja em Floriano:

> As meninas ajudavam no labor da casa, depois sentavam-se no chão, as almofadas entre as pernas, fazendo rendas. As meninas malinas como eu, além das cipoadas, sentavam-se fazendo rendas, como castigo, só se levantavam, quando cumpriam a tarefa de levantar um papelão de rendas. Desde esse tempo tomei abuso de fazer rendas.[39]

Assim, iam constituindo-se modos de vivência do feminino apresentados nesses escritos como uma leitura, através dos sujeitos descritos, da construção da vida

---

37  ANDRADE, L., *op. cit.*

38  ROCHA, *op. cit.* p. 122.

39  *Ibidem*, p. 134.

das mulheres nos diversos espaços sociais. Uma formação que perpassa diversos lugares e interações na constituição do feminino.

A cidade e seus espaços demarcando posições sociais e vivências do feminino. Lembrança, também, da prostituição em seus sujeitos, marcas e espaços. A cidade, em sua pluralidade e no entrelaçamento dessa diversidade, é pensada nessas memórias e lida como parte da experiência das autoras. Leitura de processos sociais engendradores da prostituição, delineados com nomes e histórias na memória escrita por Odeth Vieira Rocha: "Antônia, a menina que só vivia cantando, agora cantava a noite inteira no Dois de Ouro. Sebastiana, Francisca, Expedita, Luzia, Honorata, Raimunda e muitas outras agora eram hóspedes dos cabarés do Pau-Num-Cessa."[40] Apresentada, em suas memórias, como consequência do agravamento da miséria gerada pela seca de 1932 e a exploração masculina.

**O ENCONTRO COM A ESCOLA: NARRATIVAS DE UM PROJETO E UM UNIVERSO.**

A escola como projeto de vida é apresentada nesses textos nas estratégias para a ela ter acesso e nas ações desenvolvidas em seu cotidiano. Ela aparece especialmente na memória das autoras que tem com a escola uma relação duradoura na condição de docentes. A escolarização é um momento importante na vida, sendo tomada nas narrativas, como ponto de reflexão de uma vivência para além da inserção no núcleo familiar.

A ida para a escola implicava muitas vezes distanciamento do universo familiar e vivência do internato. Experiência de outros espaços, lugares e pessoas e de contato com um processo formativo sistematizado, articulado com os desejos do núcleo familiar e as projeções do mesmo para a criança.

Luzia Thereza Neves de Andrade[41] lembra a migração para São Luís do Maranhão para estudar como fizeram Emir e Zilda, alunas internas no Instituto Rosa Nina. Isso gerou, no grupo familiar, a preocupação com a falta de educandários femininos na cidade de Parnaíba e a constituição desses educandários pela ação das elites locais.

Lembrança, também, de migração por motivos escolares tem Emir Correa de Andrade[42] que narra que sua mãe, ao saber da instalação de uma escola em

---

40   ROCHA, *op. cit.*, p. 177.

41   ANDRADE, L., *op. cit.*, 1999.

42   ANDRADE, E., *op. cit.*

São Luis por Almir Paga Lima, mobiliza-se para conseguir um internato nessa escola para um grupo de parnaibanas, sendo a participação da mesma na decisão sobre sua escolarização nula. Era assunto para adultos, somente comunicado à criança.

O encontro com a escola aos seis anos de idade, em Parnaíba, e a experiência do internato em São Luís no Colégio Santa Teresa é lembrado por Maria Christina Moraes Souza de Oliveira.[43] Nessas experiências o apoio de familiares residentes na localidade aparece como importante para a superação da saudade do espaço familiar. Desse modo, essas autobiografias nos ajudam a compreender a circulação em torno das escolas e a dinâmica dos internatos.

A articulação para viabilizar a escolaridade dos filhos não se direciona apenas para o internato, mas utiliza-se, também, da rede de relações da família para receber as crianças em idade escolar durante o período de aulas como narra em seu texto Alzair Campos Fernandes.[44] Morar com amigos e parentes é uma estratégia acionada para a inserção na escola.

Nos textos, diversos relatos marcam a experiência escolar, apresentando sua diversidade e a construção do sucesso como meta educacional do núcleo familiar. O encontro com a escola implica na necessidade de articulação do núcleo familiar com seus projetos e entornos para viabilizar a inserção da criança no universo escolar.

Odeth Vieira da Rocha narra a alteração nos planos de fixação de residência da família advindos com o nascimento de uma criança, considerando o projeto que essa família tem em relação a escolarização da filha. Assim, afirma: "[...] teu pai ficou muito alegre quando tu nasceste, Carmina, e tomou uma decisão: – não voltaria ao sertão. Ficaria em Floriano. Queria criar os filhos na cidade para que tivessem oportunidade de estudar."[45] Porém, com a morte do pai, isso não foi possível e a família migra. O projeto, contudo, é retomado quando Carmina completa oito anos: "[...] quando completaste oito anos voltei para Floriano só para te botar na escola, junto com o Dário."

Na narrativa da autora percebe-se o poder de mobilização desse projeto pelo núcleo familiar, fazendo, no seu caso, a família voltar para Floriano e procurar uma forma de garantir a existência material nesse novo contexto:

---

43    OLIVEIRA, *op. cit.*

44    FERNANDES, *op. cit.*, p. 55.

45    ROCHA, *op. cit.*, p. 28.

– Vem de muda?

– Sim senhor. Preciso botar meus filhos para estudar. Não refugo trabalho. Vou fazer bolo para vender na feira, lavar roupa para os ricos. Vendi uns borregos e cabritos que ganhei na partilha por pouco mais-ou-nada e com esse dinheirinho vou alugar uma palhoça.[46]

A educação pode ser lida nessas narrativas pelo lugar que os sujeitos situam ela e pelo que narram dos investimentos realizados para alcançá-la. Escola e projeto familiar entrecruzam na memória da autora.

Marcas de emoção pela inserção na escola são descritos no relato do primeiro encontro com essa instituição. Para Altina Couto Castelo Branco[47] esse momento é descrito com os termos contente e ansiedade. Inserção em um universo desejado, com o seu primeiro dia descrito como "dia almejado". A escola aparecendo como momento importante na vida das protagonistas da escrita autobiográfica.

A inserção na escola implicava, como os relatos autobiográficos indicam, a necessidade de acionar uma rede de relações sociais que possibilitam, quando as circunstâncias exigiam, a matricula ou a criação de condições para a frequência, quando essa significava ficar longe da família e exige regime de internato. Tarefa essa reservada aos adultos, mobilizados pelos projetos de escolarização concebidos para as crianças.

A idade adequada para o início do processo de escolarização da criança era, também, objeto de discussão no núcleo familiar. Daise Castelo Branco Rocha de Vasconcelos relembra as controvérsias em torno do ingresso de Daise na escola: "Uns achavam-te pequena demais para isso. Outros não".[48] Mudanças na idade de inserção na escola podem ser encontradas a partir desses relatos, sendo possível compreender os processos de transformação da relação infância-escola entre as gerações familiares.

## A DOCÊNCIA NARRADA NAS MEMÓRIAS DAS AUTORAS PROFESSORAS

A escola aparece nessas memórias como lugar de trabalho e desejo de transformação da vida dos alunos. Formação que encontrava, em alguns casos, o desafio de trabalhar com alunos que implicavam mais que a técnica do ensino, como afirma Odeth Vieira da Rocha:

---

46   ROCHA, *op. cit.*, p. 142.

47   BARROS, *op. cit.*

48   VASCONCELLOS, *op. cit.*, p. 77.

> Encurtando a conversa, todos meus alunos tinham uma estória de fome e miséria.
>
> As aulas eram intercaladas com de-comer; garapa de rapadura, mingau de farinha, paçoca, ovos mexidos na farinha. Meus alunos precisavam mais de comida do que leitura.
>
> [...] meus alunos aprendiam a ler e escrever, comendo farinha com rapadura. Famintos crônicos, com seis meses de aula estavam alfabetizados.

A formação de professora obtida em curso normal é lembrada nessas memórias, não apenas como memória interna da Escola Normal, mas na vivência do período escolar de normalista na cidade. Momento crucial porque de decisão acerca do lugar da profissão na vida em sua relação com o casamento. Para Odeth Vieira da Rocha[49] a escolha da profissão de professora em detrimento de uma proposta de casamento que a impediria de realizar esse trabalho aparece marcada em sua escrita. A profissão docente como um projeto que exige liberdade para o exercício no sertão.

Nem sempre, contudo, casamento e docência eram vividos de forma excludentes. A conciliação era uma possibilidade duramente construída. Altina Couto Castelo Branco adjetiva com a palavra dureza a necessidade dela e do marido trabalharem intensamente no início do casamento: "[...] eu dava aula no Grupo Escolar Teodoro Pacheco, de 7 às 11 da manhã. À tarde de uma às cinco, mantinha um curso particular. Só a noite poderia cuidar dos arranjos da casa."[50] Assim, através dessas autobiografias, conhecemos elementos da vivência da profissão docente, como a da junção do emprego público como professora com o de professora particular como estratégia para ampliação de rendimentos.

A docência cruzando com outras ações, especialmente no meio rural, é rememorada por Ana Paulino Galvão,[51] que unia a ação escolar com a catequese, como agente de saúde e organizadora da comunidade. Descrição da prática realizada e da formação realizada aparecem nessas autobiografias possibilitando conhecer as estratégias utilizados pelos professores para permanecer na docência, especialmente utilizando a busca por recursos formativos.

---

49   ROCHA, *op. cit.*, p. 191.

50   BARROS, *op. cit.*, p. 11.

51   GALVÃO, *op. cit.*, p. 17.

A vida no interior da escola como aluna e professora é marcada, em algumas autobiografias, pela construção de uma afetividade com esse espaço e seus sujeitos que dá sentido a vida das protagonistas, como relatam em suas narrativas. Uma vida dentro dessa instituição cria vínculos que tornam o momento da separação difícil, relutando em deixar esse espaço. Altina Couto Castelo Branco[52] assim lembra o momento de sua aposentadoria como professora do Grupo Escolar Teodoro Pacheco. Para ela o deixar a escola definitivamente é adjetivado com as palavras tristeza e saudades. Teresina se transformar pelo fato de não ter mais ela o vínculo diário com a escola, não é mais a mesma. O prédio escolar passa a ser, para a autora, um acionador da memória do tempo da mocidade, vivida, em boa medida, na relação com esse estabelecimento de ensino.

Maria Christina de Moraes Souza Oliveira,[53] também, relata uma longa trajetória na docência explicitada como de dedicação ao magistério e de, pelos cargos de gestão que exerceu, abertura a comunidade escolar.

A experiência na docência aparece de modo mais tranquilo que a participação na vida política, na militância em partidos políticos, especialmente de esquerda. Odeth Vieira da Rocha lembra seu retorno a Teresina em 1945 e sua militância no partido comunista marcada pela necessidade de afirmação da ação feminina nesse espaço: "Mulher comunista, numa sociedade preconceituosa, fechada, era execrada, discriminada por toda parte. Chamavam-me de prostituta, louca varrida. Os homens me olhavam com malícia. Um dia lhes darei o troco, línguas viperinas".[54]

**A EXPERIÊNCIA COMO ALUNA: MATERIAIS, DISCIPLINAS, COTIDIANO E COMPORTAMENTO**

A autobiografia é espaço para relatar a memória do tempo de estudante, dando a conhecer comportamentos e interpretações acerca do espaço escolar da ótica da aluna. Indumentárias, material escolar, disciplina, aulas, exercícios escolares, relação com as outras alunas e professoras encontram espaço nessas memórias.

Fonte para o estudo da cultura material e dos usos de ferramentas escolares, as escritas autobiográficas de mulheres permitam conhecer o material escolar utilizado e seus usos. Altina Couto Castelo Branco nos fala da "cestinha de vime com

---

52  BARROS, *op. cit.*, 1978.

53  OLIVEIRA, *op. cit.*

54  ROCHA, *op. cit.*, p. 198.

o material escolar" e do tinteiro, que derramado na carteira desencadeava o olhar repreensivo da professora. A posição das carteiras e sua ocupação delimitando possibilidades de ação. O lugar incômodo da carteira da frente, alvo dos olhares da sala, "muito vista". Lugar delicado para as "danações" e subvenções da ordem disciplinar, sendo os professores e colegas alvo de "traquinagens".[55]

Materiais escolares que vamos encontrar modificados quando Daise ingressa na escola. Não mais tinteiro e cestinho de vime, mas farda, pasta e merendeira.[56] As autobiografias possibilitam compreender os processos de transformação da cultura material escolar.

Início de instituições escolares, organizações didática, prédio escolar são descritos nessas autobiografias, nos dando a possibilidade de analisar as dinâmicas implicadas no processo de expansão da escolarização e na constituição de práticas escolares.

A vida no internato, as disciplinas escolares, o cotidiano, a relação com a cidade e com as alunas externas são descritas nessas escritas, incluindo o retorno para casa nas férias e as trocas de correspondências. A formação ministrada passando pelos usos dos espaços da cidade e dos acontecimentos considerados relevantes para a formação das alunas.

O semi-internato com as atividades distribuídas nos diferentes horários é relatado nessas memórias, possibilitando conhecer a dinâmica das instituições escolares e as práticas formativas acionadas na duração da jornada escolar.

## UMA FONTE IMPORTANTE PARA A COMPREENSÃO DA HISTÓRIA FORMATIVA DAS MULHERES

O uso de autobiografias escritas por mulheres possibilita compreender processos formativos importantes vivenciados pelas mesmas e analisar o processo de escolarização feminina na região.

A experiência com a docência e o modo como ela foi se constituindo na história das autoras que exerceram o magistério nos permitir analisar a história dessa profissão. Permite, ainda, conhecer as práticas realizadas na escola e as articulações com o entorno dela. As estratégias de permanência na profissão, de conciliação entre a casa e a escola e da ampliação da renda são possíveis de ser compreendidas pela análise desses relatos.

---

55  BARROS, *op. cit.*

56  VASCONCELLOS, *op. cit.*, p. 77.

A escola em sua materialidade e funcionamento aparece descrita nas tarefas realizadas, nas atividades extra-escolares, na rede de relação nela criada, nos materiais escolares utilizados. Círculos de amizades criados a partir da inserção escolar, relações com professores e funcionários da escola são apresentados de modo a perceber, para além dos conteúdos, uma sociabilidade se formado.

A constituição de projetos de escolarização e o que era acionado para sua concretização estão presentes nessas autobiografias de modo a compreender a interação entre projetos familiares e estratégias de escolarização.

Cotidiano doméstico, objetos, práticas e sociabilidades podem ser entendidas a partir desses relatos, que ao falar da família, falam da cidade e suas transformações. Acima de tudo dizem das transformações e da diversidade do viver feminino em diferentes camadas sociais, espaços e tempos.

Porém, esses escritos são de difícil acesso por ter tiragem pequena, circular principalmente entre os íntimos da autora e, em alguns casos, permanecerem como manuscritos nos guardados familiares.

### REFERÊNCIAS

ANDRADE, Emir Correia de. *Retalhos de uma vida*. [S.l.]: [s.n.], 1991.

ANDRADE, Luiza Thereza Neves de. *As meninas do sobrado*. [S.l.]: [s.n.], 1999.

BARROS, Altina Couto Castelo Branco. *Fatos familiares*. Teresina: COMEPI, 1978.

BASTOS, Maria Helena Camara; CUNHA, Maria Teresa Santos; MIGNOT, Ana Chrystina Venancio (org.). *Destinos das letras: história, educação e escrita epistolar*. Passo Fundo: Edupf, 2002.

BECCHI, Egle. "Entre biografias e autobiografias pedagógicas: os diários de infância". *Revista Brasileira de História da Educação*, São Paulo, n. 8, jul/dez. 2004, p. 125-157.

BRUNER, Jerome. *Atos de significação*. Porto Alegre: Artes médicas, 1997.

_____; WESER, Susan. "A invenção do ser: a autobiografia e suas formas". In: OLSON, David R.; TORRANCE, Nancy (org.). *Cultura escrita e oralidade*. São Paulo: Ática, 1995, p. 141-161.

CASTELO BRANCO, Pedro Vilarinho. *História e masculinidades: a prática escriturística dos literatos e as vivências masculinas no início do século XIX*. Teresina: Edufpi, 2008.

CATANI, Denice Barbara *et al.* "História, memória e autobiografia na pesquisa educacional e na formação". In: _____. *Docência, memória e gênero: estudos sobre formação*. São Paulo: Escrituras, 1997. p. 15-48.

FERNANDES, Alzair Campos. *Severiana*. Teresina: [s.n.], 2003.

GALVÃO, Ana Paulino. *Autobiografia*. Teresina: Gráfica Popular, 2007.

LEJEUNE, Philippe. *El pacto autobiográfico y otros estúdios*. Madrid: Megazul-Endymion, 1994.

LOPES, Antonio de Pádua Carvalho. "A escrita autobiográfica, os documentos pessoais e a história da educação". In: NASCIMENTO, Alcides; VAINFAS, Ronaldo (org.). *História e historiografia*. Recife: Ed. Bagaço, 2006. p. 11-30.

MEDEIROS, Maria Castello Branco. *História de uma vida*. Teresina: [s.n.], 1991.

MENDES, Algemira de Macêdo; ALBUQUERQUE, Marleide Lins de; ROCHA, Olívia Candeia Lima (org.). *Antologia de escritoras piauienses: séculos XIX à contemporaneidade*. Teresina: FUNDAC/FUNDAPI, 2009.

_____. *A imagem da mulher na obra de Amélia*. Rio de janeiro: Caetés, 2004.

OLIVEIRA, Maria Christina de Moraes Souza. *História de Cristina*. Parnaíba: [s.n.], 2005.

PERROT, Michelle. "Práticas da memória feminina". In: _____. *As mulheres ou os silêncios da história*. Bauru, Sp: Edusc, 2005, p. 33-43.

ROCHA, Odeth Vieira da. *Maranduba: memória do nordeste contada de viva voz, de mãe para filho, de avó para neto para que não se percam nossos começos e tropeços*. 2ª ed. Rio de janeiro: Sindical, 2002.

ROCHA, Olivia Candeia Lima. "Escritura e escrita de si em Luiza Amélia de Queiroz". In: VASCONCELOS, José Gerardo *et al* (org.). *Lápis, agulhas & amores*. Fortaleza: Edufc, 2010, p. 130-142.

_____. *Mulheres: escrita e feminismo no Piauí (1875 – 1950)*. Teresina: Fundação Monsenhor Chaves, 2011.

SANTANA, Socorro. *Terra de Bruenque*. Teresina: Projeto Petrônio Portella, 1986.

VASCONCELLOS, Daise Castelo Branco Rocha de. *Crônicas para a menina Daise*. Teresina: Academia Piauiense de Letras, 1991.

VIÑAO, Antonio. "Las autobiografias, memórias e diários como fuente histórico-educativa: tipologia y usos". *Teias*, Rio de Janeiro, UERJ, ano 1, n. 1, jan/jun. 2000, p. 82-97.

VIVEIROS, Kilza Fernanda Moreira de. "Registros de memória e narrativa feminina no controle familiar no Maranhão no século XIX". In: FREITAS, Anamaria
Gonçalves Bueno de; MOTTA, Diomar das Graças (org.). *Mulheres na história da educação: desafios, conquistas e resistências*. São Luís: Edufma/Café &
Lápis; João pessoa: Edufpb, 2011, p. 43-52.

# Entre constrangimentos e escolhas

## Maternidade e práticas contraceptivas na primeira metade do século xx em Teresina (PI)

Elizangela Barbosa Cardoso

Eu sou mãe/professora. Não sou professora/mãe. Minha obrigação primeira é com os meus filhos. Sempre tive isso na minha cabeça. [...]

Trabalhei mais como professora porque comecei a me encher de filhos. Aí tive que ir deixando a bioquímica porque tinha que passar o dia em laboratório e eu não entregava meus filhos para empregada. Eu tinha muito medo de resultar em uma educação toda errada. Terminei deixando bioquímica completamente. Quando já estava com uns quinze anos de trabalho, já não fazia mais nada na área de bioquímica, apenas dava nome à farmácia e fiquei só sendo professora, porque o Colégio das Irmãs era pertinho de minha casa, aí todo intervalo de aula eu ia olhar os meninos. Os 10 minutos que eu tinha de intervalo, os professores ficavam conversando na sala, e eu ia, na minha casa, olhava os meninos e voltava. [...] Lucrei mais, meus filhos gostam muito de mim, me dão tanto alegria, não tem nenhum assim que tenha errado na profissão, que tenha feito besteira! Graças a Deus, não! Hoje me dão muito orgulho. Eu acho que foi um sacrifício que eu fiz. Sacrifiquei minha carreira, mas ganhei. Hoje eu estou usufruindo daquilo que eu plantei, porque meus filhos têm justamente a educação que eu gostaria que eles tivessem. [...] Eu sempre dei mais valor à vida de família do que à vida profissional.[1]

---

1   OLIVEIRA, Yara Maria de Sousa Vilarinho. *Depoimento concedido a Elizangela Barbosa Cardoso*. Teresina, 2007.

Esse trecho do depoimento de Yara Vilarinho, que nasceu em 1923 e se formou em Farmácia indica o modo como a entrevistada conciliou suas identidades de mãe e de profissional, bem como a maior importância atribuída à primeira em detrimento da segunda. A escolha pessoal de Yara é um fruto da cultura na qual se tornou mulher.

No período em que Yara nasceu, se profissionalizou, casou e se tornou mãe, circularam diferentes formas de significação do feminino, bem como se forjaram várias identidades. A despeito disso, foi reafirmado constantemente através da formação familiar, escolar e religiosa, bem como em produtos culturais voltados para o público feminino, que ser mulher é ser mãe.[2]

A cultura ocidental que forjou poucas vias positivas para representar as mulheres, conforme atesta Thébaud,[3] as positivou, principalmente, através da maternidade. A trajetória de Yara Vilarinho, portanto, expressa o impacto da definição da mulher, centrada na maternidade, que predomina na primeira metade do século XX. É também reveladora de uma experiência feminina coletiva.

Com efeito, o objetivo deste texto é abordar a maternidade e as práticas contraceptivas na primeira metade do século XX, em Teresina (PI), a partir do estudo de jornais, genealogias, memórias e depoimentos concedidos por mulheres que se tornaram mães no período.

Importa destacar que Teresina nasceu, em 1852, para ser a capital da Província do Piauí, em substituição à cidade de Oeiras. Sua construção relaciona-se ao projeto que visava encontrar alternativas que dinamizassem a economia piauiense, centrada na pecuária.[4] O surgimento da cidade articula-se, portanto, ao ideal de integrar e exportar, que marcou a economia brasileira no contexto. No Piauí, este ideal passa a se concretizar com a exportação da borracha de maniçoba, a partir da década de 1890, e tem continuidade durante a

---

2 BASSANEZI, Carla Beozzo. *Virando as páginas, revendo as mulheres: revistas femininas e relações homem-mulher 1945-1964.* Rio de Janeiro: Civilização Brasileira, 1996; CARDOSO, Elizangela Barbosa. "Entre o tradicional e o moderno: os femininos em Vida Doméstica". *Gênero*, Niterói, n. 2, vol. 9, 2009, p. 103-134; FREIRE, Maria Martha de Luna. *Mulheres, mães e médicos: discurso maternalista no Brasil.* Rio de Janeiro: Fundação Getúlio Vargas, 2009.

3 THÉBAUD, Françoise, "Introdução". In: DUBY, Georges; PERROT, Michelle (Dir.). *História das mulheres no Ocidente: o século XX.* Porto: Afrontamento, 1995. v. 5. p. 10.

4 CHAVES, Joaquim (Mons.). "Teresina: subsídios para a história do Piauí". In: *Obra completa*, 2. ed. Teresina: Fundação Cultural Monsenhor Chaves, 1998.

primeira metade do século XX, com a inserção da cera de carnaúba e do coco babaçu à pauta de exportações do Estado.[5]

Com o advento do extrativismo vegetal, Teresina tornou-se alvo de um conjunto de investimentos públicos e privados[6] que propiciou o surgimento dos primeiros serviços – abastecimento de água, luz elétrica e telefone – a modernização de seu espaço urbano, bem como a implantação de sistema escolar e de saúde pública.

No que tange às mulheres, a instituição de um sistema escolar criou condições para a ampliação da escolarização feminina e participação no mercado de trabalho, especialmente na condição de professora normalista, profissão que se feminizava desde o final do século XIX. A implantação de políticas públicas de saúde, sobretudo, a partir dos anos 1930, por sua vez, tornou possível incipiente acesso ao mercado de trabalho neste campo, como também tentativas de redefinição da maternidade, a partir da difusão de saberes médicos. Esses processos, por sua vez, reforçaram a maternidade enquanto obrigação feminina, uma vez que tanto discursos médicos quanto educacionais atuaram na definição da feminilidade a partir da maternidade.[7]

A mãe ideal era a casada. O discurso médico que circulava na cidade reforçou o casamento enquanto espaço legítimo da procriação, conforme também defendiam os preceitos católicos. Por um lado, o usufruto da sexualidade no casamento era legitimado pela reprodução; por outro lado, para ter filhos biológicos, era imprescindível casar.

Com efeito, a natalidade não era uma questão privada, meramente individual, sobre ela incidiam interesses distintos. Era atravessada pela difusão e interferência do saber médico, bem como da religião e do Estado. A esse respeito, importa destacar que

> as mudanças de atitude para com a limitação do número de filhos só podem ser entendidas quanto situadas no contexto tanto das condições econômicas e sociais como da evolução das preocupações de ordem religiosa, médica e filosófica.[8]

---

5    QUEIROZ, Teresinha. *Economia piauiense: da pecuária ao extrativismo*, 3. ed. Teresina: Edufpi, 2006.

6    *Idem, Os literatos e a República: Clodoaldo Freitas, Higino Cunha e as tiranias do tempo*, 2. ed. Teresina: Edufpi, 1998; NASCIMENTO, Francisco Alcides do. *A cidade sob o fogo: modernização e violência policial em Teresina – 1937-1945*. Teresina: Fundação Cultural Monsenhor Chaves, 2002.

7    CARDOSO, Elizangela Barbosa. *Identidades de gênero, amor e casamento em Teresina (1920-1960)*. Tese (Doutorado em História). Universidade Federal Fluminense, Niterói, 2010.

8    MCLAREN, Augus *História da contracepção: da antiguidade à atualidade*. Lisboa: Terramar, 1990, p. 10.

Informações acerca da composição das famílias em Teresina, constantes nas genealogias das famílias Pires Ferreira e Castelo Branco,[9] em memórias, depoimentos e notas de falecimento veiculadas em jornais, permitem destacar que havia variações quanto ao tamanho das famílias. Entre as décadas de 1900 e 1950, encontrei referências, nas genealogias, de famílias cujo número variava de um a dezesseis filhos. Nos depoimentos há dados sobre famílias compostas até por vinte e três filhos.

Esse achado indica que, por um lado, havia mulheres submetidas a constrangimentos biológicos e, por outro, também se desencadeava, no contexto, o controle de natalidade. Mulheres buscavam limitar o número de filhos. Crescei e multiplicai-vos! Dê filhos fortes e saudáveis à pátria! Imperativos defendidos pela moral católica e pelo Estado – que assume uma política pró-natalista, no período em estudo[10] – eram objeto de consumo cultural[11] e de disputas. Existiam tensões em torno do controle da reprodução.

A população tornou-se uma questão importante para o Estado. Especialmente, no período Vargas, o desenvolvimento da nação era considerado dependente da quantidade e da qualidade da população. Assim, o Estado, sobretudo, através da política de saúde, ressignificou a maternidade como uma das bases da formação da nação.[12]

A postura pró-natalista defendida pelo Estado era reforçada pela Igreja, que procurava inculcar nas mulheres a ideia de que deveriam se multiplicar, bem como a noção de contracepção por meios artificiais enquanto pecado.

Dentre aquelas que consideravam necessário controlar e limitar os nascimentos, havia as que consideravam que a contracepção deveria ser operada somente a partir de métodos naturais aceitos pela Igreja Católica. No caso, a abstinência sexual total ou periódica, a partir do controle do período fértil.

---

9 FERREIRA, Edgardo Pires. *A mística do parentesco: uma genealogia inacabada*. São Paulo: Livraria Corrêa do Lago, 1990-1993. 4 v; _____. *Os Castello Branco: a mística do parentesco. Piauí: Instituto Histórico, Geográfico e Genealógico de Parnaíba*. São Paulo: Linear B Gráfica e Editora, 2008. v. 5; BRANCO, Moysés Castello. *Manuel Thomaz Ferreira*. Rio de Janeiro: Tip. Baptista de Souza, 1979.

10 SOBRINHO, Délcio da Fonseca. *Estado e população: uma história do planejamento familiar no Brasil*. Rio de Janeiro: Rosa dos Tempos, 1993.

11 Sobre a noção de consumo cultural, ver CERTEAU, Michel de. *A invenção do cotidiano: 1 artes de fazer*, 5. ed. Petrópolis: Vozes, 2000.

12 ROHDEN, Fabíola. *A arte de enganar a natureza: contracepção, aborto e infanticídio no início do século XX*. Rio de Janeiro: Fiocruz, 2003.

Formadas a partir de preceitos católicos, muitas mulheres dos segmentos mais elevados submeteram-se a proles numerosas. Yara Vilarinho é um exemplo. Casando-se em 1950, durante dez anos, a entrevistada tornou-se mãe de seis filhos e duas filhas. A esse respeito, acentua que

> naquele tempo tudo era pecado! Tem isso! Não podia usar uma pílula. Você não podia usar um método, você não podia nada, nada, nada! Só tinha um método que podia usar que não era pílula, mas eu era muito religiosa. Fui criada desde cedo... Minha mãe era muito religiosa, minha mãe morreu eu tinha quatro anos. Meu pai me internou. Fui para o internato de freira. Fiquei lá. Quando eu saí de lá, eu já tinha uns 17 anos. Pois é, toda aquela formação, para mim aquilo era pecado horroroso. Eu não tinha coragem de fazer aquilo, e assim como foi comigo, foi com todas as outras daquela época. Todo mundo era assim.

> Só se ouvia isso. Ficava com aquilo na cabeça, que tudo era pecado. Não tirava da cabeça aquilo não! [...] Tudo era pecado minha filha, se você tomasse uma pílula, você ia para o inferno. Porque naquele tempo toda mulher era educada principalmente para essa função de ter filho, de ser mãe, de casar. [...] Só existia era essa coisa de tabela, que não dava certo, comigo nunca deu certo. Só o que tinha! Não existia... Existia, mas só que ninguém usava, porque tudo era pecado. Se você fosse para o médico, o próprio médico dizia: não, a gente não bota isso não. Já tinha descoberto isso, já se falava, mas só que ninguém usava, tanto que as famílias eram numerosíssimas. No meu tempo teve gente que teve 23 filhos.[13]

A despeito do peso da formação católica nos segmentos mais abastados, o medo da morte durante o parto ou em decorrência dele e o nascimento de natimortos e de bebês com problemas de saúde desencadearam práticas contraceptivas, para as quais corroborou a medicalização da contracepção, que desponta no recorte em estudo.

Especialmente nas primeiras décadas do século XX, era alta a mortalidade de mães e de crianças. O médico Antônio M. Correia, em 1937, argumentando em favor do acompanhamento médico da gestante, desde o início da gravidez, acentuava a respeito:

---

13  OLIVEIRA, Yara Maria de Sousa Vilarinho, *op. cit.*

> É verdadeiramente alarmante o número de senhoras que perdem a vida, em nosso meio, em consequência de distúrbios e anomalias na gravidez e no parto. E infinitamente maior o número de crianças cuja morte durante a vida ultra-uterina, ao nascer, ou nos primeiros dias após o nascimento resulta da falta de assistência médica às mães durante a gestação.[14]

O aborto e a morbidade infantil ao que parece também eram altos. É o que infiro a partir da seguinte recomendação:

> Convém salientar inicialmente a noção já um pouco difundida mas que, nem por isto, deve ser menos repetida: a sífilis é a causa maior dos abortos, monstruosidades, aleijões e muitos outros males que irão perturbar o desenvolvimento da criança e frequentemente acarretar conseqüências deploráveis para o resto da vida. É por isto que, diagnosticada a gravidez, a primeira preocupação deverá ser averiguar se há suspeita de sífilis dos pais para, por meio de um tratamento conveniente e bem orientado, evitar o aborto ou as várias manifestações com que a sífilis castiga os inocentes, vítimas da ignorância ou da inconsciência dos pais.[15]

Em muitas famílias, o final de um trabalho de parto era um momento de celebração da vida e também de chorar a morte. O poeta Francisco da Costa e Silva, que perdeu sua primeira esposa, Alice, em 1919; no poema *Os deuses lares*, de 1927, com sensibilidade referiu-se à dor que envolvia a nova vida, ao irromper trazendo a morte.

> Benecdito, meu filho, em teu sonho impoluto,
> Que não possas prever, nem sentir, nem supor
> Que, ao nascer, foste logo enfaixado de luto
> E embalou o teu berço o anjo da minha dor.
>
> Eu, que de cada filho o destino perscruto,
> Fico a pensar em ti que, embora humano, por
> Uma lei natural, tens sorte do fruto
> Que, na ânsia de viver, causa a morte da flor.

---

14 CORREIA, Antônio M. "Aprenda a defender seu filho: conselhos indispensáveis às senhoras grávidas". *Diário Oficial*, Teresina, ano 7, n. 275, p. 7, 11 dez. 1937.

15 *Ibidem*, p. 7.

Se no signo fatal que trouxeste medito,
Rogo a Deus, como pai, para te conceder
As virtudes e os dons do meu sonho infinito...

Se nasceste infeliz, deves feliz viver,
Para com fé e amor bendizer, Benedicto,
Aquela que morreu porque te deu o ser.[16]

Vivenciando esse quadro, parturientes mantinham na memória casos de morte materna em decorrência de partos e de abortos, uma vez que permanecia a lembrança de parentas ou conhecidas, mortas nessas circunstâncias. A gravidez e o parto eram envolvidos pelo medo da morte, que invadia tanto parturientes quanto maridos, pais, mães e parentes. Com efeito, mulheres que experienciaram partos complicados sentiram a necessidade de cessá-los ou ao menos limitá-los, para preservar a vida e a saúde.

Em suas memórias, Lili Castelo Branco conta que, após o nascimento de seu segundo filho, em 1922, por sentir muito medo dos partos, procurou, no Rio de Janeiro, um médico especialista em doenças de senhoras, com o intuito de buscar meios para evitar novas gestações. Durante a consulta, o médico indicou o uso de uma esponja, vendida por ele em seu consultório. Em seus termos:

> [...] depois de explicar ao médico o medo que tinha dos partos, ele me disse:
>
> – Há um processo que é muito usado na França, infalível mas trabalhoso. Trabalhoso porque exige muita higiene, cuidados que terão de ser observados sempre. A esponja. Se a usar conforme prescrições não terá filhos. Isso eu lhe asseguro...
>
> A esponja, ele próprio a vendia no consultório, era uma bolinha redonda de onde pendia um cordão forte e comprido. Eu a usei, obedecendo às prescrições, seis anos seguidos, com absoluto êxito e tive a habilidade de esconder do marido, para não me desprestigiar, esse segredo, que até beneficia as senhoras que a usam.
>
> Sete anos depois, engravidei novamente. Íamos para a fazenda, julguei que não fosse a esponja que me evitasse filhos, e então deixei-a. Logo no fim de um mês no *Foge Homem* [fazenda] en-

---

16 SILVA, Francisco da Costa e. *Antologia*, 3. ed. Teresina: Comepi, 1982, p. 142.

> gravidei do Heitorzinho. Aí compreendi o erro de ter deixado a esponja, mas era tarde...
>
> Mais um filho que afinal foi um prêmio que Deus me ofereceu, pelo descuido. Daí por diante nunca mais deixei de usar a esponja e não concebi mais.[17]

Nos anos 1920, a medicalização da contracepção, em Teresina, era ainda muito incipiente. Ao que parece era necessário buscar assistência especializada no Rio de Janeiro para controlar a natalidade através de métodos artificiais, como a esponja.

A única referência que encontrei em relação à interferência médica, em Teresina, no campo da reprodução, nos anos 1920, diz respeito à profilaxia da sífilis, iniciada em 1923, quando o Estado firmou convênio com o governo federal. É a partir dos anos 1930 que começa a se adensar a interferência médica nesse campo.

Pelos trabalhos médicos publicados na imprensa, é possível inferir que a intervenção era justificada como ação profilática, especialmente, em relação à sífilis congênita. Incorporando preocupações eugênicas características do pensamento médico, no Brasil, à época, em Teresina, médicos atuaram na profilaxia de doenças em nome da saúde, do futuro da pátria e do melhoramento da raça.

No início dos anos 1930, ora representando o Estado, ora aliando-se a ele, em nome da necessidade de evitar a sífilis congênita e outras doenças que poderiam comprometer a gestação, a saúde da mãe e da criança, alguns médicos vinham defendendo que a mãe fosse assistida desde o início da gravidez. Com a institucionalização dessa prática, a partir de 1938, delinearam-se intervenções médicas no campo da contracepção.

A prevenção da sífilis congênita, considerada uma das principais responsáveis, pela morbidade e mortalidade infantil, passava pelo controle da natalidade. Em 1937, Dr. Lineu Araújo acentuava que a profilaxia dessa doença processava-se através dos tratamentos pré-nupcial, dos pais antes da gravidez e da mulher grávida. Lembrava o médico que, para evitar a doença, era imprescindível que os pais a tratassem antes de conceber um filho. A necessidade de tratamento antes da gravidez para uma prole saudável, portanto, implicava controle da concepção e, respectivamente, na difusão de métodos contraceptivos.

---

17 CASTELO BRANCO, Lili. *Fases do meu passado*. Teresina: [s.n.], 1983, p. 112, grifo da autora.

Com o crescimento dos partos à cesariana, a partir dos anos 1940, quando os médicos passaram a dispor de uma terapêutica mais segura, as esterilizações passaram a ser mais frequentes. Conforme é possível inferir a partir da genealogia da família Pires Ferreira, em que há dados acerca de famílias compostas por dois e três filhos nascidos logo após o matrimônio, certamente, sob o impacto da pressão feminina para encerrar os nascimentos.[18]

Elaborava-se aliança entre mulheres e médicos em torno da medicalização da contracepção. Esta, somada ao apoio de amigas e de parentas, possibilitou a parte das mulheres que tomassem decisões acerca do controle de natalidade, em detrimento dos interesses do cônjuge. Uma entrevistada, após o nascimento do quinto filho, com o auxílio de uma tia de seu marido, optou pela esterilização, a despeito de seu marido não desejar que os filhos cessassem. Submeteu-se a um parto à cesariana e solicitou que o médico a esterilizasse, sem que o marido soubesse.[19]

Vários motivos levavam as mulheres a limitar o número de filhos. Além do medo do parto e da preocupação com a saúde da prole, importa ressaltar que nos segmentos mais abastados, desde os anos 1920, a infância era percebida como uma idade específica da vida, que requeria cuidados especiais.[20] Ademais, nas décadas de 1930, 1940 e 1950, a criança vista como dádiva e futuro da pátria fora constantemente valorizada, ao tempo em que a maternidade se tornou cada vez mais exigente, na medida em que os cuidados com as crianças passaram a se tornar incessantes.

A maternidade fora se alargando, na medida em que novas atribuições a definiam. Além de dar à luz, ser mãe acarretava nutrir, criar, cuidar, zelar e educar a prole. Para vivenciar esse padrão de maternidade, era necessário reduzir o número de filhos. Possivelmente, essa foi a opção de parte das mulheres.

A despeito de a mulher ser significada predominante, como mãe, na classe média, no decorrer do período em estudo, cresceu a participação feminina no mercado de trabalho, o que impactou nas taxas de natalidade.

---

18  MACHADO, Raimunda Ribeiro. *Depoimento concedido a Elizangela Barbosa Cardoso.* Teresina, 2008.

19  SANTOS, Rita. *Depoimento concedido a Elizangela Barbosa Cardoso.* Teresina, 2007.

20  CASTELO BRANCO, Pedro Vilarinho. "Com afeto e disciplina: a invenção da infância entre a literatura e a história". In: CASTELO BRANCO, Edwar de Alencar; NASCIMENTO, Francisco Alcides do; PINHEIRO, Áurea Paz (org.). *Histórias: cultura, sociedade, cidades.* Recife: Edições Bagaço, 2005, p. 91-100.

O delineamento da beleza como obrigação feminina e a ideia de que a maternidade envelhecia a mulher, então difusas no social também desencadearam a contracepção. Conforme é possível inferir a partir do discurso médico e do discurso católico.

Quanto aos meios contraceptivos, havia o uso tanto de métodos naturais quanto artificiais. Eram mais comuns os métodos naturais como o aleitamento prolongado, abstinência e o coito interrompido. O uso de contraceptivos artificiais como a esponja e o dispositivo intrauterino, bem como a laqueadura de trompas eram mais restritos.

O método que tem mais visibilidade na documentação pesquisada é o Ogino-Knauss,[21] conhecido por tabela, que consiste na abstinência sexual quando a mulher se encontra no período fértil. No início dos anos 1950, essa forma de controle encontrava-se difundida dentre os segmentos mais abastados. O método que em meados dos anos 1930, era recomendado por médicos, no Rio de Janeiro, a partir de seleção dos casos, em princípio da década de 1950, era bastante recorrente em Teresina.[22]

Seu uso possibilitava que filhas tivessem uma trajetória reprodutiva bastante diferenciada daquela experienciada pelas mães. Este foi o caso de Maria Albuquerque. Sua mãe nascida em 1909, casando-se aos 18 anos, teve quinze filhos. Maria, por sua vez, é mãe de seis filhos. Maria, que se casou em 1950, aos 18 anos, controlava a natalidade através do emprego do método Ogino-Knauss. A aprendizagem do método, conforme informa a entrevistada, processou-se através da leitura de um livro, adquirido por seu marido.[23]

A medicalização da contracepção ainda incipiente nos anos 1920 foi sendo ampliada no decorrer do período em estudo. Nos segmentos mais abastados adensou-se a assistência médica desde a gestação e também sua interferência no controle da natalidade.

A esse respeito importa destacar que o campo da reprodução nem sempre constituiu um espaço legítimo de intervenção médica. Sua legitimação, conforme mostra Fabíola Rohden, em estudo acerca da contracepção, do aborto e do infanticídio, no Rio de Janeiro, delineou-se, paralelamente, à transformação do sexo e da reprodução em assunto de Estado, nas primeiras décadas do sécu-

---

21 Os estudos de Ogino e Knauss sobre a fisiologia da reprodução humana esclareceram pontos obscuros em relação à ovulação, indicando a existência de uma época de fecundidade e outra de esterilidade, no ciclo menstrual. Ver ROHDEN, Fabíola, *op. cit.*, p. 110.

22 ROHDEN, Fabíola, *op. cit.*, p. 113.

23 ALBUQUERQUE, Maria. *Depoimento concedido a Elizangela Barbosa Cardoso*. Teresina, 2007.

lo XX, quando, no Brasil, a ideologia nacionalista promovia uma preocupação acentuada com a população. Isto porque o "crescimento do número de cidadãos adquiria uma importância estratégica, tanto no que se refere à garantia da soberania, por meio do poder militar, quanto da implantação da atividade industrial e do mercado em larga escala".[24]

Especialmente os médicos obstetras e ginecologistas, de forma cautelosa, passaram a abordar o tema. Estudando os *Annaes Brasileiros de Ginecologia*, a autora mostra que em meados dos anos 1930, havia

> por um lado, uma investida na justificação da anticoncepção e, por outro, uma tentativa de restringir o seu controle ao médico, que não apenas teria a posse dos meios de intervenção, mas julgaria os casos em questão.[25]

Quanto ao aborto provocado, que estudos sobre contracepção têm demonstrado tratar-se de uma prática antiga e costumeira,[26] "muitas vezes a primeira linha de defesa contra uma gravidez não desejada",[27] no que diz respeito às casadas, não tem visibilidade na documentação pesquisada. Em conversas informais, chegaram-me referências a mulheres multíparas que, na década de 1950, fizeram uso da prática para evitar novos nascimentos. E também de mulheres que, incorporando o ideal de beleza como obrigação feminina e a noção de que a maternidade envelhece a mulher, evitaram novos nascimentos através desse procedimento.

É possível que parte dos abortos ditos naturais fosse provocada, embora esta não seja a percepção expressa nas entrevistas. Yara Vilarinho, por exemplo, avalia a questão do aborto nos seguintes termos:

> Havia [aborto]! Era muito raro, mas havia! Era muito raro. Havia aborto sem ser provocado, por doença, mas um aborto provocado por uma moça que não quis o filho por qualquer razão aí era muito difícil. Eu também não conheci nenhum caso. Encontrou um feto em tal lugar, nunca ouvi. Escuto agora de um certo tempo pra cá,

---

24 ROHDEN, Fabíola, *op. cit.*, p. 106.

25 *Ibidem*, p. 112.

26 PEDRO, Joana Maria (org.). *Práticas proibidas: práticas costumeiras de aborto e infanticídio no século XX*. Florianópolis: Cidade Futura, 2003.

27 MCLAREN, Argus, *op. cit.*, p. 15.

que é só no que se fala. É nos lixos, é não sei aonde. Eu acho que mesmo naquele tempo, agüentava o filho até o fim.[28]

Nos segmentos mais elevados parece mais comum a provocação de aborto em caso de gravidez fora do casamento e também quando fruto de adultério, em situações em que não era possível atribuir a paternidade ao marido.

A valorização da maternidade, característica do período, não impedia que as mães que tinham filhos fora do casamento fossem estigmatizadas, socialmente. A maternidade enquanto valor entrava em disputa com a honra. Em alguns casos, o desejo de manter uma imagem de mulher honrada prevaleceu sobre a maternidade.

Mesmo as mães separadas eram alvo de preconceito, como revela parte da trajetória de Maria Francisca Monteiro de Souza. Maria casou-se em abril de 1940, obrigada por sua mãe de criação, que, com receio de morrer, deixando-a solteira, lhe impôs um noivo. Mãe de seis filhos, abandonada pelo marido, tornou-se a responsável pelo cuidado e sustento da prole. Maria sustentava a casa através de seu trabalho como costureira. Em 1954, sabendo da inauguração do Sanatório Meduna, Maria procurou um emprego, na instituição. Na oportunidade, em que se qualificava para assumir o possível emprego, foi alvo de preconceito, por ser separada:

> Soube que iria funcionar o Sanatório Meduna. Orientada por Cisalpina, minha prima, fui falar com Dr. Hugo Santana que compadecido com minha história, encaminhou-me até Dr. Clidenor Freitas Santos, proprietário do referido Hospital, e este me enviou para fazer um estágio no Hospital Psiquiátrico Areolino de Abreu, [...] provando assim meu desempenho.

> A superiora do Psiquiátrico era uma religiosa da Congregação das Filhas do Coração Imaculado de Maria, e na época fez resistências para me aceitar, alegando eu ser separada do marido. Porém, Deus escreve certo por linhas tortas, conforme Dr. Clidenor havia falado: fiz o estágio, saí-me bem, graças ao meu bom Deus, o sonho tornou-se realidade. Fui aprovada.[29]

---

28 OLIVEIRA, Yara Maria de Sousa Vilarinho, *op. cit.*

29 SOUZA, Maria Francisca Monteiro de. *Reminiscências de uma vida aos 85 anos.* Teresina: Gráfica do Povo, 2007, p. 43.

Além das dificuldades para conseguir um emprego, a mulher separada do marido, caso se envolvesse com outro homem ou tivesse filhos fora do casamento, poderia, inclusive, perder o emprego. A esse respeito, relembra Yara Vilarinho que a separada

> Perdia até o emprego se fosse... Ela perdia o emprego! Se fosse provado, se alguém visse, se fosse provado que ela era separada e se ela namorasse outro, ela perdia até o emprego, se ela fosse empregada. Se ela fosse muito quieta, ficava no emprego, não perdia não. Mas geralmente uma mulher nova e separada procurava outro. Tinha que ficar... E os homens não respeitavam e, às vezes, nem ela, ela nem tinha culpa. Simplesmente eles não respeitavam. Eu conheci uma que foi posta para fora do emprego. [...] Porque ela separou e teve filho de outro cara. Foi posta para fora do emprego.[30]

Francisco Ferreira Ramos, no *Memorial do Hospital Getúlio Vargas*, destaca que no Hospital, não era contratada mãe solteira. Para trabalhar na instituição, as mulheres deveriam ser solteiras sem filhos ou casadas. Mesmo aquelas que viviam em relações maritais estáveis, não eram admitidas. Em sua pesquisa, faz referência a cinco casos de jovens funcionárias que engravidaram.

Uma atendente de enfermagem engravidou de um fornecedor do Hospital. Por não se casar, perdeu o emprego. No início dos anos 1950, outra atendente de enfermagem ficou grávida de um médico. Tratava-se de uma jovem de 19 anos, pobre, que, conforme relato de sua filha, se apaixonou por um belo médico, com o qual trabalhava. Após longo tempo de namoro, a jovem engravidou e o namorado, quando soube da gravidez, casou-se com outra, de seu nível social. O médico não foi penalizado, enquanto a atendente de enfermagem perdeu o namorado, o emprego e o ciclo de amizades.

Gravidez durante o namoro também ocorreu a uma funcionária de serviços gerais. Identificado o estado de gravidez no quinto mês, o casamento foi realizado às pressas, sob a ação do chefe da manutenção do Hospital, que, certamente, procurava evitar a demissão da funcionária. Contudo, mesmo casada, a jovem perdeu o emprego.

Outra funcionária também engravidou. Queixando-se de dor abdominal, vômitos e desmaios, a atendente foi examinada e o médico que a assistiu diagnosticou apendicite. Atendida pelo Dr. Francisco Ferreira Ramos, este suspeitou que fosse

---

30 OLIVEIRA, Yara Maria de Sousa Vilarinho, *op. cit.*

gravidez. Como a jovem negava ter havido relação sexual, o referido médico pediu o auxílio do Dr. Francílio Almeida, especializado em obstetrícia, que confirmou o diagnóstico do colega. Uma vez que a jovem afirmava ser virgem, foi sugerido exame de virgindade, realizado pelo Dr. Martinelle, que era médico legista da Polícia Civil. Confirmou-se a integridade do hímen.

A importância de se confirmar o diagnóstico se relacionava à sua gravidade, conforme expressa Dr. Francisco Ferreira Ramos, no seguinte trecho:

> A história se espalhou logo pelos corredores e todos os setores do Hospital Getúlio Vargas. A essa altura o meu diagnóstico de suspeita de gravidez criou um mal estar frente a confirmação da virgindade da paciente. Eu mesmo cheguei a me questionar se não estaria errado, se não havia me precipitado na afirmação deste diagnóstico. Estava diante de uma situação muito grave de desconforto moral pelo erro: fazer o diagnóstico de gravidez em uma mulher virgem, que traria como conseqüências maiores afronta à honra e perda do emprego da paciente.
>
> Foi sugerido que a paciente fosse examinada no dia seguinte pelo Dr. Zenon, chefe da Clínica Cirúrgica. Veio então uma nova intervenção do Dr. Martinelle, amadurecido e experiente profissional frente a estes problemas, muito comuns na Polícia Civil. Aprofundou o diálogo com a paciente e não tardou chegar a conclusão de que a paciente estava realmente grávida.
>
> Havia praticado vários atos de relação sexual sem penetração.[31]

A classificação feminina, a partir dos códigos de sexualidade e a desvalorização desencadeada pelo usufruto da sexualidade fora do casamento, especialmente, quando se tornava visível através de uma gravidez, bem como as punições que incidiam sobre as moças, as impeliam ao aborto. Para manter a imagem de moças de família, de separadas e viúvas honestas, algumas mulheres recorreram à interrupção da gravidez, não assumindo a maternidade ilegítima.

As mulheres que engravidavam fora dos laços do matrimônio, quando não contavam com o apoio do pai ou engravidavam de homens comprometidos, vivenciavam

---

31 RAMOS, Francisco Ferreira. *Memorial do Hospital Getúlio Vargas*. Teresina: Gráfica do Povo, 2003, p. 218.

situações extremamente complexas, nos quais os valores que conformavam suas subjetividades se chocavam. Os constrangimentos e as escolhas femininas eram atravessados pela valorização da maternidade e a significação da mulher enquanto mãe; por códigos de sexualidade, que implicavam em desclassificação feminina, a partir da experiência sexual fora do casamento; pelo risco de não contar com o apoio familiar; pelas restrições ao emprego de mães solteiras e pela possível ruptura com laços de sociabilidade e de integração social. Assim, para parte das mulheres que vivenciou essa experiência, o aborto foi a opção escolhida.

Mesmo entre mulheres cujo peso da formação católica era mais denso – as freiras, esta foi uma possibilidade. Uma das irmãs de caridade que atuava no Hospital Getúlio Vargas, engravidou de um médico. E, segundo Francisco Ferreira Ramos, o

> Dr. Jurandi Mendes estava provisoriamente na chefia da clínica ginecológica, onde a chefe coordenadora era uma irmã de caridade. À noite fora chamado para atender uma paciente que estava passando mal. A paciente era a irmã coordenadora da clínica ginecológica e que apresentava metrorragia profusa.

> Tomou a decisão de fazer a curetagem. Levou a irmã para o Centro Cirúrgico e fez uma curetagem em absoluto sigilo. No dia seguinte a notícia corria à 'bandeiras despregadas' pelos corredores e todos os setores do Hospital Getúlio Vargas.

> Conversas, fofocas, um fuzuê agitava a vida daqueles que trabalhavam no Hospital.

> Um escândalo comentado aos cochichos.

> Por causa desse inusitado acontecimento Dr. Jurandi Mendes, constrangido, deixou o Hospital Getúlio Vargas para todo o sempre.[32]

A situação revela a complexidade dos embates, nos quais estavam situadas as mulheres que engravidavam fora do casamento, em um contexto em que a respeitabilidade pública e a inserção social estavam diretamente relacionadas ao controle da sexualidade. Tal era sua importância, que, nas escolhas individuais, fazer um aborto poderia sobrepor-se à opção de ter o filho e se tornar uma mãe solteira, a despeito da

---

32  *Idem*, p. 220.

condenação social e religiosa que incidia sobre a prática. Ela indica também como a capacidade reprodutora das mulheres poderia ser vivida como pesado ônus, uma vez que preconceitos incidiam sobre elas, quando se reproduziam fora dos laços do matrimônio.

O estatuto que as mulheres adquiriam através da maternidade era ressignificado em função dos códigos de sexualidade. A maternidade sem matrimônio, em vez de valorização social, poderia implicar grande drama pessoal e familiar. Embora o período em estudo se caracterize por uma postura pró-natalista por parte do Estado e da Igreja Católica, havia um espaço legítimo para a procriação, que era o casamento. Se a casada mãe de muitos filhos era valorizada, o mesmo não ocorria à solteira, à separada e à viúva que tinham filhos fora dos laços do matrimônio. Nesses casos, o nascimento de filhos implicava desonra e estigmatização social. Na tentativa de evitá-las, algumas mulheres escolheram o aborto.

Como era comum que mulheres solteiras assumissem a criação de sobrinhos e de sobrinhas, bem como de crianças órfãs, nem sempre "a desonra do fruto ilícito" se manifestava. Uma tática[33] empregada pelas moças que engravidavam e não casavam, bem como por suas famílias, era negar publicamente a maternidade ilegítima. Nesses casos, as jovens escondiam a gravidez, confinando-se em casa, ou vivenciando-a em outras cidades. E, quando os filhos nasciam, eram apresentados como filhos adotivos da verdadeira mãe ou ainda como irmãos adotivos.

Apesar de uma gravidez fora do casamento gerar conflito e drama, na família, parte das moças também contava com o apoio familiar. A jovem atendente de enfermagem que engravidou de um médico teve sua filha e contou com a assistência de seus pais, que criaram a neta como se fosse filha. Quando o namorado se casou com outra, a atendente, segundo sua filha,

> cortou para todo o sempre relacionamento com meu pai, não aceitou sequer a citação do seu nome em qualquer conversa. Registrou-me com o nome de solteira, sem citar o sobrenome do meu pai. Não aceitou qualquer ajuda dele, embora ele tenha reconhecido a paternidade e tentado aproximação.
> [...]
> Chorou muito, durante muito tempo derramou-se em lágrimas, choro compartilhado com o choro do meu avô e da minha avó aumentando-lhe o sofrimento.

---

33    A respeito da noção de tática, ver CERTEAU, Michel de, *op. cit.*

[...]

Meu avô materno, modesto funcionário público, assumiu a minha mãe com aquele coração de pai bondoso e avô carinhoso. Junto com minha avó me deram uma esmerada criação com muito amor.[34]

A dor da jovem atendente e de seus pais, rememorada por sua filha, não era uma experiência singular, uma vez que a gravidez e a maternidade fora do casamento eram vividos como drama. Quando a mulher engravidava fora do casamento era invadida pelo sentimento de vergonha. No caso referido acima, a jovem se isolou de amigos e amigas, ficando "voluntariamente confinada em casa", sob a proteção de seus pais.[35]

A vergonha poderia persistir mesmo após o casamento, que tinha o poder de reparar a honra maculada, com a experiência sexual e a gravidez fora do casamento. A esse respeito, Yara Vilarinho reteve na memória, a primeira gravidez de sua professora, na cidade de Amarante. Nos termos da entrevistada:

Ela era até minha professora do grupo. Aí ele foi trabalhar em Parnaíba. Aí ela apareceu grávida. O que é que acontece: o pai dela falou com o pai do rapaz e disse que a filha dele tava grávida e que o filho era dele e que o filho tinha que casar. Aí o pai do rapaz escreveu pro filho. O filho disse que vinha casar. Marcou dois meses... Não sei... Sei que depois de dois meses ele veio..., casou! Você acredita que ele casou com ela e foi morar na casa dela? A família dela era muito boa, mas não era só ela que tinha condição não, ele também tinha. O dono da usina que ele trabalhava em Parnaíba era o mesmo dono da usina de Amarante. Aí transferiu o rapaz para Amarante. Ficou trabalhando lá. Ela deixou... Ela era professora formada. Deixou de dar aula. Ficou trancada em casa. Nunca mais apareceu em lugar nenhum enquanto ele ___! Ela não botava a cabeça na janela porque a janela nesse tempo era pra rua, né? Pra fachada. De noite! Nunca mais saiu! Ela foi sair na rua depois que o filho já tava com quase seis meses. Com vergonha porque engravidou, era pra casar. E casou! [...] Ela passou mais de um ano trancada dentro de casa.[36]

---

34  Maria de Nossa Senhora citada por RAMOS, Francisco Ferreira, *op. cit.*, p. 218.

35  *Idem*, p. 218.

36  OLIVEIRA, Yara Maria de Sousa Vilarinho, *op. cit.*

Algumas moças além de serem invadidas pelo sentimento de vergonha, quando de uma gravidez ilegítima, perdiam o apoio dos pais. Houve casos em que as filhas foram expulsas de casa. Henriqueta Pinheiro nascida em 1915, a esse respeito, rememora: "Quando engravidava o pai botava para fora de casa. Não deixava ficar em casa. Era uma tristeza, né? O pai botava a filha para fora de casa porque tinha feito vergonha, engravidara sem ter casado".[37]

A maternidade legítima, contudo, poderia se delinear antes do casamento. Sobretudo, até a generalização do uso da penicilina, a mortalidade era alta.[38] Em decorrência disso, um grande número de crianças se tornava órfãs. Quem as protegia eram, especialmente, as madrinhas, as tias, as avós e as parentas mais próximas. Como as mulheres eram percebidas como *naturalmente* mães e muitas se subjetivavam incorporando essa definição, era comum que mulheres solteiras em idade de casamento e também aquelas que já eram consideradas solteironas criassem crianças desamparadas. Feliciana Castelo Branco, por exemplo, adotou uma sobrinha antes de casar. Nascida em 1918, a sobrinha era filha de seu irmão mais novo, João Castelo Branco, que havia perdido a mulher com o impacto da gripe espanhola que assolou a cidade no pós Primeira Guerra Mundial.[39]

Adotar crianças órfãs ou desamparadas era um ato de caridade. Mulheres dos segmentos mais abastados criaram como filhos, inclusive, frutos de amores adulterinos de seus maridos. Esse foi o caso da avó de Yara Vilarinho, que assumiu a criação dos filhos da amante de seu marido. Esta também foi uma experiência vivida por algumas mulheres da geração da entrevistada.[40]

A adoção de crianças também era desencadeada pelo fato de a esterilidade ser vivida como infortúnio. A dor causada pela incapacidade de reprodução era amenizada pela doação de crianças nascidas de outros ventres. Orgmar Monteiro, em suas memórias, conta que sua tia Lígia, que se casou provavelmente no início dos anos 1920, com um viúvo, pai de 2 filhos, não tendo fi-

---

37  SILVA, Henriqueta Pinheiro da. *Depoimento concedido a Elizangela Barbosa Cardoso*. Teresina, 2007.

38  O coeficiente de mortalidade por 1000 habitantes em Teresina, em 1935, era 13,4; em 1941, passou a ser 11,4. Ver *Oito anos de governo: a administração Leônidas Melo no Piauí: maio de 1935-maio de 1943*. Rio de Janeiro: Centro Piauiense, 1943, p. 48.

39  ALBUQUERQUE, Maria, *op. cit.*

40  OLIVEIRA, Yara Maria de Sousa Vilarinho, *op. cit.*

lhos, criou 26 crianças. Na leitura do sobrinho fora uma compensação por sua esterilidade.[41]

Beatriz Pearce Paz, filha de Inhá Veras, segunda mulher do avô de Carlos Augusto de Figueiredo Monteiro, depois que enviuvou, passou a morar em uma parte da casa da mãe, na companhia da menina Almeirinda, que adotara, por não ter tido filhos próprios.[42]

A adoção de crianças era tanto uma prática que propiciava às solteiras, às casadas sem filhos ou com poucos filhos, satisfação emocional enquanto mães, quanto assegurava o cuidado e a criação de crianças órfãs. A individualização feminina centrada na maternidade favorecia a proteção social da infância, em um contexto de grande mortalidade materna e paterna, como o fora as primeiras décadas do século XX.

No período em estudo, havia circulação de crianças no interior dos segmentos mais elevados e também entre os segmentos populares e os elevados. Foi comum o fato de pais e mães doarem seus filhos e filhas a famílias mais abastadas, para que fossem criadas como filhas ou como agregados à família.

Quando o marido enviuvava e contraia novas núpcias, muitas vezes os filhos e as filhas do primeiro matrimônio, não eram criados pelo novo casal. Era uma prática comum o fato de serem criados por ascendentes da mãe ou do pai ou ainda por parentes. O avô de Carlos Augusto de Figueiredo Monteiro e sua segunda mulher, Inhá Veras, nos anos 1930, criaram a menina Zei. A menina,

> Ficara órfã de mãe, a qual era um dos filhos bastardos de Thomas Pearce, ex-esposo de D. Inhá Veras. Constância casou-se com um fazendeiro no Maranhão, Raimundo Pessoa e deixara quatro filhos: a garota Maria José (Zei), mais velha e os meninos Jesus, Guilherme e José. O pai contraíra novo matrimônio e vivia na fazenda com os três meninos. Zei passou a ser criada por Dona Inhá.[43]

Os casos referidos acima indicam que a transferência de maternidade era uma das características do período. Ela ocorria em decorrência de morte materna, do fato de a criança ser uma dádiva ofertada por aqueles que tinham muitos filhos aos

---

41  MONTEIRO, Orgmar. *Teresina descalça*. Forteleza: Ioce, 1988, v. 4. p. 347.

42  MONTEIRO, Carlos Augusto de Figueiredo. *Rua da Glória 4: o tamanho de uma esperança*. Rio de Janeiro: [s.n.], 1993, v. 4, p. 335.

43  MONTEIRO, Carlos Augusto de Figueiredo, *op. cit.*, p. 335.

casais que não tinham e também pelas dificuldades de sustentar filhos e filhos, nos casos das mães e dos casais pobres.

Além da transferência da maternidade via adoção, caracterizou o período aquela relativa à transferência dos cuidados e obrigações maternas para outras mulheres que não as mães, no interior das casas. O cuidado e a criação de proles numerosas, comum a muitas famílias, não foram trabalhos específicos das mães. Eles envolveram um conjunto de mulheres. Nos segmentos mais abastados, foram desempenhados, especialmente, por mulheres pobres, fossem agregadas às famílias ou às empregadas domésticas. Ademais, o trabalho de maternagem também era desempenhado por avós, tias e irmãs mais velhas, que ora dividiam as tarefas com as mães, ora assumiam a criação de netos, sobrinhos e irmãos. Maria Albuquerque conta a esse respeito que sua mãe "passava o dia todo trabalhando. Ela tinha uma empregada só. Agora ela nos habituou, assim: as mais velhas ajudarem com as mais novas, tanto no cuidado com as crianças, como também em todo o trabalho doméstico".[44]

Quando Maria Albuquerque se casou e os filhos começaram a chegar, a entrevistada passou a contar com a ajuda de uma menina.

> geralmente quando eu tinha criança tinha uma pessoa uns dias para ficar comigo, aí depois era eu que cuidava. Agora quando eles estavam maiozinhos, sempre tinha uma pessoa que, para andar assim com eles, para eu poder também, que eu costurava, para eu ter tempo de fazer essas coisas. E tinha uma moça, que veio morar comigo, uma garota, ela veio tinha 9 anos.[45]

Para o ingresso das mulheres de classe média no mercado de trabalho, contar com a presença de outra mulher que pudesse maternar a criança fora um fato basilar. No contexto em estudo, empregadas domésticas, meninas-moças criadas pela família, agregadas, parentas, avós e irmãs assumiram a maternagem e/ou dividiram os cuidados com as mães, possibilitando que desenvolvessem trabalhos extradomésticos.

Algumas mulheres que ingressaram no mercado de trabalho puderam contar com o auxílio de suas mães. Yara Vilarinho teve a contribuição da sua, que ficava com seus filhos, enquanto ela trabalhava como professora. Sua filha mais velha, aos dez anos também passou a ajudá-la.[46]

---

44  ALBUQUERQUE, Maria, *op. cit.*

45  ALBUQUERQUE, Maria, *op. cit.*

46  OLIVEIRA, Yara Maria de Sousa Vilarinho, *op. cit.*

Aquelas que não podiam contar com o trabalho da mãe e das irmãs tinham maiores dificuldades. A mãe de Carlos Augusto de Figueiredo Monteiro, Gracildes Monteiro, quando nasceu seu segundo filho, em 1938, não podia contar com a ajuda de sua mãe, em decorrência do fato de seu marido não se entender bem com a sogra e impor à filha que se afastasse da mãe. Em decorrência disso, Gracildes, quando não dispunha de empregada doméstica, enfrentava algumas dificuldades para conciliar trabalho e maternidade. A esse respeito, destaca Carlos Augusto, que, em 1940:

> Meu irmão já completara dois anos e era forte. Mamãe, com a escola, e falta de empregadas – que já começavam a tornar-se difíceis – enfrentava alguns problemas, sobretudo, com quem deixar meu irmão na parte da manhã. Embora perto de minha avó. O afastamento imposto por Mundico, vigorava cada vez mais. O filho 'dele' não haveria de ser contaminado pela 'megera'. Não foram poucas as vezes que mamãe apelou que nossa Dinda, já nos seus 84 anos, viesse ficar em casa com o pequeno Paulo Frederico, que gostava muito dela.[47]

Gracildes Monteiro passou a contar com o trabalho de uma menina-moça, que indo morar em sua casa, tomava conta do filho mais novo, enquanto trabalhava. Muitas mães pobres empregavam suas filhas, para que acabassem de se criar, favorecendo as mulheres que exerciam trabalho extradoméstico a conciliação entre trabalho e maternidade. A inserção feminina no espaço público na conjuntura em estudo, portanto, embasava-se em redes de dependência e de solidariedade estabelecidas pelas mulheres, no âmbito da casa.

Tratava-se da manutenção de um costume de longa duração – a transferência da maternidade e do trabalho doméstico para outras mulheres. Conforme evidencia Suely Gomes Costa, esse costume ocasionou o acesso desigual a direitos sociais e retardou a implantação de sistemas públicos de proteção social, no Brasil, na medida em que os padrões domésticos instituídos reafirmaram a casa como lugar de práticas protecionistas.[48]

---

47  MONTEIRO, Carlos Augusto de Figueiredo, *op. cit.*, p. 248.

48  COSTA, Suely Gomes. "Proteção social, maternidade transferida e lutas pela saúde reprodutiva". *Estudos Feministas*, Florianópolis, n. 2, vol. 10, 2002, p. 339-356.

## REFERÊNCIAS

BASSANEZI, Carla Beozzo. *Virando as páginas, revendo as mulheres: revistas femininas e relações homem-mulher 1945-1964*. Rio de Janeiro: Civilização Brasileira, 1996.

CARDOSO, Elizangela Barbosa. "Entre o tradicional e o moderno: os femininos em Vida Doméstica". *Gênero*, Niterói, n. 2, vol. 9, p. 103-134, 2009.

CARDOSO, Elizangela Barbosa. *Identidades de gênero, amor e casamento em Teresina (1920-1960)*. Tese (Doutorado em História) – Universidade Federal do Piauí, Niterói, 2010.

CASTELO BRANCO, Pedro Vilarinho. "Com afeto e disciplina: a invenção da infância entre a literatura e a história". In: CASTELO BRANCO, Edwar de Alencar; NASCIMENTO, Francisco Alcides do; PINHEIRO, Áurea Paz (org.). *Histórias: cultura, sociedade, cidades*. Recife: Edições Bagaço, 2005, p. 91-100.

CERTEAU, Michel de. *A invenção do cotidiano: 1 artes de fazer*. 5. ed. Petrópolis, RJ: Vozes, 2000.

CHAVES, Joaquim (Mons.). "Teresina: subsídios para a história do Piauí". In:_____. *Obra completa*. 2. ed. Teresina: Fundação Cultural Monsenhor Chaves, 1998.

COSTA, Suely Gomes. "Proteção social, maternidade transferida e lutas pela saúde reprodutiva". *Estudos Feministas*, Florianópolis, n. 2, vol. 10, 2002, p. 339-356.

FREIRE, Maria Martha de Luna. *Mulheres, mães e médicos: discurso maternalista no Brasil*. Rio de Janeiro: Fundação Getúlio Vargas, 2009.

MCLAREN, Augus. *História da contracepção: da antiguidade à atualidade*. Lisboa: Terramar, 1990.

NASCIMENTO, Francisco Alcides do. *A cidade sob o fogo: modernização e violência policial em Teresina – 1937-1945*. Teresina: Fundação Cultural Monsenhor Chaves, 2002.

PEDRO, Joana Maria (org.). *Práticas proibidas: práticas costumeiras de aborto e infanticídio no século XX*. Florianópolis: Cidade Futura, 2003.

QUEIROZ, Teresinha. *Economia piauiense: da pecuária ao extrativismo*. 3. ed. rev. Teresina: Edufpi, 2006.

_____. *Os literatos e a República: Clodoaldo Freitas, Higino Cunha e as tiranias do tempo*. 2. ed. Teresina: Edufpi, 1998.

ROHDEN, Fabíola. *A arte de enganar a natureza: contracepção, aborto e infanticídio no início do século XX*. Rio de Janeiro: FIOCRUZ, 2003.

SOBRINHO, Délcio da Fonseca. *Estado e população: uma história do planejamento familiar no Brasil*. Rio de Janeiro: Rosa dos Tempos, 1993.

THÉBAUD, Françoise. "Introdução". In: DUBY, Georges; PERROT, Michelle (Dir.). *História das mulheres no Ocidente: o século XX*. Porto: Afrontamento, 1995. v. 5.

# Liberdade e escravidão às avessas

As trajetórias de Tereza Afonso e Isabel dos Reis no Pernambuco setecentista.

Gian Carlo de Melo Silva
Suely Creusa Cordeiro de Almeida

Esse trabalho apresenta as trajetórias de vida de duas mulheres diametralmente opostas, uma era negra e foi arrastada pelas migrações forçadas da costa da África para a América. Em Pernambuco, foi introduzida na dinâmica da escravidão, e teve o que entendemos hoje por liberdade cerceada de todas as formas. A outra mulher era branca e pertencia a uma família de *qualidade,* tinha a proteção do pai, mãe e irmãos. Como uma boa família da época, havia planejado um futuro segundo o que se considerava ideal para uma mulher bem nascida. Ambas as mulheres, Thereza e Isabel, seguem suas vidas em busca de realizar propósitos diversos, no entanto, o debate sobre a questão da liberdade, ou de se viver sobre si, saltam da documentação, o que nos impõe a uma análise dos sucedidos.

Antes de mergulharmos em suas histórias, faz-se necessário que analisemos mesmo que sucintamente o enquadramento normativo sob o qual viveram essas mulheres. Isso feito independentemente da cor da pele e das origens sociais, pois o fato de serem mulheres já as colocava em um lugar específico, socialmente falando. Ainda nesta senda interpretativa teremos que levar em consideração os limites de compreensão dos grupos de cor sobre as regras sociais vigentes, bem como o entendimento possível da "boa sociedade", sobre em qual lugar todas essas mulheres deveriam ser enquadradas. Dito de outra forma, é preciso que estudemos os enquadramentos sociais para as mulheres vindas da África, e como esses valores culturais se misturaram na colônia, numa relação direta que deve ser explicativa, do outro lugar, e dos outros valores das mulheres de origem Ibérica, e como toda esta gama de ideias, culturas, saberes e entendimento do outro e de si conviveram, para obtermos minimamente uma compressão do que se passava, em nosso caso nos idos do setecentos em Pernambuco.

A condição feminina no Império português do Antigo Regime é ambígua. Apresentava-se a mulher como um sujeito inferiorizado, imbecilizado, no entanto, por sua inferioridade e irracionalidade, conquistava uma gama de privilégios. Essa ambiguidade, uma característica do Período Moderno, está calcada numa ordem social que privilegiava as ações que, protegendo os insanos, tornava-se *bem-aventurada* e constituía-se como *boa sociedade*. A incapacidade feminina fundamentava-se em dois pontos: primeiramente o de sua natureza, como argumentam Aristóteles, Platão e Hipócrates no *Tratado de la Generacion de los Animales;* um outro, de cunho moral, também tecido na tradição aristotélica, enfaixava sua incapacidade no pecado original.[1] Essa incapacidade foi grafada na legislação do Império, nomeadamente nas *Ordenações Filipinas*, na qual ficava explícito que não poderia ser presa por dívidas, necessitava de procurador para se representar, não poderia ser fiadora, não poderia suceder, gozava de atenuantes no que tangia à aplicação das penas, não seria admitida nos cargos públicos.[2] Não havia legalmente oportunidade para a mulher exercer plenamente uma capacidade jurídica. Também o casamento não a emancipava, pois passava da sujeição paterna para a marital. A ele, o marido, era permitido castigar moderadamente sua esposa e até matar se a surpreendesse em adultério. Quanto aos bens, além de prover o sustento do lar através do dote, estava privada de administrá-los, prerrogativas unicamente masculinas.[3] Mas, embora essa interdição estivesse culturalmente estabelecida numa literatura jurídica, consolidada inclusive na jurisprudência dos tribunais, todo esse aparato conviveu com uma ação feminina que nega pelo menos em parte essa incapacidade.

O que comprova isso é a ação feminina em todas as partes do Império quando, para agenciar a sobrevivência frente às vicissitudes da vida, buscou na política da propriedade de ofícios a garantia de um dote, fosse para casar ou se enclausurar,

---

1   Ver HESPANHA, António Manuel. *Imbecillitas: as bem-aventuranças da inferioridade nas sociedades do Antigo Regime.* Capes/Escola de Altos Estudos, PPGH/UFMG São Paulo: Annablume, 2010; MENEZES, Jeanne da Silva. *Sem embargo de ser fêmea – as mulheres e um estatuto jurídico em movimento no direito local em Pernambuco no século XVIII.* Tese (Doutorado em História). Recife: Universidade Federal de Pernambuco, 2010.

2   *Idem*, p. 64; *Idem*, p. 129.

3   MENEZES, *op. cit.*, p. 135

a oportunidade para a aquisição de bens fundiários, dessa forma exercendo capacidade jurídica, o que lhe era proibido pelas leis vigentes[4] (*Ibidem*, p. 136). O que observamos é que a norma oriunda do Reino é sempre levada em consideração como parâmetro para qualquer nova necessidade, ou seja, não se abandona de todo a norma, porém, uma realidade concreta impõe novos comportamentos e novas práticas, que vão sendo incorporadas a um cotidiano, que, como sempre, é permeado de interesses individuais e coletivos.

Numa sociedade onde o aparentar ser valia mais do que o ser, como foi a colonial, as mulheres que se consideravam bem nascidas tiveram que lutar por toda a vida para manter esse lugar, fosse através dos bens materiais ou dos imateriais, como a honra, preservando a *boa fama*. As mulheres do Império que estavam em estratos sociais abaixo da nobreza precisavam asseverar sua honestidade e sua boa reputação para conquistar os privilégios que sua inferioridade e incapacidade jurídica lhes conferiam, manifestando através de atos e ações que sua condição inferior, não era algo que a desvirtuava do ideal de mulher da época. A honestidade e a reclusão, não necessariamente a conventual, foram desejáveis como comportamento idealizado para as mulheres. Das leis, passando pelo direito às obras literárias, uma imagem de pureza perpassou todo o imaginário moderno, configurando-se na representação desejável para o "sexo frágil". Atender a uma imagem esperada, advogar honestidade e *boa fama*, cumprir as etiquetas e os preceitos cerimoniais, incorporar aos discursos elaborados os elementos esperados de uma cultura laica e religiosa, foram estratégias usadas pelas mulheres para atingir seus objetivos junto aos tribunais ou às instituições do Império em geral. Saliente-se que ser honesta tinha materialidade, densidade... era quase palpável. E a imagem de honestidade repercutia na manutenção de bens e lugar social.[5]

Embora a ordem social e jurídica tenha definido, para as mulheres do Império, um perfil de passividade e reclusão para *as bem nascidas*; e outro de servidão para as escravas, algumas vão negar isso na prática quando emancipadas pela propriedade de ofícios, idade, bens ou quando passam a vivenciar a liberdade vivendo sobre si. Conquistaram um espaço de atuação civil (embora legalmente proibidas), tornando-se inventariantes, administradoras e proprie-

---

4   *Ibidem*, p. 136.

5   ALMEIDA, Suely Creusa Cordeiro de. *O sexo devoto: normatização e resistência feminina no Império Português séculos XVI – XVIII*. Recife: Editora Universitária/UFPE, 2005, p. 76.

tárias, mas é claro que nem sempre foram bem sucedidas em seus intentos, pois a oposição na maior parte das vezes foi brutal e desigual.

A busca de um *estado* para as que nasceram com *qualidade* representava estar incluída na *boa sociedade*. Para as mulheres de cor, essa inclusão construía-se pela inserção nas irmandades, conquista de bens, na tessitura de uma trama bem urdida com sujeitos de algum destaque na sociedade de seu tempo, o que permitiu a muitas transitar do mundo da escravidão à liberdade. Hespanha define os *estados* como sendo de cristã, casada e religiosa. Assim, como cristãs e casadas, as mulheres conjugariam em um mesmo *estado* às dimensões sagradas e profanas, portanto para as mulheres no casamento era necessário viver em contrição com o divino, igualando-se em importância o *estado* de casada ao de religiosa.[6] Embora consideradas imbecis, as *Ordenações* não faziam diferença entre a educação feminina e a masculina, assim as mulheres precisaram de toda a assistência possível para conquistar *estado*.

O grande medo que sempre rondou as mulheres bem nascidas foi o fantasma da prostituição, perder a tutela familiar e ter que agenciar a sobrevivência sempre assombrou a *gente de qualidade*. Para remediar situações já impostas, ou para prevenir, os recolhimentos, como instituições do mundo português, foram sempre uma saída à mão das famílias em geral, pois é mais do que sabido que um *mau passo* dado por mulheres importantes, fora das normas ou dos comportamentos idealizados, seria uma mácula para toda uma linhagem familiar, impedindo, principalmente os homens de se incluírem socialmente.

Para as mulheres de cor, em especial as escravas e despossuídas, a prostituição foi uma das opções de sobrevivência, junto com os serviços nas ruas, vendendo produtos, lavando roupas ou como amas de leite. Essas foram uma forma de acumular pecúlio, para quem saber ascender socialmente e com o tempo "esquecer" traços de um passado obscuro e que maculava sua imagem. Em Pernambuco, os registros indicam a existência das *Sinhás Pretas*, como denominou Sheila Farias, que foram mulheres negras que conseguiram bens e escravos.[7] Elas estavam presentes no cotidiano urbano do Recife e inseridas na sociedade, construindo laços e exercendo o seu lugar de senhoras. Assim, apre-

---

6    HESPANHA, *op. cit.*, p. 42.

7    Ver FARIA, Sheila de Castro. *Sinhás Pretas, Damas Mercadoras: as pretas minas nas cidades do Rio de Janeiro e de São João Del Rey (1700-1850)*. Tese (Professor Titular). Niterói, 2004.

sentados alguns pontos sobre a condição feminina nos setecentos, mergulhe-
mos nas histórias de Thereza e Isabel, mulheres setecentistas que são diferentes
e iguais ao mesmo tempo.

### VIVENDO SOBRE SI

O caso de Thereza Afonso traz uma trajetória exemplar, que engloba algumas das possibilidades que a escravidão poderia oferecer a uma mulher cativa.
Sua história começa no outro lado do Atlântico, nas margens do continente afri-
cano, pois Thereza era oriunda da Costa da Mina, algo que foi ratificado várias
vezes durante sua vida em Recife. Seu embarque deve ter ocorrido junto com
outros negros que receberam a mesma denominação, pois durante boa parte do
setecentos a Costa da Mina forneceu escravos para América e em especial para
Pernambuco.[8] Na antiga Capitania Duartina, predominou ao menos até meados
do século um contingente considerável de cativos "Mina, da Costa ou da Costa
da Mina", como emergem nos registros eclesiásticos. O cotidiano urbano em que
circulavam estes escravos foi marcado pelo burburinho das pessoas indo e vindo,
principalmente nos trapiches do Porto do Recife. Eles estavam misturados a mercadorias que eram embarcadas e desembarcadas, trazidas do interior da Capitania
ou oriunda de outras partes do mundo. Encontravam-se no porto produtos locais
como couro e a mandioca trazida pelos comerciantes do sertão, outros vindos das
localidades mais distantes como da Comarca das Alagoas, que foi o peixe seco e o
fumo, que se constituíam na cesta de produtos usados para abastecer negreiros e
como pagamento na compra de escravos.[9]

Depois de inseridos neste cotidiano, muitos escravos passaram a compor a
paisagem do Recife e seus arrabaldes circulando nas canoas pelos rios ou em contato nas ruas, sendo alugados, trabalhando na compra e venda de artigos e prestando
os mais variados serviços aos seus senhores. Eles movimentaram o mercado local
com seus afazeres. Tal contexto, no caso dos cativos que circulavam pelas ruas, possibilitou o acúmulo de algum pecúlio aos mais *ladinos* e conhecedores das engre-
nagens que movimentavam a sociedade colonial. Às mulheres, além do trabalho na
venda de comida nos serviços domésticos, ainda existia a possibilidade da prosti-

---

8   Ver LOPES, Gustavo Acioli. *Negócio da Costa da Mina e comércio Atlântico. Tabaco, açúcar,
    ouro e tráfico de escravos: Pernambuco (1654-1760)*. Tese (Programa de Pós-Graduação em
    História Econômica) Universidade de São Paulo. 2008.

9   LOPES, *op. cit.*, p. 93-123.

tuição, trabalho que poderia possibilitar auferir uma "renda extra" principalmente para as que ficassem longe dos olhos de seus senhores durante boa parte do tempo. No caso de Thereza não é possível assegurar que tenha exercido o "ofício" da prostituição, que deve ter sido bem demandado na região portuária onde habitava no Recife. Sabemos que o contexto urbano permitiu a ela conquistar alforria, e este feito foi lembrado no momento de redigir seu testamento, quando a mesma afirma que "eu libertei com meu dinheiro". Ela conquistou sua alforria graças aos seus esforços, pagando pela sua liberdade ao seu proprietário Antônio Afonso, de quem deve ter adotado o sobrenome.[10]

Além de ter conquistado a liberdade, Thereza demonstra ser uma mulher que seguia os preceitos da religião Católica, o que deve ter lhe proporcionado maior respeito e destaque entre os escravos e os livres. Possuía o nome da santa de que era devota, e rogava perante o risco de sua morte as "divinas chagas de Jesus Cristo". Pedia "(...) a gloriosa virgem Maria", "ao anjo da guarda, e a santa do" seu "nome, e aos mais a que" tinha devoção quisessem por ela "interceder e rogar ao senhor Jesus Cristo agora (...)".[11] Essas declarações de "fé" demonstravam uma das opções possíveis para os escravos no contexto da sociedade colonial, pois aderir ao catolicismo possibilitou melhor aceitação entre os cristãos, afastando as desconfianças de permanecerem ligados as "gentilidades" existentes na África e que amedrontavam os "homens e mulheres de bem".[12]

Ao longo de sua vida passou a fazer parte de uma rede que acionada no momento correto trazia benesses e proteção. Suas articulações eram extensas, pois fazia parte de várias irmandades, entre elas a mais importante para os homens pretos, a Irmandade do Rosário. Além disso, era irmã de outras, como "a de São Domingos, a de Santo Elesbão, a de Santo Rei Balthazar, a de Santa Efigênia, e a de Santo Antônio Cantalagerona", todas com seus altares existentes na Igreja do Rosário. A inserção que Thereza conquistou possibilitava também que fosse filiada a outras duas irmandades "a de São Benedito, sisa para a Igreja de São

---

10  *Instituto Arqueológico, Histórico e Geográfico de Pernambuco* – IAHGP – Testamento e Inventário de Thereza Afonso, 1768, p. 7.

11  *Idem*, p. 5.

12  SOARES, Mariza de Carvalho. "A conversão dos escravos africanos e a questão do gentilismo nas Constituições Primeiras do Arcebispado da Bahia". In: FEITLER, Bruno e SOUZA, Evergton Sales. *A Igreja no Brasil: normas e práticas durante a vigência das Constituições Primeiras do Arcebispado da Bahia*. São Paulo: Editora Unifesp, 2011, p. 303-321.

Francisco deste Recife" e a ainda a de "Jesus Maria Jozé Lira",[13] essa com seu altar de devoção no local que era reservado a uma elite, na Igreja do Carmo deste Recife. Como podemos ver na imagem abaixo, sua inserção através das irmandades proporcionava uma circulação por quase toda parte urbana da localidade.

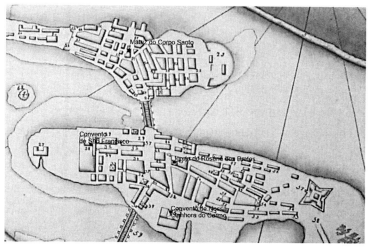

Trecho adaptado das freguesias do Recife no século XVIII com indicação das igrejas que Thereza fazia parte. *Plano da Vila de Santo Antônio do Recife em Pernambuco. Escala de 400 braças*. Desenho aquarelado 480 x 376 mm do acervo do Arquivo Militar de Lisboa/ Gabinete de Estudos de Fortificações e Obras Militares (lata 587, p. 52) de c. 1780. LAPEH – UFPE.

O fato de fazer parte de tantas irmandades, de participar como uma irmã ativa em todas as festividades que eram de sua obrigação, aliado a uma presença na Igreja do Carmo diferencia Thereza de muitas outras africanas que como ela viveram no Recife. Com a certeza de que seus esforços em vida seriam recompensados no momento de sua morte, tendo a presença de seus irmãos filiados nas várias irmandades das quais fazia parte, Thereza deixou uma esmola para que pudesse ter um funeral com toda pompa que poderia alcançar, com várias missas, padres e pessoas chorando pela partida de sua alma, além e uma boa acolhida no reino dos céus. Thereza foi bem clara, pois ordenava que "no dia do meu falecimento, ou ao logo no dia seguinte se mandasse dizer cinquenta missas de corpo presente", e talvez na tentativa de garantir que fosse lembrada por todos, distribuiu a realização das missas em duas localidades,

---

13 *Instituto Arqueológico, Histórico e Geográfico de Pernambuco* – IAHGP – Testamento e Inventário de Thereza Afonso, 1768, p. 5-6.

segundo ela "vinte e cinco serão na matriz do Corpo Santo", igreja localizada na região de São Frei Pedro Gonsalves, próximo ao porto. Já as demais "vinte e cinco serão ditas na igreja de Nossa Senhora do Rosário dos Homens pretos deste Recife", localizada na parte de Santo Antônio em que era bastante conhecida, e que devia ter construído uma rede de solidariedade maior.[14] Suas escolhas mostram um pouco do imaginário da época e da necessidade de morrer bem, um ideário de "boa morte" como caracterizou João José Reis.[15]

Diferente de alguns outros africanos, Thereza não esteve sozinha durante o tempo em que viveu em Recife. Entre os seus herdeiros ela identifica uma sobrinha, Vicência, escrava e moradora na Rua Nova, um logradouro próximo das igrejas e irmandades que Thereza frequentava, o que pode ter facilitado a convivência entre tia e sobrinha ao longo dos anos, pois Vicência era tida como uma "filha". A existência de uma sobrinha liga outro parente ao círculo de familiares, neste caso, o irmão da falecida Francisco Nunes, um "preto forro" como sua irmã. Infelizmente não é possível saber se todos os membros da família vieram juntos na travessia atlântica, mas a indicação de ser um homem preto e forro nos leva a acreditar que ao menos Thereza e Francisco estiveram juntos desde o início de sua captura na África e posterior escravidão na Capitania de Pernambuco.

Thereza realizou muitos esforços após sua alforria, o que também possibilitou que em sua nova vida a liberta conseguisse acumular pecúlio para comprar duas cativas. Eram elas, Anna e Maria, que chegaram a Pernambuco depois de embarcadas na mesma localidade que sua senhora, o que para o período comprova mais uma vez as ligações existentes na primeira metade do século XVIII entre a Capitania de Pernambuco e a região da Costa da Mina.[16] Após serem adquiridas, passaram a ajudar sua senhora formando uma família só de mulheres, com objetivos traçados, entre eles o de acumular pecúlio, garantindo o sustento para todas. As atividades que provavelmente exerceram no cotidiano colonial, vão desde engomadeiras, lavadeiras ou outras ações ligadas ao trabalho doméstico, as de pombeiras, boceteiras que agenciavam nas ruas expondo va-

---

14  *Instituto Arqueológico, Histórico e Geográfico de Pernambuco* – IAHGP – Testamento e Inventário de Thereza Afonso, 1768, p. 6.

15  Ver REIS, João José. *A Morte é uma Festa: ritos fúnebres e revolta popular no Brasil do século XIX*. São Paulo: Companhia das Letras, 2009.

16  ALMEIDA, Suely Creusa Cordeiro de; SOUSA, Jéssica Rocha de. "O comércio das almas: as rotas entre Pernambuco e costa da África 1774/1787". *Revista Ultramares*, n. 3, v. 1, jun./jul. 2013. p. 34-53.

riados artigos que ia da comida aos produtos importados.[17] Porém, ao nos aprofundarmos na documentação emerge mais claramente qual atividade exerciam.

A presença de equipamentos de ralar milho entre os bens inventariados no legado de Thereza a liga, junto com as suas escravas, diretamente ao mercado de abastecimento cotidiano, em que muito provavelmente vendiam comidas pelas Ruas da Senzala, Rua da Praia ou quem sabe do Crespo, todas no entorno das igrejas frequentadas pela senhora de escravos Thereza Afonso. Suas escravas viviam circulando com tabuleiros por essas e outras ruas, em que eram ofertados cuscuz e outros quitutes derivados do milho para os consumidores na região. Na imagem abaixo, feita no século XIX é possível visualizar a circulação de mulheres negras com seus tabuleiros, algo que não era tão diferente do que ocorria nos setecentos nas principais ruas do Recife.

Estação das Cinco Pontas e Matriz de S. José. Litografia.[18]

---

17  ALMEIDA, Suely Creusa Cordeiro de. "Histórias de gente sem qualidade: mulheres de cor na Capitania de Pernambuco no século XVIII". In: CABRAL, Flavio e COSTA, Robson. *História da Escravidão me Pernambuco*. Recife: Editora Universitária/UFPE, 2012, p. 37-60.

18  CARLS, F. H. *Álbum de Pernambuco e seus Arrabaldes: 1878*. Ed. Fac-Similada e ampliada. Recife: CEPE, 2007, p. 42.

Completando os elos familiares Thereza era uma mulher casada. Porém, em seu testamento alegou que não possuía herdeiros e que não tinha tido filhos, em suas palavras disse que "nunca fui casada, e nem tenho filho, e nem herdeiro forçado ascendente, ou descendente". Já que não era casada, como o seu marido foi testamenteiro? As respostas começam poucos dias antes de mais uma comemoração natalina, em 15 de dezembro de 1767, quando a morte visitou Thereza Afonso.

Com sua morte, emergem vários detalhes de sua vida, mas com ela vários elos são desfeitos, entre a família e principalmente os que ligavam suas escravas. Seguindo os desejos de sua antiga senhora ambas passam a viver em condições diferentes como veremos adiante.

As duas escravas receberam os nomes cristãos de Anna e Maria José, tinham sido trazidas do mesmo "gentio da Costa da Mina" como sua senhora. Formavam um núcleo de pretas Minas vivendo em pleno Recife. No momento do falecimento de Thereza, Anna estava com quarenta anos de idade e teve sua alforria condicionada ao pagamento de quantia acertada, "dando por si (...) quarenta mil réis, meu testamenteiro lhe mandará passar sua carta de liberdade, para o que concedo a dita escrava o tempo de dois anos para neles agenciar os ditos quarenta mil réis",[19] valor que na época não era comum para os cativos com uma especialização e em bom estado de saúde. Conforme outros registros, os valores eram de aproximadamente 70$000 mil réis.[20] Assim, o pagamento de 40$000 mil réis, apesar de não ser baixo, era inferior aos preços praticados na época e pode ter sido uma concessão da senhora.

Como uma cativa iria conseguir angariar o valor pela sua carta de alforria?

Essa resposta surge a partir das condições proporcionadas por Thereza Afonso para sua escrava Anna. Em primeiro lugar temos o prazo que foi dado para quitação do valor estipulado, que foi de dois anos. Para conquistar a alforria, recebeu como herança os instrumentos utilizados para preparar o milho e que foram usados durante os anos em que estiveram juntas. Esse material ajudou na conquista do dinheiro necessário para adquirir a carta de alforria, pois, em alguns meses, Anna juntou o valor necessário não precisando de todo o prazo dado pela sua falecida senhora, pois no início de 1769 havia entregado ao inventariante a quantia estipulada.

---

19  *Instituto Arqueológico, Histórico e Geográfico de Pernambuco* – IAHGP – Testamento e Inventário de Thereza Afonso,1768, p. 6.

20  Na análise de outros testamentos e inventários ao longo das décadas de 1760-1770 os preços oscilam entre 60$000 e 70$000.

A outra escrava seguiu um caminho oposto. Enquanto Anna seguiu uma trajetória para a liberdade, Maria continuou cativa. A exigência feita por Thereza era que semanalmente fosse pago por Maria um cruzado ao inventariante e responsável pelos bens, o capitão Antônio Francisco Lessa. No ano de 1775, Maria ainda aparecia como escrava quando foi arrolada por testemunha do processo movido na disputa pela herança de Thereza.

Tal processo foi impetrado pelo então Antônio Moreira Coelho, o viúvo, que alegava ter sido casado com Thereza e queria ter acesso aos bens deixados pela consorte. Antônio lutava para ser meeiro na herança e para que a alma da defunta não fosse herdeira dos bens que considerava seus por direito, mesmo tendo casado por poucos meses com a Sinhá Thereza. No ano de 1763, quando redigiu o seu testamento perante as testemunhas e estando bem de saúde, Thereza ratificou ser solteira, mas menos de quatro anos depois aparece como uma mulher casada em face da igreja. Conforme foi identificado nos autos do processo

> a folha extraída dos livros dos acentos dos casados, que em nove de maio de 1767, na igreja do Sacramento da Freguesia desta vila do Recife, em presença do Reverendo Padre administrador Francisco Pereira Lopes, de licença do Reverendo Pároco casara solenemente Antônio Moreira Coelho com Thereza Afonso, pretos filhos do gentio Arda da Costa da Mina.[21]

Thereza viveu um casamento de poucos meses, quando possivelmente já estava se preparando para o dia em que iria morrer, deixar a "vida presente" como era dito na época. Entre idas e vindas aos trâmites burocráticos e as solicitações impetradas por Antônio viúvo e pelo Antônio inventariante, quem saiu perdendo foi o viúvo que acabou com uma fama não muito boa, a de golpista. Segundo os autos, Antônio Moreira era da Costa da Mina como sua mulher e só possuía "uns timbaldes, e umas trompas, e uma espingarda velha", todos os demais bens eram de Thereza. Para complementar a sua fama não foi esquecida a alegação de que o casamento, apesar de válido para Igreja, tinha ocorrido com uma mulher velha. No seu termo de conclusão do processo o Provedor dos Resíduos José Antônio de Alvarenga Barros Freire lembra que "quando a dita preta casou com o embargante tinha mais de sessenta anos e era uma preta

---

21 *Instituto Arqueológico, Histórico e Geográfico de Pernambuco* – IAHGP – Testemunho e Inventário de Thereza Afonso, 1768, p. 41.

velha, que não podia mais parir". Além disso, "sendo velha com mais de cinquenta anos senão podiam comunicar os bens na forma de direito", ou seja, que se procedesse a meação do casal,[22] desta forma, Antônio não teve acesso aos bens, já que por possuir uma idade avançada, Thereza foi considerada sem capacidades de gerir suas ações no que tange a aceitação de um casamento.[23]

No final de tudo, Antônio Moreira passou a ser o vilão de toda história, pois estava usufruindo dos bens de sua mulher contra a vontade do que ficou inscrito no testamento validado em 1763, quando ainda era solteira. Ao recorrer à justiça passou a ser considerado como um golpista, que casou com uma mulher velha para concretizar o famoso "golpe do baú". Em 1775, ano de conclusão do processo, teve que devolver ao inventariante os bens que tinha tomado posse e passou a ser alvo da justiça tendo como resposta aos seus anseios a seguinte frase: "não pertencente ao embargante coisa alguma nos ditos bens por não ter neles interesse ou meação".[24] Os bens foram convertidos para o pagamento de dívidas, para herança deixada ao irmão Francisco e a sobrinha Vicência e as esmolas que seriam dadas as irmandades que Thereza era filiada.

A trajetória de Thereza mostra uma intricada rede de relações sociais tecidas ao longo dos anos. Seja com seus parentes, com suas escravas, seu marido que a acompanhou nos últimos meses de vida ou com os irmãos das irmandades das quais fazia parte. Varias questões ficaram sem respostas em sua história, entre elas a que levou Thereza a diferenciar Maria e Anna, proporcionando destinos diferentes para ambas. Resta-nos somente pensar na existência de um laço afetivo mais forte, que transcendia a relação senhor-escravo e que ajudou Anna a ter maiores possibilidades de conquistar a liberdade, junto com os bens deixados por herança. Talvez tenha sido a primeira propriedade de Thereza e assim marcou definitivamente a sua existência, passando de uma mulher oriunda do cativeiro para proprietária de escravo. No entanto, vale lembrar que mesmo com a morte de Thereza, suas escravas continuaram inseridas no cotidiano, exercendo suas atividades de "ganhadeiras" pelas ruas do Recife do século XVIII, contribuindo juntamente com outros cativos na construção da sociedade da

---

22  *Idem*, p. 62.

23  *Código Filipino ou Ordenações e Leis do Reino de Portugal*. Edição fac-similar da 14º edição, de 1870, com introdução e comentários de Cândido Mendes de Almeida. Brasília: Senado Federal, 2004. L. IV, p. 1011-1014.

24  *Instituto Arqueológico, Histórico e Geográfico de Pernambuco* – IAHGP – Testamento e Inventário de Thereza Afonso, 1768, p. 63.

época, uma conseguindo mudar sua condição saindo do cativeiro para liberdade, e a outra, anos depois ainda vivendo inserida na escravidão. Seus destinos para além do que emerge nas fontes é algo que só é possível tornar apreensível no campo das possibilidades históricas. Assim, talvez Anna e Maria tenham constituído novos núcleos domésticos, casado, tido filhos ou quem sabe tornaram-se novas sinhás após conquistarem suas alforrias definitivas, seguindo o mesmo caminho trilhado por sua antiga dona, adquirindo escravas e mudando em definitivo sua condição social, passando do papel de mercadoria para o de proprietárias.

### ISABEL E A MULHER DE BOA FAMÍLIA

Do exemplo que seguimos da trajetória narrada acima, sabemos ser incontável o número de mulheres como Thereza, Anna e Maria José que transitaram pelo Atlântico perdendo e "reconquistando" a liberdade. Não foi o caso de Isabel do Reis, nossa próxima personagem. Menina nascida em família honrada que comungava nos espaços públicos da capitania com a gente mais abastada. Ficou órfã nos idos de 1794 e ainda não era maior de 25 anos, idade determinada na legislação portuguesa para emancipação. Estava à testa dessa família, a matriarca viúva Ana Ferreira Maciel. Isabel se enamorou de Manoel José Vianna. Ambos apaixonados enfrentaram a negativa da família de Isabel, que tinha interesse de preservar a imagem junto à "boa sociedade". Segundo a viúva, Manoel José Viana tinha um único interesse, que era tirar vantagem econômica dos bens da família que se encontravam em inventário. Ele foi considerado indigno pela sua consanguinidade de tentar de todas as formas introduzir-se na família através de Isabel. Para justificar sua abominação pelo casamento, Ana a mãe declara considerar o pretenso noivo em "incapaz de imiscuir-se em sua família", pois essa era "de reconhecida nobreza e de notória probidade". E ele, o pretendente, era "filho de Antonio José Vianna, moço que foi de servir; depois caixeiro, e ultimamente lojista de retalhos", atividades consideradas vis, nas quais se trabalhava com as mãos, o que deixava a mácula de indigno "defeito mecânico". Como se não bastasse essa impureza, ainda "foi casado com Anna Joaquina Coelha, adúltera com pública notoriedade", envolvida em estrondoso escândalo, "a qual foi compreendida em fragrante delito, e denunciada pelo seu dito cônjuge". Perseverou a mãe de Manoel José Viana na prostituição após o falecimento de seu marido. Não foram apenas os pais do apaixonado que contribuíram negativamente para a realização do consórcio, toda a sua ascendência conspirou contra, pois seu avô tinha sido barqueiro, seu bisavô carpinteiro.

A condição subalterna de Manuel oriundo de família que trabalhava com as mãos, somando-se ainda a probabilidade de mestiço, colocava o casamento fora de cogitação no seio de uma família que se considerava de *qualidade*.

Isabel ainda não chegara aos vinte e cinco anos, como já dissemos, portanto, pelas *Ordenações Filipinas* era considerada menor, estando totalmente sob a tutela da família, não podendo tomar a decisão de se casar. Para contornar a situação, Manuel procurou apoio junto ao Juiz de Fora e Órfãos, Manoel de Macedo Pereira Coutinho da Horta, que realizava o inventário dos bens da família de Isabel. Apiedado da situação de impedimento vivida pelo casal, o Juiz de Fora tenta intimidar a mãe da moça através da dependência do inventário. Recebendo uma negativa, e ofendido em seu prestígio, o juiz afirma conseguir realizar o casamento a todo custo. Para tanto conquistou o apoio de pessoas de importância social e poder na Capitania como: o Ouvidor Geral, o Corregedor da Comarca, e ainda o Governador da Capitania, que para cujo projeto não envidou esforços inclusive econômicos.

Isabel foi ousada, colaborando com a estratégia planejada por Manuel. Ela concordou em ser depositada na casa de Domingos Afonso Ferreira, sequestro implementado pelo Juízo da Ouvidoria, que esperava conseguir a emancipação de Isabel para que pudesse livremente casar-se com Manuel José.

Na casa de Domingos Afonso, sentia-se Isabel livre, podia colocar-se à janela, correspondia aos acenos do amado, que estava sempre à porta da Botica de Francisco Sampaio. Podia Isabel ir à missa sozinha na Capela de Nossa Senhora da Conceição da ponte do Recife, indo ainda acompanhada do casal que a acolhia a divertimentos em Ponte de Uchoa e Boa Vista, estando à vontade para assistir às procissões na rua, tudo também em companhia de Manuel José Vianna.

Mas foram impedidos de todas as formas de ficarem juntos. Assim resolveram, junto ao Juiz de Fora, forjar um despacho imitando a letra do Vigário Geral no qual concedia licença para que se casasse com Isabel, sendo auxiliado nisso pelo padre José Ignácio Ribeiro, que foi o celebrante da cerimônia. Fraudavam assim o processo de banhos, que consistia em afastar as possibilidades de segundas núpcias ou algum impedimento existente nas leis eclesiásticas e que poderiam causar anulação da união.[25] No caso de Isabel, a falsa liberação para o casamento incorria num crime

---

25  silva, Gian Carlo de Melo. *Um só Corpo, Uma só Carne: casamento, cotidiano e mestiçagem no recife Colonial (1790-1800).* Maceió: Edufal, 2014, p. 37-96.

que estava além da esfera religiosa. É provável que tenham esperado algum tempo, fingindo que tudo corria como orientava a normatização de Juízo Eclesiástico. Mas, esfumaçada as suspeitas da sociedade, não esperaram mais nada.

Casaram-se na Capela de Nossa Senhora da Conceição das Barreiras, no sítio de Domingos Afonso Ferreira. Inconformada com a desobediência da filha, Anna Ferreira Maciel imediatamente impetrou uma devassa para apurar a autenticidade do despacho de casamento, sendo para tal, arroladas trinta testemunhas favoráveis ao embargo, e que foram ouvidas na casa do Vigário Geral e Juiz dos Casamentos e Resíduos, Dr. Manoel Xavier Carneiro da Cunha.

Enquanto isso, Isabel e Manuel, nos dias que se seguiram ao casamento, viveram idilicamente. Conta-nos a testemunha Casimiro Antônio de Medeiros que estavam "[...] os nubentes assistindo juntos unidos de portas adentro em uma casa de sobrado no curtume do Fundão, que se acha alugada por conta do Juiz de Fora Manoel de Macedo Pereira Coutinho, [...] para nela residirem depois de casarem [...]".[26]

Lá fora, o povo comentava o escandaloso caso. Uma *moça de família* saiu de casa, foi várias vezes vista em companhia de um homem, que nem era seu pai, irmão ou marido, e ainda havia rumores de que tinha contraído matrimônio, acobertado com um falso despacho do Juízo Eclesiástico. Importante esclarecer que nesse tribunal se decidia todos os crimes em que o "foro eclesiástico tinha competência", e, entre outras, as questões ligadas ao matrimônio. O Auditório/Tribunal possuía um conjunto numeroso de funcionários, cuja liderança era exercida pelo vigário-geral que presidia as audiências junto ao bispo. Nessas audiências eram julgados os casos que exigiam a execução de processos.[27] É provável que os comentários feitos sobre os debates que mencionava o caso fossem comentados entre o Recife e Olinda dada a importância da família e a repercussão do episódio.

Todos esses acontecimentos provocaram um grande escândalo para a família Maciel. Procurava-se o autor do crime de falsificação. Passados alguns dias, o presbítero secular Veríssimo Machado Freire, acusou Ignácio da Fonseca Neves de ser o falsário.

---

26 *Arquivo Histórico Ultramarino* – AHU – Avulsos de Pernambuco – cx. 189, doc. 13065 – 13/08/1795.

27 PAIVA, José Pedro. *A administração diocesana e a presença da Igreja: o caso da diocese de Coimbra nos séculos XVII e XVIII*. Lusitânia Sacra, 2ª série, vol. 3, 1991, p. 75-85; SCHLESINGER, Hugo. *Dicionário Enciclopédico das Religiões*. Petrópolis: Vozes, 1995, p. 463.

O processo foi doloroso. Concluído, este deixou um saldo de amargura e dor. Depois de ouvidas as testemunhas arroladas, examinados os autos e todos os mais documentos, com certidões, cartas particulares e cartas patentes, concluiu-se que os contraentes Manoel José Vianna e Dona Isabel Maria dos Reis se não achavam validamente casados, e deveriam ser tidos por solteiros, livres, e desimpedidos, por terem contraído um matrimônio inteiramente nulo, e de nenhum valor e daqueles que em Direito se denominam de clandestinos.

O Juízo Eclesiástico em autos lavrados considera os contraentes inabilitados para casar por impedimento civil, pois a mãe da contraente impõe embargos para que as núpcias aconteçam. Outro impedimento do âmbito canônico, ligado à questão de voto simples de religião, que ainda não havia sido decidido no tribunal. Por fim o tribunal decide que mesmo solteiros, podendo contrair matrimônio com outra pessoa, se tornavam os contraentes, por essa sentença, "inabilitados para contraírem de novo entre si, visto o dolo, e malícia com que os fizeram [...]". E, finalizando sua sentença, considera todos os envolvidos, com exceção do Juiz de Fora, como culpados e tendo prisão decretada.

Como resultado final os enamorados deveriam ser separados, além de excomungados e presos. Concluído tud,o Ana Maciel em gozo de sua autoridade de matriarca pede a Dona Maria i que "sua mísera filha [...] seja logo e para sempre ingressa e selada no Recolhimento de Nossa Senhora da Conceição da cidade de Olinda, e donde jamais possa sair ou ser extraída [...]".[28] Assim tragicamente encerra-se a tentativa de Isabel e Manuel de viverem sua paixão acobertada pelos laços do matrimônio sacramentado. Na trajetória de Isabel se explicita o quão frágil podia ser as possibilidades de exercer e manter a liberdade para as mulheres independente de seu estatuto. Como mulheres estavam totalmente tuteladas pela família e/ou por seus representantes masculinos, e abaixo de todos eles de sua mesma condição. A experiência narrada demonstra como o anseio pela liberdade pode ser revertida em seu avesso.

### HISTÓRIAS AO AVESSO

Ao longo de nossa narrativa procuramos mostrar como a trajetória de mulheres, com características tão diversas, viveram a questão da liberdade a época em

---

28  *Arquivo Histórico Ultramarino* – AHU – Avulsos de Pernambuco – cx. 189, doc. 13065
    – 13/08/1795.

Pernambuco. Uma precisou afirmar-se socialmente para ser reconhecida e respeitada, afastando estigmas de cor e origem, "apagando" os aspectos que a ligavam às pessoas de *qualidade* inferior. Para isso, trabalhou e acumulou pecúlio, pagando por sua liberdade e conseguiu sair da condição de cativa para ser dona de escravos. Outra, que tinha uma trajetória planejada para ser uma boa esposa e mãe, acabou maculando a família e inserindo-a em escândalos na sociedade, contrariando tudo o que era esperado de uma mulher bem nascida. Ambas, Thereza e Isabel, são apenas exemplos de como as mulheres não foram tão passivas e submissas no período colonial, estiveram presentes no cotidiano, delimitando espaços e usando as brechas da legislação em seu proveito. Em algumas empreitadas tiveram sucesso, em outras não, mas negaram completamente a pecha da passividade. Mulheres que transformaram seus destinos e conquistaram seus desejos, sem medo dos revides e das sentenças condenatórias.

### BIBLIOGRAFIA

#### FONTES

*Arquivo Histórico Ultramarino* – AHU – Avulsos de Pernambuco – cx.189, doc.13065 – 13/08/1795.

*Instituto Arqueológico, Histórico e Geográfico de Pernambuco* – IAHGP – Testamento e Inventário de Thereza Afonso – 1768.

#### LIVROS

ALMEIDA, Suely Creusa Cordeiro de. *O sexo devoto: normatização e resistência feminina no Império Português séculos XVI – XVIII*. Recife: Editora Universitária/ UFPE, 2005.

_____. "Histórias de gente sem qualidade: mulheres de cor na Capitania de Pernambuco no século XVIII". In: CABRAL, Flavio e COSTA, Robson. *História da Escravidão me Pernambuco*. Recife: Editora Universitária/UFPE, 2012, p. 37 a 60.

_____ e SOUSA, Jéssica Rocha de. "O comércio das almas: as rotas entre Pernambuco e costa da África 1774/1787". *Revista Ultramares*, n. 3, v. 1, jun./jul. 2013, p. 34-53.

CARLS, F. H. *Álbum de Pernambuco e seus Arrabaldes*: 1878. Ed. Fac-Similada e ampliada. Recife: CEPE, 2007.

*Código Filipino ou Ordenações e Leis do Reino de Portugal*: Edição fac-similar da 14º edição, de 1870, com introdução e comentários de Cândido Mendes de Almeida. Brasília: Senado Federal, 2004.

FARIA, Sheila de Castro. *Sinhás Pretas, Damas Mercadoras: as pretas minas nas cidades do Rio de Janeiro e de São João Del Rey (1700-1850)*. Tese (Professor Titular). Niterói, 2004.

HESPANHA, António Manuel. *Direito Luso-Brasileiro no Antigo Regime*. Florianópolis: fundação Boiteux, 2005.

_____. *Imbecillitas: as bem–aventuranças da inferioridade nas sociedades do Antigo Regime*. Capes/Escola de Altos Estudos, PPGH/UFMG São Paulo: Annablume, 2010.

LOPES, Gustavo Acioli. *Negócio da Costa da Mina e comércio Atlântico. Tabaco, açúcar, ouro e tráfico de escravos: Pernambuco (1654-1760)*. Tese (Programa de Pós-Graduação em História Econômica). Universidade de São Paulo. 2008.

MENEZES, Jeanne da Silva. *Sem embargo de ser fêmea – as mulheres e um estatuto jurídico em movimento no direito local em Pernambuco no século XVIII*. Tese (Doutorado em História). Recife: Universidade Federal de Pernambuco, 2010.

PAIVA, José Pedro. *A administração diocesana e a presença da Igreja: o caso da diocese de Coimbra nos séculos XVII e XVIII*. Lusitânia Sacra, 2ª série, vol. 3, 1991.

REIS, João José. *A Morte é uma Festa: ritos fúnebres e revolta popular no Brasil do século XIX*. São Paulo: Companhia das Letras, 2009.

SCHLESINGER, Hugo. *Dicionário Enciclopédico das Religiões*. Petrópolis: Vozes, 1995.

SILVA, Gian Carlo de Melo. *Um só Corpo, Uma só Carne: casamento, cotidiano e mestiçagem no recife Colonial (1790-1800)*. Maceió: Edufal, 2014.

SOARES, Mariza de Carvalho. "A conversão dos escravos africanos e a questão do gentilismo nas Constituições Primeiras do Arcebispado da Bahia". In: FEITLER, Bruno e SOUZA, Evergton Sales. *A Igreja no Brasil: normas e práticas durante a vigência das Constituições Primeiras do Arcebispado da Bahia*. São Paulo: Editora Unifesp, 2011.

# O cotidiano das mulheres yanomami

Aquiles Santos Pinheiro

### INTRODUÇÃO

Mulheres quase sempre ocuparam um papel secundário nas narrativas históricas, e são inúmeros os relatos nos quais elas são associadas ao mal, à bruxaria ou são tratadas como mero objeto dos caprichos sexuais masculinos ou ainda como suas serviçais. Mesmo nas histórias infantis, as princesas viviam encerradas em torres, adormecidas sob o efeito de alguma poção mágica ou fazendo trabalhos aviltantes como é o caso da gata borralheira.

Durante o período da Inquisição é praticamente impossível saber o número de mulheres que foram torturadas e mortas sob a acusação de bruxaria; bastava para isso que tivessem o cabelo crespo e uma risada histérica, entre outros atributos considerados signos da bruxaria. Comparativamente, foram poucas as mulheres que ganharam um lugar de destaque na historiografia oficial.

Mais recentemente, quando se analisa a literatura antropológica, depara-se mais ou menos, com o mesmo cenário, ou seja, os interlocutores e protagonistas das "estórias" são, na maioria das vezes, do sexo masculino, sendo a mulher colocada em segundo plano. Felizmente, este cenário parece estar mudando e, em etnografias mais recentes, mulheres de todas as etnias cores e credos vêm ganhando, cada vez mais, maior visibilidade e expressão, revelando-se a beleza e a força do universo feminino em todas as suas cores e matizes.

Neste texto em específico, destaca-se a força e a coragem da mulher indígena yanomami. O objetivo do texto é encantar o leitor com os detalhes do cotidiano dessas mulheres corajosas que insistem em viver o modo de vida tradicional do povo yanomami. Enfrentam com coragem os desafios impostos pela floresta amazônica aprendendo a utilizar bem os recursos que a "mãe natureza" oferece; cuidando bem de seus homens, criando seus filhos, e sendo felizes a sua maneira, apesar dos obstáculos de toda natureza que se interpõem em sua jornada diária.

Aos que têm interesse em saber um pouco mais sobre o universo feminino yanomami, desejo uma boa leitura!

### QUEM SÃO E COMO VIVEM OS YANOMAMI?

Os yanomami[1] constituem uma sociedade de caçadores-agricultores da floresta tropical do oeste do maciço guianense. Praticam a agricultura de coivara – derrubada, queima, plantio e colheita. Habitam uma região de serras ao norte da floresta Amazônica, na fronteira do Brasil com a Venezuela. No lado brasileiro, o território yanomami se espalha pelos estados do Amazonas e de Roraima. Eles formam a sétima maior etnia indígena do Brasil, com aproximadamente 17 mil pessoas, distribuídas em cerca de 230 aldeias.

Segundo dados do DSY/RR (Distrito Sanitário Yanomami/Roraima), em 1995 a população yanomami no Brasil foi estimada em 9.386 pessoas. Essa população ocupa a região do alto Rio Branco (oeste de Roraima) e o rio Marauiá, localizado à margem esquerda do rio Negro – norte do Amazonas. Nela predominam os falantes da língua Yanomami Oriental com mais de 5.000 pessoas.[2]

O rio Marauiá, denominado pelos yanomami de *Paretota* (local do pium), é um afluente da margem esquerda do rio Negro e fica à 1h de voadeira, a montante do rio Negro, saindo da sede do município de Santa Isabel do Rio Negro-AM. Em suas margens, estão localizadas, atualmente, um total de dez comunidades yanomami: Bicho Açú, Piranha, Tabuleiro Komixiwë, Pohoroa, Balaio, Ĩxima, Pukima, Pukima-centro, Raita e Kona, totalizando uma população de aproximadamente 1.500 habitantes.

Os yanomami vivem em grupos familiares em casas comunais chamados *yano* ou *xapono*. As aldeias são formadas de uma só casa, o *xabono* ou *xapono*. A casa

---

1    O termo Yanomami é utilizado no texto de maneira genérica para designar um conjunto cultural e territorial constituído pelo grupo indígena como um todo. No plano linguístico, designa uma família de quatro línguas subdivididas em vários dialetos.

2    BRUCE, Albert & GOMEZ, Gale Goodwin. *Saúde Yanomami: um manual etnolinguístico*. Belém: Museu Paraense Emílio Goeldi, 1997, p. 31.

comunal tem formato cônico, com o centro aberto para o céu. Ao redor do círculo, cada casal ou família constrói sua seção de aproximadamente dez metros quadrados coberta pelo telhado com um espaço de um metro entre as seções. O *xabono* tem duração de dois a cinco anos até começar a vazar água, então, ele é destruído devido, entre outras coisas, à infestação de baratas e escorpiões.[3]

As folhas que formam o telhado são apenas colocadas sobre ele sem nada que as prenda aos caibros de madeira. Porém, nas aldeias do rio Marauiá, o telhado tradicional é feito com uma folha chamada *ubi*, a qual é trançada em linhas de cipó que são amarradas uma acima da outra em espaços de cerca de dez centímetros. Os *Yanomam* ou *Waica* constroem um telhado completo com um buraco para a saída da fumaça. O *xabono* tem uma única entrada e uma cerca ou paliçada com três metros de altura ao redor. Porém, nem todos os yanomami moram em casas comunais, os do norte e nordeste moram em casas retangulares com telhados de duas águas como a dos ribeirinhos.

Atualmente, nos rios Marauiá, Cauburis, Maturacá e Marari, os *xabono* são formados por casas separadas, dispostas em círculo com a frente voltada para o pátio central. Supõe-se que essa mudança no formato do *xabono* aconteceu em decorrência do contato com o estilo de moradia e arquitetura dos regionais.

### A ROTINA DA MULHER YANOMAMI

Amanhece em uma aldeia yanomami. Enquanto os homens ressonam tranquilamente nas redes, as mulheres da comunidade passam a madrugada despertas esforçando-se para manter acesas as fogueiras que aquecem as famílias na noite fria da floresta. Ao alvorecer, os homens irão à caça e as mulheres à roça arrancar mandioca, colher bananas maduras e outros frutos. Retornarão com sol a pino, carregando grandes cestos em suas costas. Outras ficarão na grande casa comunal, fiando algodão, fazendo comida ou cuidando das crianças pequenas e recém-nascidas. É trabalho das mulheres buscar água e coletar produtos da roça. Elas andam sempre em grupo, pois temem ataques de surpresa de grupos rivais, espíritos predadores ou mesmo os aborrecimentos causados pelas brincadeiras de alguns rapazes solteiros da aldeia. Em geral, o grupo é formado por uma mãe mais velha com suas filhas e noras.

As jovens yanomami aprendem muito cedo as tarefas básicas da vida de casadas, tais como cuidar das crianças, servir aos maridos, cortar lenha e fiar algodão,

---

3   CHAGNON, Napoleon A. *Yanomamö – The Fierce People, Case Studies in Cultural Anthropology,*. Stanford University, New York: Holt, Rinehart and Winston, 1968.

entre outras. Elas devem saber cozinhar, preparar beiju, fiar algodão para fazer tangas, confeccionar cestos e panelas de barro. Devem ainda saber preparar tinta na cor vermelha de urucu e preta do sumo do jenipapo, utilizadas na pintura corporal. Elas devem ajudar seus maridos e sogros a capinar, a colher algodão, folhas de tabaco, urucu, cipó, e frutas silvestres. Ocasionalmente, também ajudam na coleta e na pesca.

Enquanto o menino yanomami é educado para ser um caçador, a menina acompanha a mãe na roça ou vai ao riacho mais próximo para pegar água com um grupo de mulheres ou aos lagos e igarapés mais distantes para pescar com *koaxana*. Desde muito pequena, a menina yanomami tem que cuidar de seus irmãozinhos ou ajudar a mãe nas atividades rotineiras das mulheres da aldeia. Com efeito, ela tem muito mais responsabilidades do que um rapaz da mesma idade, o qual passa boa parte de seu tempo brincando com os outros meninos da aldeia.

Uma menina de dez anos deve saber cozinhar carne e preparar beiju, fazer tabaco, cortar lenha e cuidar de seus irmãos mais novos. Geralmente nessa idade a menina já está prometida a um rapaz e, ocasionalmente, ela levará comida feita na casa da mãe para ele. As meninas yanomami são prometidas em casamento muito cedo; antes mesmo da puberdade, o que acontece também se elas se casam depois com outro homem.

### A PRIMEIRA MENSTRUAÇÃO

Quando a mocinha apresenta os sinais da primeira menstruação, a mãe e os parentes do sexo feminino constroem uma pequena cabana no espaço reservado à sua família dentro do *xapono*. Uma rede nova, feita de casca de envireira é estendida entre dois postes de madeira, dentro do pequeno abrigo feito com folhas de palmeiras, onde se acende uma pequena fogueira. O cabelo da menina-moça é cortado bem rente e ela permanecerá reclusa neste pequeno abrigo durante aproximadamente uma semana, comendo preferencialmente frutas, bananas compridas (*pacova*) e peixe. Carne lhe é proibido comer, exceto se for de tartaruga ou de tatu.

> Quando uma menina tem a primeira menstruação, sua mãe busca ramos de yipɨ com folhas. Com esses ramos e alguns paus, constrói-se o abrigo. A menina permanece no seu interior, sentada no chão; mais tarde pode sentar-se sobre um pau. Quando se cansa de sentar, deita-se numa rede de cipó, nunca numa rede de algodão. Come apenas as bananas que a sua mãe assa e lhe entrega; é a única coisa que come. No começo, é somente isto que ganha, é a única

coisa que assam para ela. Quando tem sede, toma água numa cuia com um canudo. Não come carne. Algumas ficam deitadas na rede todo o tempo da reclusão.[4]

Somente a mãe e as irmãs podem conversar com ela e mesmo assim a conversa deve ser feita em sussurros. Ela sussurra para a mãe ou irmãs o que necessita, e sai do abrigo somente para fazer as suas necessidades fisiológicas. Em alguns casos, ela nem mesmo pode sair para fazer as suas necessidades, utilizando para isso, algumas folhas de sororoca (bananeira brava) que depois são embrulhadas e entregues a sua mãe para que ela as enterre.

Se acontecer de a menarca chegar enquanto a menina está sentada no terreiro do *xapono*, ela deverá permanecer ali até o fluxo parar, quando então a sua mãe virá assisti-la. O sangue menstrual é coberto com areia e parte dele será esfregado no cabelo da jovem para que ele cresça mais forte depois de cortado. Durante o período da menstruação, a menina não poderá olhar diretamente para os homens da aldeia e estes por sua vez a evitarão, pois os yanomami acreditam que se algum homem olhá-la diretamente nos olhos antes que ela saia do abrigo, poderá adoecer ou ficar *panema* (azarado).

Quando cessa o fluxo menstrual, o abrigo provisório é desfeito, as palmeiras e a rede são queimadas e a menina-moça será conduzida pela mãe e outras mulheres mais jovens até o riacho mais próximo onde tomará banho, em preparação para a sua entrada no *xapono*. Colocam-se talos compridos e finos de madeira nos orifícios em seu nariz e logo abaixo nos lábios inferiores. Nas orelhas, flores *horehore* ou brincos de bacaba. Com urucum, desenham-se sinuosidades no seu rosto e no corpo. Miçangas coloridas adornam os braços e se cruzam no peito. Só então ela entrará na praça do *xapono* acompanhada por outras mulheres numa espécie de cortejo e será apresentada aos demais. A partir deste dia ela estará disponível para o casamento, caso não tenha sido prometida a nenhum homem, e poderá participar novamente da vida social do *xapono*.

Os yanomami acreditam que a criança começa a se formar no seio da mãe, somente depois de frequentes relações sexuais. Pode ocorrer que uma mulher mantenha relações com vários homens e, nesses casos, os vários homens com

---

4   AHEROWË, A. [*et al.*]. YOAHIWË, Texto de Leitura I – ISMA – Inspetoria Salesiana Missionária da Amazônia e Missão Salesiana Sagrada Família do Rio Marauiá. Santa Isabel do Rio Negro – AM, 1993, p. 200-201.

quem ela teve relações podem ser considerados pais biológicos da criança, que ao crescer, chamará de pai cada um deles, pois a crença é que é justamente o acúmulo do sêmen masculino que faz a criança, a tarefa da mulher é alimentá-la. Normalmente, marido e esposa mantém relações sexuais mesmo quando a gravidez já está bem adiantada. Durante esse período algumas comidas são proibidas à mulher grávida. Esta, porém, continuará fazendo todas as tarefas domésticas até o momento do parto.

### O PARTO YANOMAMI

Chegada a hora de o nenê nascer, a mulher yanomami se dirige à floresta, a uma distância de aproximadamente uns cem metros da casa comunal (*xapono*), preferencialmente onde haja um córrego; acocora-se junto a um pau caído ou a uma pequena saliência no terreno. Assistem-na a mãe ou a sogra ou ainda uma irmã mais velha. Porém, uma mulher que já deu a luz a muitos filhos ficará sozinha durante o parto. Os homens yanomami consideram o parto uma tarefa exclusiva da mulher. Nenhum deles irá assisti-la, exceto o marido que, eventualmente, poderá ajudar a esposa caso seja o primeiro parto e não haja mulheres disponíveis, o que é muito raro.

Veja-se, por exemplo, o caso de *kanima*: grávida já há oito meses, Kanima sente fortes dores. Após pegar mais lenha para alimentar o fogo, deixa-se cair com fortes contrações. Geme, mas ninguém vem acudi-la. Todos já estão despertos pelos seus gritos, porém permanecem impassíveis em suas redes. Nem poderiam fazer nada: quando a mulher está em trabalho de parto, os homens não podem sequer fitá-la. Tentando disfarçar a dor, Kanima começa a cantar compulsivamente. Apenas quando o choro do recém-nascido é ouvido, Roomea, a mais idosa da comunidade dos *Raharapiwei teri pë*, se levanta e vai ajudá-la. Cabe a ela cortar o cordão umbilical, com uma fina palha. Kanima permanece sentada, exaurida, segurando a criança até os raios do sol nascente incidirem no interior da casa. Enquanto as outras mulheres embrulham a placenta em folhas e a enterram fora da casa, *Neoso* [o marido] volta a dormir.[5]

Quando o nenê está prestes a nascer, a ajudante esfrega a barriga da mãe grávida. O chão é forrado com folhas de sororoca para recebê-lo ao nascer. Depois da

---

5 CCPY – Comissão Pró-Yanomami. Dados e sugestões para um programa de assistência de saúde na área indígena Yanomami. São Paulo, 1984.

saída da placenta, que também cai em cima das folhas, uma casca de taboca verde é usada para cortar o cordão umbilical do bebê. A parte do cordão perto do umbigo não é amarrada, mas a mãe ou a ajudante aperta-o entre os dedos até o sangue coagular. A placenta é embrulhada em folhas e pendurada nas árvores ou deixada no chão. Nesse sentido, têm-se o relato da antropóloga Acilda Rita Ramos que conviveu durante muito tempo com os *Sanumá*:

A mulher dá a luz dentro de casa, se for à noite, ou numa roça ou na mata, se for de dia. Na primeira situação, meia hora ou uma hora depois do parto, ela traz a criança para a casa e se senta no chão bem junto à fogueira doméstica. Não faz qualquer trabalho e nos dez dias ou duas semanas que se seguirá ela ficará sempre sentada durante o dia.[6]

O recém-nascido é apanhado pela mãe ou pela ajudante e banhado com água. A mãe volta para a sua rede e o nenê é colocado junto a ela. O pai não toca no filho durante os primeiros cinco ou seis dias. Porém, ele passa a maior parte desse tempo em casa, perto da esposa. Um dia após o nascimento da criança, o pai faz uma caça ritual e, se ele consegue matar um animal, a criança receberá o nome relacionado a uma característica do animal, ou o nome do próprio animal, conforme o relato da antropóloga Alcida Ramos:

Quando nasce a criança, o pai – e somente ele – vai à caçada ritual, em busca do animal cujo espírito será dado ao recém-nascido. Se tiver sorte, encontra o animal apropriado, mata-o, amarra-o num pacote de folhas evitando ao máximo ter contato direto com ele, e leva-o para casa. Nem pai nem mãe podem tocar e muito menos comer a carne do animal, pois como o espírito do cóccix da criança ainda esta no animal morto, comer a sua carne seria como comer o espírito do próprio filho.[7]

Nem todas as crianças *sanumá* recebem o espírito do cóccix. Segundo Ramos (1990), se uma criança da família já tiver esse espírito, não é necessário que outras da mesma família também o tenham. Outra mulher teria dito à antropóloga que apenas o filho mais velho de um casal recebe esse tratamento.

---

6   RAMOS, Alcida Rita. *Memórias Sanumá: espaço e tempo em uma sociedade yanomami*. 2 ed. São Paulo: Editora Marco Zero, 1990, p. 244.

7   *Idem*, p. 245.

### A CAÇADA RITUAL: EM BUSCA DE UM NOME

Segundo Alcida Ramos: "a razão manifesta para essa caçada é ir buscar um nome para o bebê, mas, ao assim fazer, está se dando também à criança certo espírito que vem do animal morto. Esse espírito entra-lhe no corpo pelo cóccix e lá fica pelo resto da vida". Enquanto a mãe ainda está grávida, o espírito do cóccix da criança não está com o feto, mas na floresta, no corpo de um animal. "A gente não deve fazer barulho na mata (*lalubalu die!* "não faça barulho!") para não perturbar o futuro espírito do cóccix da criança. Esta parte do corpo do bebê é tida como muito frágil e vulnerável e o espírito do cóccix do animal parece ter a propriedade de fortalecê-la".[8]

Durante mais ou menos um mês, a mãe do recém-nascido evitará relações sexuais com o marido e observará certos tabus alimentares.

Nessa primeira fase do parto, tanto ela como o marido estão sujeitos a uma série de tabus alimentares que são observados para proteger dos males sobrenaturais, a criança e a própria mãe, que ficariam vulneráveis ao ataque do espírito do animal, se ingerido sob tabu. O pai deve restringir suas atividades à pesca ou a algum trabalho mais leve na roça. No entanto, espera-se que ele vá à mata caçar um animal que possa servir de epônimo de seu filho, mesmo incorrendo na quebra de um tabu relacionado a esse período de couvade.[9]

Tradicionalmente, o intervalo de tempo entre os partos é rigorosamente controlado. Uma criança pode nascer somente quando a criança que nasceu antes dela tiver aproximadamente quatro anos de idade, quando, então, já terá sido desmamada. Quando a criança não é desejada, a mãe pratica um aborto traumático ou bebe uma poção abortiva feita de tubérculos ralados, extraídos de uma planta cultivada na roça. Às vezes, essa poção é passada sobre a pélvis da mulher para causar o aborto.

As crianças pequenas, quase sempre, acompanham a mãe em todo o lugar aonde ela vai. A criança de colo é carregada nas costas da mãe presa por uma tipoia ou em cima de uma cesta cheia de produtos da roça. Quando a mãe senta ou se agacha a criança continua agarrada a ela, e mama o quanto quiser, não se incomodando com os afazeres da mãe, mesmo a caminho da roça, ralando mandioca ou atiçando o fogo, a criança estará sempre agarrada à mãe e dormirá sempre com ela na rede. Na ausência desta, a criança será cuidada ou pela avó ou por uma irmã mais velha.

---

8  RAMOS, Alcida Rita. *Memórias Sanumá: espaço e tempo em uma sociedade yanomami.* 2 ed. São Paulo: Editora Marco Zero, 1990, p. 244-245.

9  *Idem*, p. 244.

## O CASAMENTO YANOMAMI

Entre os yanomami, não há nenhum ritual para o casamento. Depois que uma moça passa pelo ritual da puberdade, ela simplesmente deixa a sua família para ir coabitar com o futuro marido. Sua mãe ou uma parenta amarra sua rede numa parte da casa do seu "noivo". Ela reluta e, quase sempre, chora, mas encorajada pela mãe e outras mulheres acaba cedendo e concorda em fazer a mudança. O casamento é o apogeu de vários anos de troca de mercadorias, favores e compromissos entre os irmãos da noiva e a família do noivo. Os yanomami fazem casamentos bilaterais entre primos cruzados e, por essa razão, não é incomum para um homem prometer sua filha até mesmo antes de ela ser concebida ou prometer a mesma filha para homens diferentes.

É costume uma menina ser prometida em casamento quando ainda é criança. O homem negocia sua filha com o futuro sogro. Geralmente isto é feito por ocasião de uma festa. Logo que os dois homens chegam a um acordo relativo ao casamento, o futuro genro passa a ajudar o seu futuro sogro a fazer roça ou a construir a casa e, periodicamente, fornece caça para ele. É o chamado "serviço do noivo".

Alguns anos antes de sua futura esposa chegar à puberdade, o rapaz fornece caça mais frequentemente ao sogro. Quando a menina atinge a idade de dez ou onze anos, ela já prepara a brejeira de tabaco para o seu futuro marido e oferece-lhe comida feita na casa de sua mãe. Esse contato intensificado entre o casal prepara os noivos para a coabitação final. Entretanto, nem sempre a jovenzinha concorda com o casamento arranjado pelos pais e reluta em atar a sua rede ao lado da rede do noivo, como neste episódio relatado no 13º boletim do CIRD/ISMA:

Em 1969, Waykanas tinha somente nove anos quando numa tarde foi dada como esposa a Posoko. Ela era a menor de quatro irmãs, todas casadas e com crianças. Ela não queria ir morar com Posoko. Quando Xanarim, a irmã mais velha, desamarrou a rede de Waykanas do lado da rede de sua mãe e amarrou-a ao lado da rede de seu futuro marido, esta permaneceu sentada no chão e, chorando, disse que não iria deixar a sua mãe. Warakan insistiu para que ela fosse deitar-se perto do marido. Waykanas com a voz entrecortada pelos soluços, teimou respondendo que não ia. Xanarim a pegou por um braço e a arrastou com força até a lareira de Posoko em meio as gargalhadas da rapaziada. Waykanas tentou livrar-se da irmã e chorando mais forte disse que não iria ficar com o futuro marido. Sentou-se sobre um pau de frente para o fogo, escondeu o rosto entre as pernas e soluçou por um bom tempo. Quando a noite chegou, levantou-se e foi sentar-se na sua rede voltando as costas para Posoko. Urihim, a sogra, ofereceu-lhe bananas compridas cozidas junto com caldo de caititu. Waykanas começou a comer. Posoko pela primeira vez, chamou Waykanas de "esposa" e disse-lhe que o caititu era gordo e que foi ele que o matou.[10]

Geralmente, o primeiro casamento de uma mulher yanomami desenvolve-se assim. Se o noivo mora em outra aldeia, ele se muda para a aldeia da noiva. Porém se ele e a futura noiva moram na mesma aldeia, ela deixará o espaço do xapono onde vive com sua família para morar no espaço onde vive o futuro noivo. O noivo continuará trabalhando por muitos anos na roça de seu sogro e dividirá com ele a caça. Por essa razão, ele tem que morar na aldeia da esposa pelo menos durante os primeiros anos da vida conjugal.

Os casamentos entre primos cruzados – os filhos e filhas de um irmão casam com os filhos e as filhas da irmã –, são os casamentos preferidos entre os yanomami, isto porque os homens depois de casados podem viver juntos com os seus parentes e porque as mulheres que estão morando com seus pais e irmãos sentem-se mais protegidas contra eventuais agressões de esposos violentos.

### AS AVENTURAS AMOROSAS DE HIYOMI

Mas engana-se o leitor se, a esta altura, imagina que não exista lugar para outras formas de amor livre e prazer sexual fora do casamento numa sociedade aparentemente tão "machista". Nesse sentido, têm-se o seguinte relato registrado pelo linguista Jacques Lizot:

A alguma distância do Orenoco, em direção à embocadura encontra-se o antigo sítio Korita. Os caçadores, às vezes, vão até lá e percebem ainda as marcas da ocupação antiga. Hiyomi nasceu nesse lugar há menos de vinte anos, lá cresceu e teve uma infância feliz. Ela devia ter uns dez anos quando, certa noite, uma amiga veio deitar-se ao seu lado. Elas estavam alegres e conversaram até tarde da noite. De repente, Hiyomi sentiu a mão da companheira em seu sexo; ela riu nervosamente, mas ficou imóvel. A outra se aproximou a boca de sua orelha e fez uma proposta:

– Vamos fazer amor?

– Não, eu não quero.

---

10   CIRD – Centro de Informação da Diocese de Roraima. Boletim Nº 13, Janeiro de 1988. Boa Vista: Roraima, 1988, p. 22-23.

– Tente, não tenha medo, você vai ver que é bom.

– Não, as mulheres não se sentem atraídas pelas umas pelas outras.

A outra insistiu tanto que ela acabou concordando. Descobriu então que o toque prolongado dava prazer. E conseguiu recuperar a sensação que tinha tido com a amiga. Podia provocar o prazer em seu corpo. Ela se afastava e esfregava a vulva num tronco de árvore, convidava a amiga ou outras meninas, que por sua vez as iniciava.[11]

Posteriormente, Hiyomi foi dada em casamento a um homem mais velho e que já tinha duas mulheres. Ela era a mais jovem e também a mais bonita. Entretanto, o marido não podia mostrar abertamente a sua preferência por ela, pois isso provocaria ciúmes nas outras esposas, principalmente da mais velha que a maltratava com gestos e trabalhos pesados. Em geral – a mulher mais velha –, a primeira esposa tem precedência sobre as demais e é ela que comanda os trabalhos domésticos realizados pelas outras mulheres, se ela mesma não estiver velha demais.

Hiyomi foi deflorada sem a menor delicadeza. Sentia pouco prazer nas relações rápidas com o marido. Por isso, tinha que buscar outra fonte de prazer que a satisfizesse. Voltou aos seus antigos hábitos, e encontrava-se em segredo os jovens da comunidade que mais lhe agradavam. Mas quanta apreensão! Era preciso tomar todas as precauções: seu marido era tão cruel e violento que certamente a mataria se descobrisse que fazia amor com outros homens.

Um dia estava só na roça, sonhando acordada, cheia de desejos sexuais e sentiu vontade de se masturbar. Viu então brotos de bananeiras, que saiam da terra como línguas. Olhou ao redor, deu várias voltas, certificou-se de que estava só. Então se agachou, introduziu a vagina a extremidade de um broto e começou a movimentar-se como no coito. Ela estava nessa posição sentindo as primeiras sensações que precedem o orgasmo quando, de repente, seu coração parou: um jovem estava de pé, bem perto olhando para ela. Cheia de vergonha, ficou imóvel. Ele deu um sorriso e, aproveitando a vantagem que tinha sobre ela, propôs:

– Vamos fazer amor?

Ela concordou e foram refugiar-se sob as árvores grandes.

O marido de Hyiomi não tardou a morrer. Ela chorou por ele sem sofrimento, não o amava. O rapaz que a tinha pegado de surpresa na roça quis casar-se com

---

11 LIZOT, Jacques. *O Círculo dos Fogos: feitos e ditos dos índios Yanomami*. São Paulo: Martins Fontes, 1988, p. 78-9.

ela. Os irmãos de Hiyomi não quiseram. Então os dois amantes resolveram fugir para a floresta. Pegaram a rede e fósforos, mas esqueceram de levar um facão. Era plena estação das chuvas, os rios estavam em cheia, a floresta inundada e infestada de insetos. Para não serem facilmente descobertos, andaram o mais que puderam, construíram um abrigo cortando arbustos com as mãos e os pés. Cortaram cipó com os dentes, racharam lenha golpeando a madeira em troncos pesados.

Tudo estava molhado e inchado de humidade e o fogo demorou bastante a pegar. Eles se revezaram para soprá-lo ou ativá-lo com folhas dobradas ao meio. Não tinha nada de sólido para comer e, durante o dia, os amantes erravam na chuva à procura de frutos silvestres. Passavam as noites se amando. Comendo pouco e sem dormir, só podiam aguentar enquanto a paixão os sustentasse. Quando as necessidades materiais e o cansaço sexual ficaram fortes demais, tornaram-se amargos e resolveram voltar. Hiyomi foi abandonada na entrada de sua casa e seu companheiro foi colocar-se sob a proteção de seus parentes. Ela aproximou-se dos irmãos coberta de lama, esgotada, morta de fome; sua pele estava toda manchada das mordidas dos insetos, as pernas e seus pés sangravam rasgados por espinhos. Para castigá-la, os irmãos lhe queimaram as nádegas e as coxas com brasas, ela recebeu pauladas na cabeça, o sangue cobriu-lhes o peito, os ombros, o ventre e as coxas. Ninguém lhe deu o que comer.

Hiyomi era livre porque era viúva, mas sua infelicidade continuava. Eis o que ela menciona sobre os acontecimentos subsequentes a sua aventura amorosa:

> Eu estava viúva. Meus irmãos mais velhos pensavam nas cabaças em que estavam as cinzas de meu marido e isso fazia com que demorassem a resolver me dar a outro. O marido de Akahimi me queria como segunda esposa, não parava de me pedir, irritava-se com a recusa constante. Meu irmão mais novo tinha tomado o partido dele. Um dia eles chegaram armados com bordunas, decididos a lutar com meus irmãos mais velhos se eles não dessem seu consentimento. Para evitar um combate direto, cada partido me pegou por um braço e me puxou para o seu lado. Faziam tanta força que a pele de meus punhos não aguentou, fiquei com as mãos cheias de sangue e gritando de dor. Mas ninguém ligava. O marido de Akahimi e meu irmão mais novo perderam e não conseguiram levar-me. Mas não desistiram de nos atormentar, eu e meus irmãos mais velhos. Meu irmão mais novo e seus partidários brigaram conosco com bordunas e foram novamente vencidos. Meus irmãos mais velhos

*O cotidiano das mulheres yanomami*

eram muito corajosos, não tinham medo de ninguém. Louco de raiva, meu irmão mais novo tentou obrigar-nos a ir embora e incendiou nosso teto. Meus irmãos mais velhos atearam fogo no resto do xabono, arrancaram as plantas de tabaco, milho e mandioca dos adversários, cortaram as bananeiras.[12]

Assim foi a vida de Hiyomi – uma vida de mulher. Já faz algum tempo que ela está casada incestuosamente com Moriwë, a agitação e o escândalo provocados por essa união se acalmaram. Os comentários desagradáveis cessaram, e o casal pode viver dias tranquilos. Agora seu ventre está ligeiramente arredondado e o bico de seus seios adquiriu uma cor mais escura. Feliz, ela tenta adivinhar o sexo da criança que virá. Prefere menino, e por isso presta atenção em todos os augúrios: se gravetos ficam presos nos dedos de seus pés quando anda na floresta, conclui que será menino, se as bananas que cozinha na brasa se abrem ao meio deduz que será menina. E assim Hiyomi segue vivendo, cheia de sonhos![13]

### JOGOS DE SEDUÇÃO E TRAIÇÃO

Cai a noite e o ar está fresco novamente, o céu agora está limpo sem as nuvens que o cobriam, logo a lua surgirá por trás da cortina de árvores. É um convite aos amantes! Tõhõwë vai ter com Rubrowë, onde encontra a bela Brahaima em visita. Ele se deita numa rede estendida ao lado à da bela moça; seus corpos estão tão próximos que chegam a se tocar. Conversam sobre coisas sem importância. Brahaima coloca uma perna sobre a coxa do rapaz, despertando o seu desejo. Continuam a conversar; Tõhõwë, perturbado não sabe mais o que dizer. Uma mão toca a sua virilha e, para evitar as carícias que virão em seguida, ele se protege com a mão. Intimidado pela presença de Rubrowë, ele diz que já vai indo; mas pedem que fique mais um pouco. Estava quase decidido a ceder aos apelos da jovem Brahaima, quando a luz da lua inunda aquela parte da casa.

Hebëwë é desprezado pela futura esposa Tabrobemi que não cede aos seus apelos. Por mais que ele suplique: – Vamos fazer amor! Ela sempre responde negativamente. Como a futura esposa o despreza, ele volta-se para a graciosa Shubama, casada com um dos seus primos-irmãos chamado Hishokoië. Shubama mostra-se

---

12  LIZOT, Jacques. O Círculo dos Fogos: feitos e ditos dos índios Yanomami. São Paulo: Martins Fontes, 1988, p. 81-82.

13  *Idem*, 1988, p. 77-82.

simpática com para com Hebëwë e lhe lança olhares incendiários. Assim o rapaz manda Tõhõwë marcar um encontro com ela na floresta. Ela concorda imediatamente e inicia-se uma relação amorosa às escondidas do marido.

Os amantes se encontram na floresta, em locais combinados; Tõhõwë e Erasiwë, coniventes, ajudam o compadre. Todas as manhãs Shubama manda recado a Hebëwë para que a encontre na floresta; cada um sai por um lado diferente do *xapono*. Encontram-se, fazem amor e depois saem à cata de frutos selvagens, só se separam quando o sol está a pino e voltam para casa em momentos diferentes. O romance proibido dura uma lua inteira sem despertar as suspeitas de Hishokoiwë, marido de Shubama.

Certa noite eles resolvem fazer amor atrás das moitas que crescem alto perto da grande casa comunal. Ficam tão perto do xapono que são capazes de escutar as conversas. Nesse meio tempo Hishokoiwë precisa da mulher e constata que ela não está; nota também a ausência de Hebëwë. Por cúmulo do azar, a mãe chama Shubama bem alto:

– Shubama onde você está?

– É sua mãe, diz Hebëwë, que escutou.

– E o que tem isso. Você está com medo?

Hebëwë não quer passar por covarde e não insiste. Eles demoram... É imprudente! Finalmente Shubama volta e vai para junto dos pais. Hebëwë espera alguns minutos antes de esgueirar-se para dentro e deitar na rede. Hishokoiwë está de olho: percebe tudo, sabe da ligação, mas fica quieto.

A partir deste momento as relações entre os dois rivais tornam-se glaciais. Shubama, vigiada de perto pelos pais e pelo marido, já não pode ir aonde quer. Circula um rumor: Hishokoiwë, certamente por bravata, diz aos amigos mais íntimos que vai matar Hebëwë. Este e os companheiros Tõhõwë e Erasiwë, cúmplices do romance proibido, se reúnem; levam a ameaça a sério e decidem que é preferível não serem pegos desprevenidos pelo adversário. Adiantar-se e atacar primeiro é a melhor estratégia.

Os três rapazes, decidem entrar em ação o mais rápido possível; esperam uma ocasião favorável. Certa manhã Hishokoiwë vai, junto a mulher, buscar umas frutas frescas que vira na véspera, enquanto caçava. Era a oportunidade que Hebëwë e seus companheiros estavam esperando. Saem do *xabono* dizendo que vão pescar, margeiam o rio em direção a nascente em busca do casal. Depois de vaguearem na mata, caçando pequenos pássaros e perseguindo macacos, fazem gracejos e já estão quase esquecidos do propósito de sua empreitada, quando ouvem vozes vindas do rio.

Rapidamente abrem caminho por entre um emaranhado de cipós; a corrente carrega a embarcação rapidamente, é preciso andar depressa. Hebëwë murmura:

– Desta vez, vou matá-lo.

Prepara a flecha, empunha o arco e mira. Tõhõwë afasta a folhagem para ele. A canoa passa adiante deles: Hishokoiwë, remando na popa, fica de costas e se afasta. O arco distende brutalmente, ouve-se o ruído seco da corda chocando-se contra a vara: a flecha parte, e sua ponta afiada de bambu penetra no ombro de Hishokoiwë, mas cai brecada pelo osso duro da omoplata.

A dor e a surpresa são tão violentas que Hishokoiwë larga o remo e berra:

– Quem quer me matar?

Shubama não perde o sangue-frio, recupera o remo que flutua perto da canoa e golpeia a água com tanta energia que logo ela e o marido somem da vista dos agressores. Bem a tempo: Hebëwë tinha encaixado outra flecha na corda de seu arco.

Desnorteados, os três cúmplices não sabem o que fazer. Hebëwë decide que devem voltar ao acampamento, aconteça o que acontecer, não quer passar por covarde. A vítima e sua mulher chegam antes. Quando Hebëwë se apresenta, o sogro de Hishokoiwë, ladeado pelos irmãos, avança em sua direção, de modo ameaçador; Tõhõwë e Erasiwë não estão diretamente envolvidos e acham mais prudente voltar ao abrigo. Num piscar de olhos, Hebëwë é desarmado, suas flechas são quebradas, seu arco cortado em pedacinhos. Uns agarram-lhe o braço, brandem machados acima de sua cabeça e juram que vão rachá-la; outros se aproximam para cutucá-lo com a ponta de suas flechas. Das redes, mulheres vociferam insultos e gritam que deve ser morto. O pai de Shubama lhe dá duas bordunadas. Hebëwë, tonto, está quase perdendo os sentidos, um véu negro passa diante de seus olhos, tudo se embaralha ele se enrijece e fica de pé. O sangue escorre pelo pescoço, pelas costas e pela testa, cegando-o. Então, deixam-no, satisfeitos com a punição; ele pode voltar à sua rede. Ele sofre e não diz nada. Seus parentes não se manifestaram; era óbvio que ele estava errado, só o pai poderia defendê-lo.[14]

### UMA SOCIEDADE MACHISTA?

Diante do exposto, poderíamos ficar tentados a classificar a sociedade yanomami de machista ou com uma orientação "machista", mas isso só teria sentido segundo o nosso próprio ponto de vista. A verdade é que na lógica yanomami, os homens são

---

14    Adaptado de LIZOT, 1988, p. 48-52.

mais aptos à sobrevivência na selva, são mais necessários às demandas para a manutenção do grupo do que as mulheres, as quais eles podem raptar de outros grupos rivais. E, de fato, até poucas décadas isso era muito comum. Organizavam-se expedições somente com esse objetivo. Por essa razão, os yanomami preferem que nasçam crianças de sexo masculino, porque quando ficam adultos, são mais valiosos do que as crianças do sexo feminino.

Somente os homens podem ser *pata-pata* (chefes). A organização social das aldeias dependem dos homens que pertencem a diferentes linhagens. Somente os homens podem caçar: eles trazem para a casa uma variedade de carne de caças, alimento muito nutritivo e rico em proteínas. Somente os homens podem ser guerreiros: defendem a aldeia ou atacam as aldeias inimigas. Somente os homens podem ser pajés (*hekurapë*): eles curam as doenças e fazem morrer um inimigo por meio de feitiço. Em consequência, os yanomami estão criando mais homens do que mulheres. Porém, quando questionados, eles não admitem.

Mais recentemente, contudo, esse quadro vem mudando, talvez por causa do contato cada vez maior com os *napepë* (os não índios). As intervenções de missionários, professores, agentes de saúde e funcionários da FUNAI, têm contribuído significativamente para que os yanomami mudem lentamente seus hábitos. Atualmente, as mulheres yanomami já não praticam o aborto deliberado, pelo menos, não na mesma proporção que faziam hà décadas passadas. Também é expressivo o número de rapazes e moças yanomami que estão frequentando a Escola do homem branco e aprendendo os valores e a moral cristã, o que supostamente os impede de cometer o aborto ou praticar a vingança.[15]

Os casamentos não são mais arranjados por acordo entre os pais, salvo se houver interesse e consenso dos noivos. Agora, os jovens yanomami tem maior liberdade para escolher os seus futuros esposos. Obviamente que há resistência por parte dos mais velhos, mas com a diferença de que hoje, as disputas ou conflitos raramente terminam em derramamento de sangue. As mulheres yanomami parecem estar ganhando mais autonomia frente as regras estabelecidas tradicionalmente em gerações passadas, que privilegiam os homens em detrimento das mulheres. Não se pode dizer ao certo qual será o futuro dessa sociedade, apenas podemos refletir sobre o seu modo de vida, seus costumes e a partir disto olhar para a nossa própria sociedade. Afinal, o exercício antropológico é um olhar para nós mesmos através do "outro".

---

15    Pe. Reginaldo, 2006 (comunicação pessoal).

## CONSIDERAÇÕES FINAIS

Diante do exposto, penso que cabe uma reflexão sobre os muitos aspectos aqui apresentados, sobretudo aqueles que nos remetem ao exercício do reconhecimento da alteridade, ou seja, a compreensão de que vivemos num país multiétnico ao contrário da noção equivocada dos burocratas do Estado brasileiro que pretendem que vivamos a ficção de um Estado uniétnico, monolíngue e monocultural. Estamos em pleno século XXI e dizemos que agora vivemos na sociedade da informação e falamos entusiasticamente sobre as possibilidades ilimitadas do desenvolvimento tecnológico que nos conduzirá a realidades ainda inimagináveis. Mesmo agora, vivemos imersos, em boa parte, num mundo virtual, num verdadeiro "matrix"; e me parece que essa é a tendência para o futuro, que acena com a possibilidade de experimentarmos todas as sensações prazerosas ou não sem nem ao menos sairmos de nossas confortáveis poltronas cercadas de todo o tipo de parafernália eletrônica. Já se fala em casas e carros inteligentes, na possibilidade de colonizarmos o planeta Marte ou vivermos em colônias suspensas no espaço, desfrutando das mesmas condições de vida na terra.

Os ambientes dessa nova configuração socioespacial tonam-se cada vez mais hígidos e temo que chegará o dia em que não mais experimentaremos a sensação agradável de pisar na terra morna, na areia úmida dos mares, nem experimentaremos a asperosidade dos seixos e das pequenas pedrinhas que, às vezes, machucam a pele da planta de nossos pés. Talvez não possamos sentir o frescor das águas gélidas de uma cachoeira natural, nem apreciar a beleza dos pássaros ou experimentar a pelagem macia de dos nossos animais de estimação. Afinal, tudo será virtual!

Refletindo sobre isso tudo, é quase impossível não pensar no modo de vida que os yanomami e outros povos indígenas amazônicos desfrutam agora, vivendo livres na floresta, aproveitando cada raio de sol, cada banho de igarapé, enfim cada momento mágico que a "mãe natureza" lhes proporciona. São eles mesmos os senhores dos seus destinos, vivendo o agora, o presente, não estão ansiosos quanto ao futuro. Nesse contexto, as mulheres yanomami são exemplos de resistência às forças que se impõe a partir do mundo dos *napepë* (brancos). Ainda que haja intervenção dos AIS (Assistentes de Saúde), de missionários e professores brancos, as mulheres indígenas continuam a parir e criar seus filhos à sua maneira tradicional. Continuam a se submeter ao poder dos homens, não porque são coagidas a isso, mas porque entendem que essa forma de organização social é fundamental para a sobrevivência do grupo, para a continuidade e permanência do modo de vida tradicional yanomami.

Eles, ao contrário de nós, vivem no mundo real e parecem mais felizes se avaliarmos que as aldeias yanomami estão livres da maioria das mazelas sociais que temos que enfrentar em nosso cotidiano no mundo urbanizado. Lá não há filas quilométricas para pegar ônibus ou metrôs. Igualmente, não há filas para marcar consultas médicas. Também não há a violência exacerbada e gratuita das grandes metrópoles, nem sequestros relâmpagos, mendigos e pessoas vivendo indignamente debaixo de pontes e viadutos, desassistidas pelo Governo. Não há síndrome do pânico e fobia social, estresse nem depressão. Isto, para citar apenas algumas das mazelas sociais e doenças que assolam a nossa sociedade dita "civilizada". Talvez esteja na hora de reavaliarmos os nossos conceitos e, mais do que isso, revermos o nosso modelo de sociedade. Fica a sugestão!

### REFERÊNCIAS BIBLIOGRÁFICAS E WEBGRAFIA

AHEROWË, A. [et al.]. YOAHIWË, Texto de Leitura I – ISMA – Inspetoria Salesiana Missionária da Amazônia e Missão Salesiana Sagrada Família do Rio Marauiá. Santa Isabel do Rio Negro – AM, 1993.

BRUCE, Albert & GOMEZ, Gale Goodwin. Saúde Yanomami: um manual etnolinguístico. Belém: Museu Paraense Emílio Goeldi, 1997.

CCPY – Comissão Pró-Yanomami. Dados e sugestões para um programa de assistência de saúde na área indígena Yanomami. São Paulo; 1984.

CHAGNON, Napoleon A., Yanomamö – The Fierce People, Case Studies in Cultural Anthropology. Stanford University, New York: Holt, Rinehart and Winston, 1968.

CIRD – Centro de Informação da Diocese de Roraima. Boletim Nº 13, Janeiro de 1988. Boa Vista: Roraima, 1988.

DSY/RR – Distrito Sanitário Yanomami/Roraima (Fundação Nacional de Saúde – FNS) População Yanomami por pólo-base e comunidades. Boa Vista, DSY-RR, 1995.

LINDEY, A. F.; DAMIOLI, P. SAFFÍRIO, J.; FUENTES, E. O Crepúsculo do Povo Yanomami: sobrevivência ou genocídio?. CIRD – Centro de Informação da Diocese de Roraima. Boletim n. 13. Boa Vista, 1988.

LIZOT, Jacques. *O Círculo dos Fogos: feitos e ditos dos índios Yanomami*. São Paulo: Martins Fontes, 1988. (Coleção Ciência Aberta).

PEREIRA, Luís Fernando. *As corajosas mulheres Yanomami*. Notícias CCPY Urgente. Comissão Pró-Yanomami <www.proyanomami.org.br> Portal Starmedia, Março/2002. Disponível em: <http://www.proyanomami.org.br/v0904/index.asp?pag=noticia&id=1614>. Acesso em: 24 abr. 2013.

RAMOS, Alcida Rita. *Memórias Sanumá: espaço e tempo em uma sociedade yanomami*. 2 ed. São Paulo: Editora Marco Zero, 1990.

REGINALDO, José de Oliveira é Padre salesiano e conviveu com o povo Yanomami por aproximadamente doze anos, atuando como Sacerdote e Professor da Missão Salesiana Sagrada Família do Rio Marauiá, Santa Isabel do Rio Negro/AM. É Bacharel em Filosofia pela Universidade Católica de Brasília (2002) e Mestre em Antropologia Social pelo Programa de Pós-Graduação em Antropologia Social – PPGAS/UFAM.

# Sobre os autores

**Antônio de Pádua Carvalho Lopes**. É professor do Programa de Pós-Graduação em Educação e do Departamento de Fundamentos da Educação da Universidade Federal do Piauí.

**Antônio Emilio Morga**. É professor do Programa de Pós-Graduação e do Departamento de História da Universidade Federal do Amazonas.

**Aquiles Pinheiro**. É professor da Faculdade Martha Falcão – DeVry/Amazonas.

**Carmen Alveal**. É professora do Programa de Pós-Graduação e do Departamento de História da Universidade Federal do Rio Grande do Norte.

**Cristiane Manique Barreto**. É professora de História do Centro Universitário do Norte e da Faculdade Salesiano Dom Bosco/Amazonas.

**Diomar Motta**. É professora do Programa de Pós-Graduação em Educação e do Departamento de Educação da Universidade Federal do Maranhão.

**Eliana Ramos Ferreira**. É Professora e Pesquisadora da Escola de Aplicação da Universidade Federal do Pará.

**Elizabeth Sousa Abrantes**. É professora do Programa de Pós-Graduação em História e do Departamento de História e Geografia da Universidade Estadual do Maranhão.

**Elizangela Barbosa Cardoso.** É professora do Programa de Pós-Graduação em História e do Departamento de Geografia e História da Universidade Federal do Piauí.

**Gian Carlo de Melo Silva.** É professor do Departamento de História da Universidade Federal de Alagoas.

**Lidiany de Lima Cavalcante.** É professora do Departamento de Serviço Social da Universidade Federal do Amazonas.

**Luciana Guimarães Santos.** Mestranda em História pela Universidade Federal do Amazonas e pesquisadora do Grupo de Pesquisa Gênero, Sociabilidade Afetividade e Sexualidade.

**Marcos Arthur Viana da Fonseca.** É licenciado em História pela Universidade Federal do Rio Grande do Norte.

**Mônica Maria Lopes Lage.** Doutoranda do Programa de Pós-Graduação em História da Universidade Federal de Minas Gerais e Pesquisadora do Grupo de Pesquisa Gênero, Sociabilidade, Afetividade e Sexualidade – UFAM.

**Samara Mendes Araújo Silva.** É professora do Departamento de Teoria e Fundamentos da Educação da Universidade Federal do Paraná.

**Suely Creusa Cordeiro de Almeida**. É professora do Programa de Pós-Graduação e do Departamento de História da Universidade Federal Rural de Pernambuco.

**Tissiano Silveira**. É Doutorando do Programa de Pós-Graduação em História da Universidade Federal de Santa Catarina. Bolsista CNPq.

Este livro foi impresso em São Paulo pela Gráfica Prol na primavera de 2015. No texto foi utilizada a fonte Minion Pro em corpo 10,25 e entrelinha 15,375 pontos.